# 大变局下的
# 中国与世界

迟福林◎主编

CHINA
AND
THE WORLD
IN THE CONTEXT OF
UNPRECEDENTEDLY PROFOUND
CHANGES

中国工人出版社

世界正处于百年未有之大变局。作为新型开放大国和经济转型大国，中国如何看世界、如何与世界融合发展；处于调整、变化的世界，如何看中国、如何共建开放型经济体系，这是国内外普遍关注的重大问题。

CONTENTS 目录

## 第二编 大变局下共建开放型世界经济

## 第三编 大变局下的中美经贸关系

## 第四编　大变局下的亚洲经济合作进程

## 第五编　大变局下扩大开放趋势

## 第六编 大变局下中国的高质量发展

# 序　言　以高水平开放推动形成改革发展新布局

迟福林

当今世界正处于百年未有之大变局。作为新型开放大国和经济转型大国，中国如何看世界、如何与世界融合发展；处于调整、变化的世界，如何看中国、如何共建开放型经济体系，这是国内外普遍关注的重大问题。面对世界百年未有之大变局，中国以高水平开放推动形成改革发展新布局，不仅对自身中长期发展有着重大影响，而且将给世界经济增长与经济全球化进程带来重大利益和好处。

## 一、以加强制度性、结构性安排为重点实现高水平开放新突破

面对世界百年未有之大变局，中国以加强制度性、结构性安排为重点，实现高水平开放的重要突破。由此，将在推动共建开放型世界经济体系、促进全球自由贸易进程中扮演更为重要的角色。

1. 实现高水平开放新突破重在加强制度性、结构性安排。所谓“制度性”，重点是开放市场、公平竞争，建立与国际基本经贸规则相衔接的开放型经济体系；所谓“结构性”，重点是扩大对外开放的领域和范围，即从以一般制造业领域的开放走向以金融等为重点的服务业领域的开放。这就需要加快推动以货物贸易为主向以服务贸易为重点的开放转型进程，加快推动由

商品和要素流动型开放向规则等制度型开放转型进程。

2. 加强制度性、结构性安排重在服务贸易。全球服务贸易占贸易总额的比重已由1970年的9%上升至2019年的23%以上。若按增加值计算，服务贸易占比已高达51%。在新一轮科技变革和全球产业变革交汇融合的大趋势下，服务贸易仍将保持较快增长态势，成为推动全球自由贸易进程和拉动世界经济增长的重要引擎。近年来，中国陆续出台了以金融为重点的服务业市场开放的一系列重大法令，但与制造业领域的开放水平相比，服务贸易领域市场化程度相对较低，服务贸易仍然是高水平开放的突出短板。2018年，中国服务贸易占贸易总额的比重仅为14.7%，低于全球23.1%的平均水平。加强制度性、结构性安排，其重点、难点、焦点在于服务贸易领域，在于推进服务业市场全面开放进程，在于降低服务贸易边境内壁垒，在于以服务贸易为重点加快构建双边、多边自由贸易网络。

3. 加强制度性、结构性安排重在对接国际基本经贸规则。当前，“零关税、零壁垒、零补贴”逐渐成为国际经贸规则调整的基本趋势之一。中国作为新型开放大国，不仅要加快对接现行国际基本经贸规则，而且要把握趋势，尽快对标高标准的国际经贸规则。例如，在进一步降低关税与非关税壁垒的基础上，加快在贸易和投资便利化、知识产权保护、政府采购等重点领域形成与国际通行规则相衔接的基本规则体系和监管模式；加强同欧盟、日本、韩国及“一带一路”沿线具备条件的国家和地区开展贸易投资协定谈判；在数字贸易、服务贸易等重点领域提出中国主张与中国方案；以对标高标准国际经贸规则为导向，加快建设海南自由贸易港，加快推进粤港澳服务贸易一体化进程，加大自贸试验区压力测试，率先形成高水平开放新高地，与世界各国共建开放型世界经济体系。

## 二、以强化竞争政策基础性地位为重点实现市场化改革新突破

改革开放40多年，中国经济已经深度融入世界经济版图。今天，作为新型开放大国，开放牵动全局，开放与改革直接融合，开放倒逼改革，开放是最大改革的特点比较突出。

1. 以高水平开放推动形成市场决定资源配置的新格局。推进高水平开放与建设高质量市场经济，核心是充分发挥市场在资源配置中的决定性作用和更好发挥政府作用。例如，只有真正对国企、民企、外企一视同仁，全面实现各类企业平等竞争，才能充分激发市场活力；只有加快服务业市场化进程，使市场在服务业领域的要素配置中起决定性作用，才能形成现代服务业加快发展的重要动力。从实际情况看，以处理好政府与市场关系为重点的市场化改革仍然需要在关键性、基础性领域实现重大突破。例如，全面推进产权制度改革，严格保护民营经济产权，建立完善知识产权侵犯的赔偿制度等；尽快打破服务业领域的市场垄断与行政垄断，修订《反垄断法》，把反垄断尤其是反行政垄断作为市场监管的重大举措；全面深化以土地为重点的要素市场化配置改革，加快建立国有与集体两种所有制土地“同地同价同权”的制度，赋予农民宅基地完整的用益物权；适应金融业加速开放的趋势，加快推进金融领域市场化改革进程。

2. 以高水平开放确立竞争中性原则。当前世界经济进入更高层次的合作和竞争新阶段：从强调要素流动到强调规则升级；从边境措施向边境内措施延伸；从强调硬件竞争到强调营商环境等软环境竞争。近年来，中国的营商环境持续改善，2018年全球排名大幅上升了32位，2019年上升了15位。在这个基础上，谋划未来一个时期的市场化改革，要以参与更高层次国际合

作和竞争为导向，加快形成国际化、法治化、便利化的营商环境。例如，加快完善“准入前国民待遇＋负面清单”管理制度，形成全国统一的、内外资一致的、更加精简的市场准入负面清单，进一步提升负面清单的透明度与可操作性；保障各类市场主体在要素获取、准入许可、经营运行、政府采购和招投标等方面一视同仁、平等对待；以混合所有制为重点深化国有企业改革，形成以“管资本”为主的国有资本管理新局面。

3. 以高水平开放推进某些经济政策的调整与转型。例如，实现经济政策由产业政策为主向以竞争政策为基础的转变，改变“有保有压”的差异化、选择性的产业政策，以强化竞争政策为基础加快产业政策转型；实现市场监管的重点由一般市场行为监管向公平竞争审查的转变，推动市场监管的主要对象由商品为主向服务为主的过渡，并强化对某些经济政策的公平竞争审查。

## 三、以开放创新为重点实现高质量发展新突破

随着经济全球化与科技革命进程加快，无论是发达国家还是发展中国家，各国的发展联系日趋紧密、共同需求日益增强。没有哪个国家能够脱离经济全球化而独自发展，脱离经济全球化的“本国优先”，往往南辕北辙，并增大全球经济风险。作为新型开放大国的中国，过去40多年的经济快速增长是在开放条件下取得的，未来实现经济高质量发展也需要在更加开放的条件下进行。

1. 以开放创新的突破推动高质量发展进程。第四次工业革命正在改变人类生产生活方式，其突出特征是全球性开放创新。人工智能、5G通信、工业互联网等新一代信息技术集中突破，并加速向传统产业渗透融合，推动产业链、价值链、供应链重构。当前，中国经济转型与新一轮科技革命交织

融合，高质量发展迎来新的历史性机遇。这就需要以提高创新能力为重点，厚植创新引领发展的根基，增强创新引领发展的技术支撑，构建研发市场一体化体系，形成支持、鼓励企业创新的政策和制度环境，全面激发企业的创新活力和创新潜力。

2. 以开放创新形成高质量发展的突出优势。在科技革命快速改变传统产业格局、企业格局的大趋势下，任何一个国家、任何一个企业的重大科技创新，都不可能再“闭门造车”，而是需要跨地区、跨国界的联合创新。面对创新引领高质量发展的大趋势，面对中美经贸摩擦中暴露出来的某些科技软肋，中国亟须实现开放创新的某些重要突破：坚持开放合作的方向不变，力度不减；加快推进数字贸易发展，推动数字经济与传统产业相融合；加快实现基础研究与基础创新的突破，推进产业关键核心共性技术研发和转化，不断突破产业转型升级的技术瓶颈，推进产业迈向全球价值链的中高端。

3. 以开放创新释放经济转型升级蕴藏着的巨大内需潜力。未来10年左右，中国的消费结构、产业结构和城乡结构还有10～15个百分点的提升空间，并蕴藏着巨大的内需潜力。以消费结构为例，预计到2025年，中国居民服务型消费将由2018年的44.2%提高至52%以上，到2030年将达到55%～60%；未来15年，中国进口商品和服务将分别超过30万亿美元和10万亿美元。

适应国内市场与国际市场高度融合的大趋势，要把服务业市场开放作为结构性改革的重大任务，加快推进服务业领域对内外资的全面开放；加快建立适应扩大进口的制度与政策体系，在进一步降低关税总水平的同时，加大服务标准的引进力度，倒逼企业转型升级。由此，形成缓解经济下行压力、实现开放创新的重要基础性条件。

中国的发展离不开世界，世界的繁荣也需要中国。作为GDP占世界

16%、货物贸易额占世界12%的新型开放大国，中国加快推进高水平开放进程，将同世界形成更加良性的互动，带来更加进步和繁荣的中国和世界！

［作者系中国（海南）改革发展研究院院长］

第一编

# 百年未有之大变局

当前，全球正面临百年未有之大变局。在贸易保护主义、单边主义不断抬头，逆全球化问题日益突出的形势下，探究经济全球化的新形势新挑战以及应对之道，无论对于中国还是全球经济而言，都有着特别重要的意义。虽然逆全球化措施难阻全球发展大势，但逆全球化问题将会成为我们较长时期面临的挑战。保持定力，深化改革，扩大开放，做好自己的事情，是我们最佳应对之策。当前，我们更多体现的是“捍卫性”，未来需要更多地增加“创造性”“更新性”等内容。

# 为经济全球化的推进增加正能量

张军扩　国务院发展研究中心副主任

在当前贸易保护主义、单边主义不断抬头，逆全球化问题日益突出的形势下，讨论经济全球化的新形势新挑战以及应对之道，无论对于中国还是全球经济而言，都有着特别的重要意义。我围绕这个主题，谈三点粗浅的思考。

## 一、逆全球化问题发生的经济根源，是发达经济体内部利益分配关系的失衡

当前，不断抬头的贸易保护主义和单边主义，不仅对世界经济构成了损害，也扰乱了全球供应链和国际分工体系，使得贸易问题成为世界经济最大的不确定因素，也为经济全球化的前景蒙上了阴影。明确这个问题发生的根源，是我们判断其未来走势和明确应对思路的重要前提。不同的专家学者从不同的领域和角度，可能会给出不同的解释。从经济根源来讲，我认为最为主要的一点在于在这一轮全球化浪潮中，一些发达经济体内部利益分配关系的失衡，以及由此导致的社会矛盾。为什么这样说？这是由本轮经济全球化的特点决定的。本轮全球化最为突出的一个特点，就是在科技进步突飞猛进和贸易投资便利化不断改善的背景

下，跨国公司为了充分利用广大发展中国家的劳动力、自然资源及市场空间等优势，将大量的生产制造环节搬离本土，布局到发展中经济体。其结果是，从发展中经济体与发达经济体的关系来看，虽然双方都有所获益，但获益更多的还是发达经济体，因为它们掌控的是技术管理和资本，处在市场竞争的主导地位。这一点从苹果手机价值分配的例子就可以看得十分清楚。但在一些发达经济体的内部，出现利益分配关系的严重失衡，突出的表现就是拥有资本、知识、管理和技术技能的群体，获益比较丰厚，而普通的蓝领劳动者，则获益不多，不仅收入相对水平下降，有些绝对水平也出现下降。比如，按照法国经济学家皮凯蒂的研究，从1978—2015 年的 30 多年里，美国各收入层级中最底层的 50% 的人实际收入年均增长率几乎为零。同时，企业内部底层劳动者与高层技术管理人员的收入差距，从几十年前的 30 ~ 40 倍，增加到现在的 300 ~ 400 倍。这种情况下，在发达国家内部，蓝领群体的不满情绪越来越大。本来面对这种国家总体收益很大，但利益分配格局失衡的状况，正确的办法只能是调整国内政策，包括收入再分配政策、就业再培训政策，以及产业结构的调整和优化升级政策，等等，但在经济霸权和竞选需要之下，似乎“更简单、更方便和更能鼓动人心”的做法是迁怒于他国的政策，迁怒于经济全球化，并不断挑起贸易争端，抡起保护主义的大棒。

## 二、逆全球化措施难阻全球化大势，但逆全球化问题将会成为我们较长时期要面临的挑战

总体来讲，一方面，虽然现行的全球贸易规则有需要改进之处，经济全球化过程也难免会遇到这样那样的问题，但从根本上来讲，经济全球化符合规律与潮流，符合人类进步的方向，虽会遭受曲折，但大势是

不可逆转的。保护主义、单边主义等，损人害己，很难长期维持。关于当前国际贸易摩擦的状况，从积极的方面来看，尽管一些国家动辄挥动保护主义大棒，但公开反对的还只是所谓的不公平的国际贸易规则或他国所谓不公平的贸易政策，还没有公开或明确反对自由贸易，也没有公开反对全球化。另外，从整个世界格局来看，虽然逆全球化问题突出，但倡导自由贸易、积极推动经济全球化的力量也不断积累和壮大。所有这些，都使我们对经济全球化的长期前景保持乐观。

但另一方面，也必须看到逆全球化问题短期不易解决，可能成为我们在较长时期内面临的一个挑战。这是因为：第一，发达经济体内部利益分配关系失衡和社会矛盾突出的问题短期内很难解决。简单采取保护主义和打贸易战的做法不可能导致制造业的回归，也不可能实质性增加就业岗位，短期来看损人不利己，长期来看也不可能得到什么好处，甚至损害自身发展。在这种情况下，能否达成协议，主要取决于这些发达国家内部的形势发展和矛盾变化。如果其经济表现还不错，它们是不会善罢甘休的。只有这种违背规律的做法影响到自己的增长与内部斗争的格局时，它们才可能发生改变。第二，在贸易摩擦或者贸易战的过程中，会不断掺杂进一些非经济的因素，包括意识形态、地缘政治，等等，摩擦领域也会从贸易、经济领域向科技、金融等领域蔓延，使得问题变得更复杂。相互之间的信任度不断受损，解决起来的难度也会增大。第三，经济全球化进程的进一步发展，涉及全球经济规则与体系的改革与重构，也是一个十分复杂和艰难的过程。因为这种改革与重构不仅是一个谈判的过程，也是一个利益调整的过程，或者说是一个利益不断博弈和寻找平衡点的过程。

## 三、保持定力，深化改革，扩大开放，做好自己的事情，是我们最好的应对之策

面对当前逆全球化和保护主义浪潮，我们首先应当积极应对，争取更好的结果，但同时必须做好长期斗争的准备。最为关键的还是保持定力，做好自己的事情，坚持以经济建设为中心，以更大的力度和步伐深化改革、扩大开放。

一方面，我们应当看到，中国经济的独特优势和巨大潜力。大量的研究说明，尽管中国经济增长已经发生阶段性变化，但从国际比较的视角来看，中国仍然具有培育增长新动能，以及保持经济长期稳定增长的巨大优势和潜力。比如：中国的劳动力资源不仅数量庞大，而且高素质劳动力资源充足，性价比较高，对于诸多新产业、新业态的发展具有特殊的优势；中国不仅制造业基础雄厚，而且门类齐全、体系完整，对于科技成果的产业化优势明显；中国不仅人口众多，而且整体上达到上中等国家发展水平，由此形成巨大的国内市场，对于诸多产业，尤其是网络型产业的发展优势十分明显；中国不仅在人口众多的情况下总体达到上中等收入水平，而且地域辽阔，区域之间发展水平和经济结构差异明显，具有产业发展次第推进、产业发展生命周期长、产业转型回旋余地大、经济运行稳定性强等明显优势。

另一方面，我们也要看到，无论是新产业、新业态的发展，还是传统产业的转型升级，无论是新动能的加快培育，还是传统动能的充分释放，都离不开进一步深化改革和扩大开放。正因为如此，中国共产党第十八次代表大会以来，围绕进一步优化营商环境，促进创新产业，加快培育新动能，充分释放传统动能，促进新旧动能转换和经济持续稳定增

长。党中央、国务院推进改革、扩大开放力度前所未有，出台的改革开放举措之多也前所未有。大力度的改革开放对于支持现阶段经济的持续稳定增长发挥了关键作用。

正如习近平总书记所讲，改革只有进行时，没有完成时。面对当前国际形势复杂多变、经济下行压力增大、挑战增多的情况，进一步深化改革、扩大开放，加快培育增长新动能、新优势，更加重要，也更加紧迫。

总之，中国经济优势明显，潜力巨大。只要我们保持定力、坚定信心，坚持以经济建设为中心不动摇，坚持深化改革扩大开放不动摇，就一定能保持我国经济的持续稳定增长，也能为全球经济的稳定、全球治理的改善和经济全球化的持续向前推进不断增加正能量。

# 大变局下的中国金融发展

刘连舸　中国银行董事长

中国实现了从站起来、富起来到强起来的伟大飞跃，用几十年时间走完了发达国家几百年走过的工业化历程。分析其中经验，我认为主要有三个方面：

一是坚持立足国情、深化改革。方向决定前途，道路决定命运。东欧剧变的冲击、华盛顿共识的破产均表明，发展中国家不能完全照搬西方模式。改革开放40多年来，我国立足自身国情，不断深化改革，GDP年均增长率达9.4%，远高于同期全球2.9%的水平，走出了一条中国特色社会主义市场经济道路。

二是坚持放眼全球、扩大开放。中国改革开放的巨大成就，是在主动融入经济全球化、积极参与国际产业分工进程中取得的。在中央统一部署下，海南正在加快建设自由贸易港。面对严峻复杂的外部形势，2019年前三季度海南实际利用外资和进出口规模分别同比增长了1.4倍和27.7%，正在成为国家扩大对外开放的亮丽名片。

三是坚持互利共赢、促进合作。改革开放以来，我国主动欢迎各国搭乘中国经济发展的“快车”，累计吸引非金融类外商直接投资超过2万亿美元，逐渐成为全球第二大外资流入国和对外投资国。2013年以来，我国积极推动“一带一路”建设，着力构建人类命运共同体。世界银行研究显示，共建“一带一路”将使全球贸易成本降低 1.1% ~ 2.2%，参与国贸易往来增加 4.1%，持续为全球经济增长注入新动能。

当前，全球经济面临较大下行压力，逆全球化和贸易保护主义抬头，WTO 贸易景气指数创 9 年来最低，全球经济增速可能跌落至 2008 年水平。作为全球经济增长的最大贡献者和重要动力来源，中国经济的高质量发展对于全球经济走出低谷具有重要意义。我结合中国银行的实践，就金融业服务经济高质量发展提四点建议。

第一，突出重点，提升服务实体经济质效。实体经济是金融发展的根基。在当前环境下，服务小微企业、民营企业是促进经济增长、稳定社会就业的重中之重。近年来，中国银行业不断完善普惠金融服务体系，针对小微企业特点，创新推出循环授信、供应链金融等专属产品以及线上融资模式。2019 年上半年，中国银行普惠型小微企业贷款增速高于各项贷款增速 7.1 个百分点，平均利率较上年下降 0.58 个百分点，小微企业综合融资成本稳中有降。下一步，建议凝聚金融机构合力，积极发挥信用保证保险、融资担保基金的撬动作用，完善新三板、区域股权市场等小微融资功能，加强信用信息体系和共享平台建设，实现金融机构与小微企业的良性互动，不断缓解融资难、融资贵等难题。

第二，深化创新，优化金融资源配置。金融业既是经济改革的重要领域，也可以通过调整资源摆布、创新产品服务，为其他领域的改革贡献力量。当前，自贸区是我国新一轮改革开放的重要“试验田”。过去 6 年，中国银行持续发挥专业优势，首发多地多批自贸区金融业务，近 50 项业务列入当地自贸区金融创新案例并向全国推广，在自贸区金融业务中处于领跑地位。2019 年 8 月，中国银行首批设立上海自贸区新片区分行，率先办理了新片区首批账户开立、贸易便利化结算、跨境人民币双向资金池等业务，推动相关业务创新延伸至其他自贸区，并持续为自贸区跨境金融、跨境人民币等政策制定贡献力量。

第三，主动担当，助力扩大对外开放。近年来，我国持续扩大金融业对外开放，资本市场互联互通机制基本建立，A 股相继纳入 MSCI 等国际主流指数，外资银行在华营业性机构总数达 1000 余家。李克强总理签署国务院令，进一步放宽外资保险公司和外资银行准入和业务范围。在金融开放过程中，金融机构推进全球化经营的同时，应主动担当，充分发挥自身在政策解读、市场分析、语言交流等方面的优势，为中国企业“走出去”以及外国企业来华投资兴业搭建桥梁。2014 年，中国银行首创“全球中小企业跨境撮合服务”，在全球举办 58 场对接会，吸引了来自 108 个国家和地区的 3 万余家企业参加。2019 年 11 月，第二届中国国际进口博览会在上海盛大开幕。中国银行继 2018 年成为首届中国国际进口博览会唯一银行类综合服务支持企业之后，2019 年作为进口博览会唯一战略合作伙伴，提供专属金融服务，助力进口博览会“办出水平、办出成效、越办越好”。

第四，坚守底线，持续做好风险防控。防范化解金融风险，不仅是金融自身发展的内在需要，也是实现经济高质量发展的重要内涵。对于中国金融机构来说，一方面，要坚持在稳增长的基础上防风险，以服务供给侧结构性改革为主线，落实逆周期调节政策，畅通货币政策传导机制，做到“稳增长”“防风险”两促进、两不误。另一方面，要提高防控金融风险的主动性和前瞻性，密切关注外部输入性风险和金融市场大幅波动风险，精准有效处置房地产、地方政府隐性债务等重点领域风险，把握好处置风险的节奏和力度，坚持依法合规经营，避免因处置不当而引发新的风险，助力打赢防范化解重大风险攻坚战。

# 世界变局下的中国站位

周树春　中国日报社社长、总编辑

面对时代发展态势，习近平主席指出“世界处于百年未有之大变局”，提出构建人类命运共同体的重要思想，受到国际社会广泛认同。在中国日益走近世界舞台中央的背景下，“中国与世界”的关系在一定程度上决定着当前正在展开的全球变局。反过来也一样，世界变局也在塑造着中国与世界的关系。为此，我提供几个研究问题的角度以供参考：

第一，世界变局下的全球经济与中国。从这个角度看，“变局”变在哪里？中国与世界的发展方向在哪里？法国前总理拉法兰说过，世界格局将趋向多元化，世界的重心将不仅在西方，东方将吸引更多目光。可以说，“大变局”的首要特征就是以中国为代表的新兴市场和发展中国家群体性崛起，国际力量结构发生深刻变化。毫无疑问，这个格局演变是随着经济全球化的历史进程而发生的。如何应对世界变局和怎样看待全球化实际是一个问题的两个方面。正如习近平主席指出的，经济全球化是历史大势，世界上出现的一些逆全球化动向不过是全球化潮流中激起的几朵浪花。全球化从来都是一把“双刃剑”，“发达国家主导”“发达国家获利最多”更是不争的事实，但全球化塑造的国际分工合作总体上有利于世界发展，也给“后发国家”带来机遇。一些发展中国家正是顺应国际经济贸易规则规律，实现了全球产业链中的上行位移，这是全球经济的历史性进步。虽然竞争仍然是国际社会的常态，但“一荣俱荣，一损俱损”是全球化世界的基本特征。在世界上一些人谋划以“脱钩”走向新的“封闭”或“割据”的时候，中国以更广阔的胸襟推进更大的开放。在多变的世界中，中国是全球发展至关重要的开放力量，这应该是中国最鲜明的形象。

第二，世界变局下的人类文明与中国。基辛格博士在《世界秩序》中提出“相异的文化”是否可能“构成一个共同体系”的问题。这个“文明之问”在当前的世界变局中具有更加明显的现实意义。我的理解是，“多元趋向”和“重心转移”不仅体现在经济发展上，也表现在文明进步上。在几百年的资本主义全球扩张过程中，西方始终走在全球经济发展的前沿，也形成了一种与之相应的特殊的文化地位，或者说是根深蒂固的文化优越感。虽然今天有不少西方人士在座，但毋庸讳言，当前世界变局的一个特征应该是“西方中心主义”的某种式微，如何看待“非西方”文化文明的历史贡献和当代价值，日益凸显为十分重大的现实问题。联合国教科文组织总干事阿祖莱在2019年召开的亚洲文明对话大会上指出，“面对当前的世界形势，我们需要正确对待文明问题，以维护世界和平”。把“文明”上升到“和平”的高度，体现了对世界发展趋势的深刻洞察和敏锐把握。同样，中国领导人以高度的历史自觉提出，“以文明交流超越文明隔阂、文明互鉴超越文明冲突、文明共存超越文明优越”。与当前世界上一些逆时代潮流而动的现象形成鲜明对照，中国倡导的新型文明观代表着人类文明进步的理性力量。面对大变局，需要的是在不同文明之间搭“桥”造“船”，而不是挖“沟”筑“篱”；要各美其美、美人之美、美美与共，才能建设一个更加美好的世界。

第三，世界变局下的大国关系与中国。世界变局如何进一步展开，作为世界主要战略力量的大国关系是关键。大国和，则世界安；大国斗，则世界乱。这其中尤为引人瞩目的当然是所谓“崛起大国”和“守成大国”的关系。从中国的立场来看，坚持和平发展首先是从中国自身利益出发，同时也是符合人类福祉的战略选择，而不是权宜之计，基于传统现实主义国际关系理论的“国强必霸”推断与中国的价值观、世界观以及现实利益都背道而驰。从这个角度来看，“守成大国”的行为选择是关键因素。一位曾任美国驻多国大使的资深政治家这样分析中美关系，中国块头之大不可能遏制，中美关系之复杂不可能脱钩。两国妥善处理贸易摩擦不仅对双方有利，也惠及整个世界。世界最大的发展中国家和最大的发达国家，对人类发展必然要共同承担一种特殊的责任。一方面，作为世界上最重要的双边关系，中美关系如何直接关乎世界的和平、稳定和发展。另一方面，世界变局是否跨越了所谓的“修昔底德陷阱”，这关系人类发展是前进还是倒退。中国提出推动建设“不冲突不对抗、相互尊重、合作共赢”的新型大国关系，体现了一种富于历史责任感的世界胸怀。

有学者把2019年称为“历史大转折之年”。这一转折朝着什么方向发展，要看我们如何认识和应对“百年未有之大变局”。中西方学者通过积极沟通，碰撞出的思想火花和智慧光芒，一定会为中国的改革开放和世界的和平发展，为推动构建人类命运共同体做出积极贡献。

# 百年未有之大变局与中国对外开放

何亚非　外交部原副部长

习近平主席深刻地概括了时代的变迁，指出世界正在经历“百年未有之大变局”，世界经济自然不可能例外。

一是世界多极化和经济全球化几十年的迅猛发展使全球经济力量对比发生重大变化。发展中国家和新兴经济体整体力量上升，“东升西降”或者“新升老降”，尤其是中国的发展及其独特的发展道路创造了历史奇迹，“中国处于近代以来最好的发展时期”。世界银行数据表明，2018年中国占全球GDP比例为15.9%，美国为23.88%，中国经济总量已经达到美国历史上难以容忍的60%的“红线”。虽然GDP不能说明一切，但确实是一项硬指标。中国等发展中国家在全球化推动下，通过自身的努力奋斗，已经成为全球生产链的重要组成部分，世界大市场和经济利益共同体开始形成。

二是西方经济发展模式的衰落和其他发展模式的成功使世界经济发展道路和模式的多样性和多元化突出。以新自由经济为代表的资本主义制度漏洞百出，资本贪婪无度、社会贫富差距拉大，资本主义国家和社会出现制度性危机，四处亮起“红灯”；美国主导的国际秩序和全球治理体系由此“碎片化”和无序状态加重，国际权力结构和全球化利益格局面临新调整的新格局。

三是新一轮科技革命加速带来人类经济活动、生活方式和国家竞争形态的“变局”。第四次工业革命方兴未艾，多种重大颠覆性技术涌现，科技成果转化明显加快，产业组织形式和产业链条更具垄断性。主要国家加大对人工智能、生物技术、大数据、物联网等技术的投资研发。科技能力成为衡量一国综合实力的重要指标，上升为大国竞争主战场之一。

四是世界经济受周期性调整、主要经济体经济转型、新技术革命冲击、生产链重组等影响，经济下滑压力有增无减。2008 年世界金融危机虽已安全渡过，但是过多依赖货币宽松政策的金融风险积聚，再次发生金融危机始终像“达摩克利斯之剑”悬在各国头上，世界金融市场一有风吹草动便动荡不已。如今，美国等民粹主义和民族主义催生的保护主义盛行，贸易摩擦乃至贸易战烽火四起，以规则为基础、以世界贸易组织为核心的全球自由贸易体系有崩溃之虞。

面对充满风险和动荡的世界经济变局，中国领导人已经发出强烈的信号，中国将继续坚持对外开放，而且开放的广度、深度都将进一步令世人瞩目和期待。

坚持不懈地做好自己的事情。坚持党的坚强领导，保持政治稳定、社会和谐，稳步推进经济转型和发展，把握市场效率与社会公平的有效平衡。这是中国实现中华民族伟大复兴并对世界经济繁荣做出贡献的根基。越是世界经济下行压力大、金融风险多，就越要牵住中国经济创新发展和改革开放的“牛鼻子”，持续增强经济活力和创新能力；越是技术革命风起云涌、新兴技术日新月异，越要稳扎稳打，持之以恒地加大基础研究和应用研究的投入，力争走在时代的前列，夯实中国成为世界强国的经济和技术基础。

敢于斗争、善于斗争、争取合作，扩大两国利益汇合点，处理好与美国经济竞争合作共存、竞争上升的新局势。美国认为中美经济结构不平衡导致经济关系出现巨大裂缝，并把经济问题地缘政治化，把中国制造2025、中国大量投资新兴工业和新技术，包括人工智能、机器人、先进制造、生物技术等视作对美国的战略竞争乃至战略威胁。因此，即使中美达成短期的贸易协议，经济竞争以及所谓发展模式竞争的长期性、全面性，加上相互信任匮乏，两国经济贸易关系的巨大不确定性难以消除。

美国还将把中国对美国以及世界主要市场的准入与中国国内经济改革挂钩，试图与盟友和伙伴建立针对中国的“统一战线”，实行“对等原则”，保护美国技术优势。美国与中国经济竞争的决定性因素在于美国国内政策，在美国民粹主义持续、2020年大选临近、特朗普遭弹劾前景难卜等多重因素影响下，中美经济关系处理难度加大，复杂性增加。我们需要有两手准备。

坚持力所能及地提供世界各国经济发展急需的“全球公共产品”，为全球化新时代的全球治理体系建设做出中国应有的贡献。党的十八大以来，习近平总书记对中国参与和引领全球治理提出了许多既有利于中国，也有利于世界的新思想、新方案、新办法：“一带一路”加强互联互通、通过合作加强集体安全、建立全球伙伴关系网络加强合作的黏性和框架、在利益共同体基础上同心协力构建人类命运共同体。虽然美国等国出于狭隘地缘政治考虑，对于这些全球治理的想法和做法设置了许多障碍，但是这些年的实践证明，中国的新思想、新方案确实是互利共赢、合作多赢的，有越来越多的国家参与其中，早期收获也越发显现了。

# 经济全球化的新要求与新内容

张蕴岭　中国社会科学院学部委员

## 一、世界的发展面临重大变化

全球化出现新的趋势，不是退全球化，而是调整，其中，产业链结构发生了很大变化。

“二战”以后，经济全球化在 20 世纪 80 年代快速发展，2000 年以后加速，到 2008 年以经济危机为标志出现了全球化发展的拐点。这个问题的出现主要是两方面原因：

一是全球贸易结构发生了严重的不平衡，产业链的转移和扩大也使得贸易的不平衡板块进一步发生了重大调整。比如，中国的贸易顺差在 2000 年以后急剧增长，这就使得全球贸易结构和贸易板块发生了重大的不平衡。全球化发展的动力之一是公司的产业投资外移。

二是发展中国家崛起，发达国家国内矛盾凸显。发达国家的矛盾主要表现在投资技术方面，所以出现了铁锈地带和失落群体，导致中产阶级萎缩。这些问题都成为发达国家严重的经济、社会、政治问题。

在这样的情况下出现了以下几个调整：

第一，政策调整。就是以特朗普为首的“美国第一”，实际上现在越来越多的国家都持有“本国第一”的原则，通过这样的调整，试图以贸易战的方式来纠正贸易与投资的不平衡。“本国第一”政策不仅涉及双边也涉及多边和区域，比如，美国退出跨太平洋伙伴关系协定（TPP）可见一斑。

第二，产业链调整。受到政策等结构性变化的影响，产业链需要调整。比如，中国作为在上一轮经济全球化中发展最快的经济体，现在到了一个新的发展阶段，产业链也出现了明显调整。但这个调整和传统的简单产业转移的板块完全不一样，是新形势的调整。再比如，全球产业链调整期出现了保护主义和民粹主义的现象，使得一些原来的贸易和投资受到了重大的影响。

第三，新技术发展。网络技术发展改变了原来产业链的分工形势。原来的产业链是出口加工和消费分离式的链式结构，新的技术是打造生产消费服务一体的集聚式结构。因此技术本身也在推动投资的变化，所以产业链变化不仅仅受到政策的影响，也受到技术的影响。

## 二、抓住机遇推动经济全球化的新发展

第一，有的领域经济全球化还在加快发展。经济全球化处于调整期，总的来看调整期的发展速度是缓慢的，全球化速度放慢是一个定论，但不是全部都放慢，一些新的领域还在加快，比如基于全球视野的 AI 产业和物联网发展。根据新的趋势、新的情况来调整结构和政策，以此来抓住新的机遇，推动经济全球化快速发展。

第二，经济全球化的动力发生变化。以往的经济全球化驱动力主要来自开放政策支持和企业的全球化战略。当下，全球化的产业布局、产业链投资都必须得到公众的大力支持，要使社会的大多数人，包括底层、

中层都从中受益。因此，仅仅依靠开放政策是行不通的，仅仅依靠全球投资也行不通。开放政策的制定、公司经营战略的实施，必须更多地注重社会的支持因素。

第三，中国的经济全球化战略进入了一个调整重构期。中国是经济全球化发展的中坚力量。但在这一时期，只谈支持全球化是不够的，或者一般的扩大开放也是不够的，我们要更注重开放的深度和均衡。

第四，经济全球化的规则发生变化。第二次世界大战以后最大的规则就是多边贸易体制的建立。几十年以来，参与多边贸易体制的各方，大到国家、小到公司企业，都发生了重大变化，因此多边贸易体制规则的调整是必然的，也出现了很多新的内容。比如，关于数字经济、互联网治理等领域，过去大家很少提及，现在则必须更新认识。所以，多边贸易体制需要调整更新，不能简单地说维护多边贸易体制。否则，多边贸易体制会遇到越来越多的挑战。

## 三、推动多边贸易体制改革的主要对策

中国在态度上应当更加积极且具有创造性地推动多边贸易体制改革。现在我们更多强调的是“捍卫性”，未来我们要增加“创造性”“更新性”的实质性内容。具体来讲，包括如下内容：

第一，包容性。我们不仅应该包容发达国家和发展中国家成员，也要包容新的发展内容，同时还必须包容社会因素。

第二，规则调整。为了适应这一形势，全球多边规则也需要完善，要适应全球化过程中新增加的国内因素，制定好投资战略和政策战略，特别是跨国投资要考虑到和当地政策的对接。

第三，“一带一路”的建设。正是在这个背景下，“一带一路”倡议

符合经济全球化新的形势，“一带一路”倡议的内容也在不断完善，“一带一路”建设中很重要的一点就是通过帮助当地的发展、通过改善基础设施等综合发展环境，让当地能够发展起来，让当地的人民能够受益，这既可以帮助产业转移，也可以帮助产业扩大。

因此，一般性地谈论全球化是退还是进没有多少现实意义，我们要深刻研究全球化这一轮拐点所造成的新的要求、新的内容，从而制定未来我们要采取的新政策。

# 全球化进程中的中国经济增长

樊　纲　中国（深圳）综合开发研究院院长

## 一、经济全球化的趋势与中国因素

第二次世界大战之后，西方发达国家的跨国公司，特别是美国的跨国公司推动生产要素在全球的流动，寻找最有效率组合和利益最大化，由此推进了经济全球化进程。几十年后的今天，这个因素并没有改变，美国公司仍然在全球配置资源，特斯拉最大的工厂在中国，苹果在中国生产，库克担任了清华大学经济管理学院顾问委员会主席。

问题是，为什么出现了全球化的逆转？为什么美国转向单边主义？为什么美国在退出全球化进程？几十年前，美国在推动经济全球化中的态度上下一致，工人群体并不认为经济全球化会对他们造成冲击。但是为什么2000年以后美国的贸易赤字不断上涨，美国的制造业不断衰退？

有人认为，美国在经济全球化中获得巨大收益的同时，也遭受了一定冲击，特别是美国的制造业。有数据可以证明，最近二十年，特别是2000年以后，美国制造业的就业率急剧下降，造成“铁锈地带”等，这也成为特朗普的票仓，由此出现了逆全球化的潮流。从2000年以后，美国电影里面的台词就变成了“你要生产东西得到中国去、这儿不能生产”。为什么开始没有冲击，后来就有了冲击？

这就要研究中国的发展，确实是中国的发展在起作用。最初中国只能做劳动密集型的低端制造业，这对美国产生不了冲击。但随着中国改革开放，后发优势不断发挥作用。因此，我们需要对中国的后发优势有进一步的分析。

## 二、中国经济的“后发优势”

众所周知，2000 年以后发生了两件大事：一是中国加入 WTO，贸易便利化了；二是中国后发优势开始发挥作用。在这个背景下，中国高端制造业（包括机械产业、材料加工产业）等迅速发展，由此对美国中高端制造业产生冲击。因此，就有了美国社会的分裂，导致美国社会的政治精英和草根阶级结合起来产生反全球化的思潮。

而中国之所以快速成长，不仅仅是中国发挥了比较优势，也在于我们开放、学习的姿态。这是中国真正与其他发展中国家不太一样的地方。也就是说，中国的经济发展得益于后发优势——我们在开放中不断学习。很多国家也开放了很久，也有包括人口红利等比较优势，为什么过些年发展速度就慢下来了？正是因为他们没有发挥后发优势。中国人善于学习，而且中国的开放政策也鼓励我们去学习。

中国经济的持续增长，得益于充分发挥后发优势。因为到关键时刻，比拼的不是劳动密集型产业的发展，而是包括各行各业的具体发展，尤其是高新科技产业的发展。

中国经济发展的成就当然令我们感到骄傲，但仍然需要冷静看待中国的问题，尤其要正视与发达国家的差距。中国的人均 GDP 大约为 9500 美元，美国是 57000 美元，相差 5 倍多。而科研能力、教育能力、创新体制等方面的差距才是最根本的。知识和技术是增长的源泉，我们能不能在过去的基础上有更大的、持续的发展，取决于能不能把两件事情做好：一件是能不能在自主创新上实现真正的突破；另一件是改革能不能深入，能不能提高体制效率。

## 三、中国经济长期挑战与经济改革

目前中国经济正处于市场出清的最后阶段，意味着一些产业中过多的企业到了退出、兼并重组的时候。产能过剩就是企业过剩。一个产业里如果产能过剩，就要靠优胜劣汰、兼并重组来解决，部分中小企业的出路是考虑选择主动退出，而不是一味靠融资、输血来解决。在产能出清的阶段，政府加大了宏观政策调整，以积极的财政政策为主，通过降税、降低社保等政策进行逆周期调控。因为目前预期投资回报率低于利率水平，处于流动性陷阱，没有人愿意主动投资，只能政府创造需求，从而带动投资扩张。

宏观经济基本触底，中国经济实现软着陆，这个过程大概用了八九年时间。在经济调整的过程中，好的一面是，中国经济的波动幅度虽大，但是没有停下持续增长的脚步，过剩的能源重新被利用，低收入群体的收入也在提高。不好的一面是，产能过剩一直没有出清，坏账没有解决，债转股无法实施，致使投资动力不足。此外，中国还应该正视长期发展面临的挑战，包括劳动力成本上升、环境压力增大、商务成本难以下降等。

在我国投资增长动力方面，各种增长要素都存在很多缺陷，劳动参与率也在下降、自主创新能力不足，更重要的是体制上还存在各种缺陷。我们要清醒地看到自己所处的地位，做正确的事情，把潜力充分发挥出来，因此需要供给侧结构性改革。当前，提出“六稳”就是在很多长期性的结构性改革无法启动的情况下，需要采取一些短期措施维持稳定发展，而短期措施在很大程度上是属于需求侧的，包括财政支出、货币供应、利率、税率等。供给侧结构性改革和需求侧的宏观调整应该是并行不悖的。一方面要随时随地推进改革，另一方面当经济出现波动的时候，我们还是要理直气壮地采取一些宏观调控的措施。从这个意义上来讲，不能只强调供给侧结构性改革，还要在需求侧实行一些必要的措施。

一切产业都要向中高端迈进，但是不存在绝对的好坏产业之分，一切产业都能创造出近14亿人口大国所需要的就业。所有产业无论如何都需要迈向高附加值的中高端，这样产业集中度会提高。此外，还要主动兼并重组，效益好的企业要主动兼并重组效益差的企业，效益差的企业要主动接受效益好的企业兼并重组。让各种产业进行盘整，逐步走到科技发展的前沿，虽然还有很多产业没有达到前沿水平，但是几乎是接近前沿水平的。这样一来，下一轮我们就会有更多高新科技、更多创新的动力，我们一定会有高质量的增长。

## 四、加大开放力度推进经济全球化

加入WTO后，我们确实享受了开放的红利，中国现在仍然是发展中国家。15年之后我们成长了，我们自然也应该从那个条款中顺利“毕业”，这一目标也是我们现在努力的动力，是中国政府这几年加大力度希望完成的目标。具体来讲，我们应该进一步加大开放力度，推进经济全球化进程。

第一，中国的企业现在需要参与全球配置资源，像华为这样的中国高科技企业在这方面已经处于领先的地位。

第二，中国需要进一步在全球化的进程中学习各国先进的知识、经验和技术，才能进一步发展并推动国内的改革。

第三，中国确实需要更大的市场。我国是一个拥有 14 亿人口的国家，需要更大的市场。当然，这个市场今后应当是更加平衡、更加双向的，这也符合各方利益。

因此，当前背景下中国推进经济全球化不仅是说说而已，而是具有切实的实际利益。客观上中国还要继续发展，目前中国仍有贫困人口。全球化的进程有很多不完美的地方，有很多问题没有真正顾及全球最贫困的人口。各国的利益是不同的，发达国家有发达国家的利益，发达国家的低收入阶层也有自己的利益诉求，这些问题都客观存在，我们在全球化进程中要多方位地考虑这些利益。世界上很多国家——欧盟国家、东亚各国、发展中国家、新兴市场国家都会得益于全球化。

客观来看，与第二次世界大战之后仅仅一部分发达国家和跨国公司要求和推动经济全球化不同，现在推动全球化的力量更多了，比如发展中国家、中等收入国家都有推动经济全球化的利益诉求。

总之，经济全球化前景光明，不可阻挡。

# 中国在维护多边主义中的作用

姆拉登·伊万尼奇　波黑塞族共和国前总理

现在的世界正在不断变化，这是不可辩驳的事实。我认为有几个非常重要的问题需要提及：经济全球化何去何从？在当前经济全球化受到挑战的情况下，我们还能不能谈统一全球的市场？未来是实现全球市场的统一还是会出现更多的冲突？全球贸易会不会面临更多的问题？

我想，未来很可能会出现更多的冲突和摩擦。因为全球规则制度调整滞后于经济全球化实际进程。经济全球化与多边主义需要各个国家共同参与，需要权利平等以及遵守共同的规则。但现在多边主义受到挑战，比如，WTO、联合国等面临危机，反映出这些机构的发展还不够健全，在处理各种国际摩擦时机制尚需进一步完善。“二战”之后，欧美大国主导建立了全球多边机制，但是他们并没有充分利用多边机制来解决全球性问题。他们觉得多边机制对自己有利的时候就利用，对自己没有利的时候就不用，不用的时候他们就更加倾向于单边主义，由此带来了一系列全球性问题。对此，我们必须思考必要的应对措施。

中国作为一个大国，可以在支持全球多边主义、多边机构的发展中发挥重要作用。虽然欧盟本身也是一个多边机构，但欧盟内部出现一些危机，不能指望他们在近期发挥重要作用。我认为，中国是一个重要力量，他可以与欧盟合作，让大家重回多边主义。

中国的作用是什么呢？中国经济经历了高速增长，现在成为一个经济大国，在全球经济份额当中的占比以及在世界经济中的作用越来越大。例如，我的国家的国土面积比中国的海南省还要小。有一个大的中国投资方、全世界非常有影响力的钢材生产商决定购买波黑的钢厂和矿场，我们需要充足的产能来满足中国的需求。如果没有中国的经济增长，我们国家的投资也很难增长。我用这个例子想说明中国对全球的推动作用，我们小国的经济增长也需要依赖中国的经济增长。

全球面临着重大的挑战，尤其是多边主义如何持续，如何建立开放型世界经济。当前，中国正在深化改革开放，不仅会使中国本国获益，世界也会从中国的改革开放当中得到巨大好处。

中国提出了“一带一路”等重要倡议。我认为，“一带一路”倡议不仅能使中国国内经济更加平衡，减少经济风险，而且对沿线国家和地区实现经济政策协调，开展更大范围、更高水平、更深层次的区域合作也意义非凡。

我本人长期参与政治，基本可以客观比较不同国家的全球作用。在我看来，世界很多国家的投资都会强加一些可见或不可见的政治要求，但中国的投资是没有功利的政治条件的，这一点是非常清楚的。目前，西方国家的一个典型做法就是尽量简化，包括他们的政策专家、智囊总是倾向于把国际问题简化处理，因为他们对别的国家持有偏见。但现在，我们看到一种不同的做法，我们看到中国改革开放带来的日新月异和崭新的政治格局，中国应该坚定信心，将改革继续推行下去。

第二编

# 大变局下共建开放型世界经济

随着全球化深入发展，世界成为一个“地球村”，各国利益相互交融，经济联系愈加紧密。当前世界经济不稳定、不确定性上升，下行风险明显加大。这恰恰证明，单边主义、保护主义不仅无益于自身发展，而且拖累世界经济发展，损害未来发展机遇，是一条走不通的死胡同。在全球化进程中出现的问题，不能靠单边主义、保护主义解决。只有开放包容，合作共赢，携手共建开放型世界经济，各国的发展之路才能越走越宽广。

# 大变局下中国经济的自信心

何亚非　外交部原副部长

当今全球化正处于十字路口。国际秩序和全球治理碎片化、混乱无序状态严重，大国关系特别是中美关系跌宕起伏。这个世界是继续开放还是再次相互封锁？大国是从竞争走向对抗还是维持竞争与合作共存局面？提出的问题多于答案。

## 一、世界政治外交层面的重大变化

全球政治外交层面重大变化俯拾皆是，哪些变化特别值得关注且将对 2020 年及以后产生深远影响？

首先，美国以民粹主义、极端民族主义为特征的作风日益严重，对外战略继续分裂发展：一方面，无视全球治理，持续收缩“退群”，保护主义和孤立主义盛行，引发与其他国家的种种摩擦和冲突。另一方面，对中国发展的战略焦虑加深，对中俄奉行强硬打压政策，大国关系持续恶化。

其次，欧盟面临更多、更紧迫的分裂危险：英国脱欧一波三折；波兰、意大利、北欧国家等传统政治势力式微、分化，极端政治势力正在掌权或进入政治中心；德国陷入类似“二战”前困境，继续做“欧洲的德国”还是做“正常的大国”已经摆上德国政治议事日程，这对欧洲乃至世界未来都有不可估量的影响；意大利等国经济堪忧，一旦经济崩盘，欧元和欧盟的分裂与重组将是大概率事件。

最后，中东局势更加动荡：叙利亚、伊拉克库尔德地区和也门等地宗教派别和部落之战愈演愈烈；IS 等恐怖势力虽遭受严重打击，但还在以碎片化、区块化、个性化趋势继续发展。美国、俄罗斯、土耳其、沙特、伊朗、以色列等国被深深卷入地区矛盾与冲突之中，中东地缘政治日益复杂、敏感，石油价格上涨已成趋势，不仅将增大世界经济下行压力，而且会给中东带来战争风险。

可以预见，2020 年世界地缘政治博弈将更加激烈。但由于世界尚处于“大变局”前期，大国之间全面对抗的概率依然很小。世界秩序和全球治理体系都面临更大动荡，不能排除“灰犀牛”扑面而来，需要高度警惕。

## 二、全球经济金融领域“灰犀牛”隐现

在过去的 2019 年，世界经济金融风险积聚，国际货币体系较量更加复杂、激烈，加剧了全球资本市场动荡。国际货币基金组织再次下调 2019 年世界经济增长预期至 3%，经济下行难以逆转。由于美国的单边主义做法导致全球贸易和投资受到严重打击，加上世界经济周期性变化叠加、全球生产链调整和主要经济体经济转型，无论是发达国家还是新兴市场，都面临不同程度的经济放缓等困难。

美欧日等发达经济体自 2008 年金融危机以来采取宽松政策至今，边际效应递减，然而苦于没有替代措施，不得不继续量化宽松，导致大国货币政策错配、资本市场动荡，特别是发展中国家遭受外部资金大进大

出的失控局面，金融风险日益增加，债务危机包括欧元危机的风险时刻存在，2020 年引爆区域性乃至世界金融危机的概率上升。

美元独霸世界货币体系的危险性日益突出。美国把美元占全球支付、储备、结算 60% 以上的金融优势“武器化”，动辄使用金融制裁对付别国。美国基于国内法实行“长臂管辖”，加强对与伊朗进行石油贸易的企业、银行进行制裁，迫使主要欧洲国家、俄罗斯和中国等合作建立独立支付体系，以规避美元制裁。这是各国希望建立多种世界储备货币和不同国际货币体系的现实反映。

加上中美贸易战起起伏伏，2019 年全球化和地缘政治的十字路口给各国出了难题。2020 年世界或更加不太平、不确定，一些“灰犀牛”危机隐约可见。欧盟的意大利、西班牙，拉丁美洲的智利、委内瑞拉，还有部分亚洲国家，都已出现经济衰退和债务危机的迹象。如今世界经济金融的相互依赖和迅速传导，使国别危机和区域危机能够迅速蔓延，主要经济体和跨国公司投资更加谨慎，观望成为主流。

## 三、大变局下的中国该怎么办

面对全球化十字路口的大变局，中国如何处理好与世界的关系？中国经济如何继续稳中有进，并对世界经济增长持续做出贡献?

第一，中国对世界大变局特别是经济下行趋势有深刻的认识，忧患意识增强，经济战略布局正在调整。中国决心继续做好自己的事，并在此基础上维护国际秩序和全球治理体系。近年来，中国从自身经济发展、全球产业链位移、为全球经济增长提供新动力等方面考虑，提出“一带一路”等一系列新倡议，力所能及地提供各国急需的“全球公共产品”。

第二，中国经济近年来面向以内需为主进行调整，这增强了中国经济的韧劲和抵御世界经济动荡的能力。可以预见，2020 年中国对世界经济增长贡献率不会少于 30%。同时，中国加大对科技和基础研究的投入，2019 年研发支出已占全国 GDP 的 2% 以上，且逐年增加，在一些关键领域，这一比例更高。尽管困难不少，但中国经济发展前景乐观，我们必须有充分的自信和战略定力。

第三，新一轮科技革命带来人类经济活动、生活方式和国家竞争形态等方面的变化。2019 年主要经济体加大对人工智能、生物技术、大数据、物联网、太空和海底技术的投资研发。科技能力成为衡量一国综合实力的重要指标。全球化十字路口的选择离不开技术革命的方向。中国既有成为全球生产链一部分带来的技术积累，更有后发优势。尽管 2019 年遭遇美国科技封锁，但中国科技发展势头不可阻挡，在部分领域有所突破的可能性增大。

从第二次世界大战后世界政治经济历史进程来看，现在世界还处在大变局前期，国际政治经济和大国关系的不确定性、不稳定性显著加强，我们需要对大趋势和行业发展趋势认真观察和思考，不断学习、总结发达国家和中国自身发展的经验。

# 全球化的受益者与失意者

徐　林　中美绿色基金董事长

## 一、中国是全球化最大的受益者

中国加入世界贸易组织之后，毫无疑问是全球化的最大受益者。在加入世贸组织之后，中国的年均经济增长达 8%，人均 GDP 迅速提高至近 1 万美元，成功使数亿人脱贫，还通过扩大出口累积了几万亿外汇储备。这些数据表明，中国是全球化的受益者，这是一个毋庸置疑的事实。

很多人在讨论这个问题时，都会说这是中国人民勤劳奋斗取得的成绩。事实确实如此，但也不仅仅如此。我们还要感谢国际规则对全球自由贸易体系的维护和支撑，以及国际社会特别是美国等西方国家对我们开放了市场。没有这些条件，我们不可能取得如此巨大的发展成就。

但是，全球化也有失意者，这就是今天面临问题的根源所在。现在很多国家出现的内部问题和民粹主义挑战都和全球化产生的失意群体有直接或间接的关系。对这个问题的担忧不是过去几年才产生的。大概在 20 世纪 90 年代末，中国加入世贸组织谈判的时候，哈佛大学肯尼迪政府学院教授丹尼·罗德里克的著作《全球化是不是走得太远》中，就对全球化发展下去可能会遇到的一些挑战和问题有所预见。所以，全球化今天遇到的问题并不是突然发生的，而是逐步累积的，我们对此也无须大惊小怪。

## 二、世界大变局的根本特征和应对之策

大变局最根本的特征是中国在全球化过程中的迅速崛起和复杂影响，这是因为中国的崛起之路和美国等西方体制、模式不同。在西方国家眼里，中国是一种另类国家的崛起，这引起了一些西方国家的担忧。他们不能确定，中国模式继续发展下去并超越他们的时候是否还会是全球体系的积极维护者，抑或成为现有国际体系的挑战者和破坏者。

在这种担忧中，以美国为首的西方国家并没有拿出系统一致的办法进行应对，倒是美国率先表达了对中国和国际体制的不满。美国作为现行国际规则、国际体系的主导者和建设者，完全抛开了世贸组织等多边体系，开始采取单边主义举措来表达不满。其行为使自己成为现行国际体系的搅局者，修正主义倾向十分明显并缺乏耐心。

我曾与欧盟驻华大使进行过讨论，他说："中国在和美国处理双边贸易纠纷的时候，不能忘了把美国拉回到全球多边体系，因为欧盟也受到美国单边举措的冲击。"但是我们现在要解决的主要矛盾是中美双边问题，或许下一步才能考虑把美国拉回多边体系里。

未来怎么办？未来全球化还要继续向前走。其中中国的立场和行为至关重要。中国到底应该怎么做？我认为虽然全球化遇到挫折，但中国必须实行全方位的深度开放。过去我们已经说过实行全方位开放，其实并没有真正做到，所以我在这里强调要深度全方位开放。这不仅包括产品和服务市场的进一步开放，在产品和服务领域还要进一步降低关税、扩大市场准入，更重要的是我们不能再自以为是地选择性开放。事实上，

当我们的经济日益融入全球经济后，日益用全球视野配置资源后，即使我们想选择性开放也很难做到了。以金融为例，资本市场进一步开放后，我们做对外金融投资。媒体不开放对我们做投资来说就是灾难，掌握不到足够的信息，我们就可能两眼一抹黑，没法做投资决策，或只能根据不完全的资信做出错误的决策。所以，今后全方位的深度开放是经济发展国际化需求倒逼的一种开放。如果我们抵制这种开放，只会导致在资源配置效率、创新发展和增长速度方面的损失。

此外，中国必须在制度和规则方面与国际接轨。我们当然坚持走中国特色社会主义道路，但必须在国际视野下审视我们道路的方方面面，这和与国际规则接轨可能并不矛盾。我们坚信我们在做正确的事，但还必须在大变局下用正确的方法做事。我们很难做到我行我素，因为中国是一个超级大国，中国的行为和方式对其他国家的影响太大，各方都在时刻关注，如果我们行为导致的结果让很多国家感到不适，他们毫无疑问会合力回应我们。

所以，在新的大变局环境中，要真正为人类命运共同体做出贡献，我们不仅要进一步开放中国市场，还需要坚定不移地改革我们的体制，坚定不移地与国际规则接轨，同时，继续积极主动地为国际体系的完善做出自己的贡献。

# 互联互通需要基于规则的多边框架

莎　达　欧洲之友欧洲政策研究主任

## 一、互联互通并不简单

惊人的数字，诱人的回报，残酷的竞争。因为高度的地缘政治化，使得重唤欧亚连接之梦不仅极具战略性，同时也变得极为复杂。

### 1. 互联互通需要资金投入

毫无疑问，当今世界迫切需要新型、可持续且清洁环保的基础设施。但是，通过在教育、研究创新、旅行和旅游业等领域进行合作，建设陆海空交通网络、数字通信网络（手机或固话，从有线到卫星，从骨干网到“最后一公里”）、能源网络（包括可再生能源）以及实现民心连通等，无一不需要大量的资金投入。

对全球基础设施投资需求方面各方评估不一。根据亚洲开发银行（ADB）的分析，要维持增长势头、消除贫困和应对气候变化，仅亚洲就需要在2016年到2030年期间投入26万亿美元（至少每年1.7万亿美元）。在全球范围内，投资需求占比最大的领域是交通和能源基础设施，紧随其后的则是轨道交通、电信和水基础设施。

大量多边、区域和国家金融机构都在为亚欧和越来越多的非洲—亚欧互联互通蓝图项目注入资金。多家中资银行，以及中国发起成立的亚洲基础设施投资银行（AIIB）、位于马尼拉的亚洲开发银行（ADB）和世界银行都参与了中国提出的“一带一路”倡议。作为欧盟内部投资的领头羊欧洲投资银行（EIB）也在亚洲和非洲地区投资中发挥越来越大的作用。

### 2. 互联互通带来巨大回报

对于实现 2030 年可持续发展议程及其 17 个可持续发展目标（SDGs）来说，优质的基础设施——无论是交通、水、能源、数字网络还是民间联系，都是不可或缺的。基础设施领域投资能够改善人民生活，促进人员流动，建立文化联系以及实现公民赋能。

互联互通是国际竞争力的一个重要支柱。它消减了距离带来的影响，推动各国市场融合，并为国际市场提供必要的通道。基础设施互联互通不仅可以推动贸易，还可以增强国家吸引投资的能力。

与此同时，互联互通还有助于构建和平、化解冲突。正如欧盟外交与安全政策高级代表兼欧盟委员会副主席费代丽卡·莫盖里尼所说：“互联互通是通往未来之路。我们之间的联结越紧密，就会拥有更多的机会，以此寻求共同的政治解决方案，为人民带来经济繁荣。”

### 3. 互联互通倡议已经引发了激烈的全球竞争

互联互通是新的地缘政治“大博弈”，各国提出不同的亚欧愿景，激发人们对新对手或重新崛起的旧对手在互联互通领域产生冲突的恐惧。中国国家主席习近平 2013 年提出的“一带一路”倡议得到了高度关注，但出于对日益崛起的中国的关注，各国都在制定推出自己的互联互通雄心的构想。

东盟（ASEAN）在2010年就推出了互联互通总体规划。美国、日本、印度、俄罗斯以及其他欧洲国家都在努力推进各自在亚洲和非洲的互联互通议程。这个世界需要货物、服务和人员实现顺畅安全地流动。因此，尽管这种对大陆、区域、国家和社区互联互通的关注姗姗来迟，却仍然受到极大欢迎。互联互通可以创造信任、建立新联系。但它也是一个问题，“到目前为止，太过混乱”。即使跟进了解各个不同的——通常是相互竞争的互联互通愿景——蓝图和计划不是不可能，但也绝非易事。这些相互竞争的倡议不仅没有促进协同合作，还加剧了本来就紧张的地缘政治环境态势。

## 二、我们相信互联互通多边化正逢其时

基础设施是重要的公共产品，需要负责的行动方和一个强有力且基于规则的多边框架。

基础设施网络应当连贯一致、相互配合，在经济和环境方面有可持续性。招标应当公开透明以确保公平竞争。这就要有更好的治理以及更多的协调和交流。各方要在通行规则与标准、劳动条件、可持续标准和透明度要求上达成一致，聚焦于协同合作而非相互竞争。

目前，由于互联互通行动和缺乏清晰的沟通导致各方的倡议重复，以及项目实施目标相互矛盾或无法兼容。在有关互联互通的讨论中，社会参与的缺失意味着这些项目在设计的时候有可能没有把人民和社区的需求考虑其中。

私营企业必须加入这样的对话和决策中，参与到项目筹备、责任确定、技术规格以及安全标准的规则制定过程中。除了一些倡议之外，还

有一些旨在推动协同合作的讨论，这些都有帮助但还不够，我们要更大胆并更有创意。

我们要进一步强调通过制定具有约束力的国际通行规则、标准和规定来实现互联互通多边化的强烈需求。其目的在于有效防范因不加制约的国际竞争而导致所谓的“连接冲突”。各国各公司为了赢得合同而在劳动标准及成本造价等方面偷工减料的无底线做法必须停止。

设定一个合作性的全球互联互通议程有助于防止基于规则的多边秩序崩溃，也给日益脆弱的世界贸易组织（WTO）注入新的生命活力。但是，如果这在世界贸易组织的框架内无法实现，就应该寻求其他模式。理由很简单：由于连接竞争已经成为国际局势紧张的一个源头，不能放任其导致进一步的全球失序。

我们就此提出以下三点建议：

（1）制定多边行动准则，明确互联互通项目的参与规则。

（2）通过吸纳更多成员加入，引入更多的基础设施建设方，为对话和项目对接创造空间，从而强化刚刚成立的多边开发金融合作中心（MCDF）。

（3）设立亚欧会议（ASEM）互联互通论坛，让私营部门和社会都得以加入互联互通的对话中。

随着欧盟委员会和欧洲议会新任领导人的就位，中国对“一带一路”建设至今的经验加以总结，其他国家热衷形成新的互联互通倡议，把基础设施互联互通的讨论提升到新高度的时机已经成熟。是时候采取更加高效和更有雄心的行动了。

## 三、防止“一个世界，两个体系”

实现新的丝绸之路愿景并非易事，对于中国来说也不例外。“一带一路”建设拉动了中国的外贸和投资，改善了包括航空运输等交通情况，展示了中国的国际形象。

### 1. “一带一路”建设会遵守多边规则

但也有不少人担心“一带一路”完全以中国为中心会产生其他不利后果。中国国家主席习近平在2019年4月对相关问题做出回应，称将通过与多边开发银行更加紧密的合作来实现“一带一路”更加多边化。他也表示“一带一路”建设会遵守多边规则，遵循国际上在项目开发、运营、采购、招投标方面的最佳惯行做法。

一个接受各方严格检验的全新升级2.0版“一带一路”倡议当然会受到欢迎。但是，“中国特色的多边主义”并非各方希望得到的答案。这有可能会引发世界在互联互通领域出现两大竞争对手的风险，给互联互通各参与方造成更多的摩擦和困惑。不论是在基础设施、数字技术、贸易投资领域，抑或是“一带一路”有关的争端解决和仲裁，造成互联互通的“一个世界，两个体系”都不是全球的利益所在。

### 2. 还有东盟、日本、印度、亚欧会议和欧洲

中国受到广泛的关注。但是，还有其他基于不同的规则和标准在运作的互联互通项目。在此列举其中最具代表性的几个：

东盟互联互通总体规划2025：于2010年启动，2015年进行修订，被称作“互联互通规划之母”。该规划有五大关键战略领域：可持续基

础设施、数字创新、物流、监管和人员流动。根据东盟的预测，从现在到2030年，该区域在交通、水、电力和通信领域将需要3.3万亿美元的投资。除了来自亚洲开发银行3亿美元的东盟基础设施基金，该区域的各国政府向中国、日本、印度、韩国以及美国和欧盟寻求投资。

东盟试图跟踪了解该区域内不同的互联互通项目，每年都会召开研讨会进行信息分享。《东盟互联互通总体规划2025》还有一个“滚动优先项目管道”，为成员国在高质量、低风险的基础设施项目规划和寻求投资方面提供支持。东盟成员国已经提交了大约40个潜在基础设施项目，目前已在审查评估。这个项目管道允许成员国以透明和相互竞争的方式动用资源，这被视作除单边主义外的一个有前景的尝试，为其他区域提供思路。

亚非增长走廊（AAGC）是由印度和日本主导的发展伙伴关系，旨在促进亚洲和非洲地区的增长、促进相互联通。这常常和日本的“自由开放的印度—太平洋战略”相互交织，也令人困惑。2017年首届“一带一路”国际合作高峰论坛召开，紧随其后，非洲开发银行（ADDB）会议宣布设立亚非增长走廊项目。该项目明确了日本和印度在印度—太平洋2025年发展愿景里的四个关键目标领域：发展合作、“优质基础设施”和数字机构互联互通、能力技能提升以及建立民间伙伴关系。

### 3. 与“一带一路”和欧盟的互联互通计划有所不同

亚非增长走廊可以说是多边项目。与“一带一路”项目相比，非洲国家拥有更大的磋商话语权。其资金打算来源于私营部门、政府和国际性资金，包括非洲开发银行，但这主要还是由印度和日本主导。而且亚非增长走廊仍处于起步阶段，尽管经常提及各方可能获得的利益，仍有待具体项目落地。

此外，2019 年 6 月，作为大阪 G20 峰会主办国，日本出面协商形成 G20“优质基础设施投资原则”，具体涉及债务可持续性、社会和环境保护以及加强治理等重要议题。

欧盟在 2018 年发布了欧亚互联互通战略，重点强调交通、能源和数字网络，以及像欧盟伊拉莫斯这样的人员进行流动的项目。欧盟坚持认为，互联互通倡议必须以公认的国际准则、善治、法治、开放、透明和平等为基础，并且必须以尊重国家主权和领土完整的方式进行。欧盟的文件显示其目标十分明确：“在已经形成的基于规则的、公正透明内部市场的基础上，欧盟正在争取与欧洲以外的其他伙伴一道，采取类似的方法推动可持续性的互联互通。”

欧盟聚焦于双边互联互通伙伴关系，例如中欧互联互通平台和与区域性组织的交流，后者又如波罗的海和黑海及东盟。欧盟还有望与国际机构合作，确定互联互通的法律框架和具体形式，例如制定国际标准。世界贸易组织、国际能源署、国际海事组织以及联合国机构都是欧盟希望制定可持续和公平的全球做法的典型例子。

在缓慢起步后，互联互通已经主导了亚欧会议议程。亚欧会议是个多边平台，汇集了 51 个国家，就全球挑战进行定期交流。2014 年，在意大利召开的第十届亚欧首脑会议上，“领导人强调了两个区域之间互联互通对于经济繁荣和可持续发展的重要性”。2016 年乌兰巴托第十一届亚欧首脑会议宣布成立亚欧互联互通工作组（APGC），承担以下任务：提供各方普遍认可的互联互通定义，形成符合上述定义的活动清单，开展具体的互联互通活动，为亚欧会议互联互通行动计划提供关键要素，以及对亚欧会议有关互联互通的价值主张进行务实评价。

亚欧会议把互联互通定义为“把国家、人民和社会更加紧密地联系在一起。它促进了可及性，是促进深层次经济和人际联系的一种手段。

它涵盖软件和硬件领域，包括物理和制度上的社会文化联系，这些联系是增强亚欧之间经济、政治安全和社会文化联系的基本支持手段，且有助于缩小不同发展水平和能力之间的差距”。

亚欧会议现在也开展了一系列的互联互通活动，并设立了一个“可持续互联互通门户”，提供有关两个大陆之间政治、经济和社会联系方面的数据。

### 4. 资金、资金、资金

以上提到的互联互通项目和其他没有一一列出的项目资金支持都来自多边开发银行，以及区域性和国家金融机构。例如，许多“一带一路”项目的资金都来自亚洲基础设施投资银行（AIIB）和丝路基金（the Silk Road Fund）。丝路基金和其他金融机构参与投资中巴经济走廊的多个电站建设，亚洲基础设施投资银行在“一带一路”建设项目之外，还为像印度这样的竞争对手的国家项目提供资金（译者注：亚投行是多边开发性国际金融机构，贷款面向所有成员国）。中国国家开发银行、中国工商银行、中国银行、中国进出口银行以及中国建设银行也为“一带一路”提供资金支持。

鉴于亚欧巨大的基础设施投资需求，各国企业都急切想要参与和投资互联互通建设项目。欧盟称将设法整合来自国际金融机构、多边开发银行和私营领域的资金来源，在保证透明、公平的商业竞争环境的同时，确保互联互通项目得到可持续的国内和国际资金支持。

### 5. 欧洲未来的战略投资

在欧洲内部，欧洲战略投资基金（EFSI）争取到 2020 年投入 5000 亿欧元，2018 年 7 月已经完成 3150 亿欧元的目标。迄今为止，这些投资中的21%投入能源领域，11%投入数字化领域，8%投入交通领域。

对于下一轮欧盟预算，欧委会提出在2021—2027年把域外行动预算增至1230亿欧元。这意味着比前一轮预算增加了30%。这个方案还建议设立一个域外行动投资框架，增加的预算高达600亿欧元。基于欧盟的对外投资计划经验，这将有助于提升并筹集撬动私营领域资本这样的额外金融资源服务于可持续发展。

此外，2014—2020年欧盟在亚洲管理着超过80亿欧元的资金，在互联互通背景下为双边及区域项目提供重要资源支持。比如东盟互联互通总体规划和伊拉莫斯扩展教育交流项目（Erasmus +）。在亚洲投资和中亚投资助力下，2010—2016年，欧盟用3亿欧元资金通过结合拨款和贷款带动了约25亿欧元的投资。

## 四、前行之路：多边框架下的强规则

亚洲与欧洲通过各国政府、机构、企业以及人民之间的日常交流来建立全方位的新联结、激活旧关系。曾经被嘲笑为“光说不练”的亚欧会议也越来越具有地缘政治意义。

跟在“一带一路”倡议后面的亚欧互联互通愿景一度只反映在中国的议程上。东盟现在正通过区域发展计划构建互联互通，通过包括基础设施互联互通在内的行动建立更加牢固的联系，使欧盟认识到它在地缘政治和地缘经济上的重要性。

是时候通过提高标准来解决混乱的局面了。亚欧大陆已经散布着越来越多的双边和区域贸易协定的“面条碗”，互联互通议程正在变成一个混乱纠缠、令人困惑的网络。其实并非只有这一条路可走，以下是减少混乱的三个途径：

（1）把全球互联互通议程多边化的讨论真正落实到行动上。中国国家主席习近平承诺与多边机构更加紧密合作并遵守多边规则。这尤其适用于欧盟，欧盟一再宣布，它计划与欧洲邻国、亚洲及其他地区的伙伴合作，加强互联互通，寻求互补的共同规则。

实际上，以“在财政、环境、社会和经济上可持续性，全面的跨领域具金融框架，以规则为基础的”互联互通为重点的欧盟战略至少可以在初期就为所有国家制定新的全球规则手册奠定基础。这些标准，包括互联互通治理、仲裁和问责制的具体细节都必须通过协商和谈判来进一步制定。讨论将会集中在探讨互相配合、技术规范、安全管理以及海关合作等领域的具体细节。

一旦建立起信任，互联互通各参与方就应进一步商定具有共识的规则手册或行为准则，来规范投资，确保透明度，并建立起一个基于规则的互联互通框架。这样的国际共识也会确保这些互联互通项目与 2030 年可持续发展议程保持一致，并特别侧重通过妇女赋权和女生教育来消除不平等现象。

之后可进一步采取更大胆的措施，最初协议可以是非正式和自愿的，后期应具有法律约束力。这既可以在 WTO 框架内实现——其诸边协议业已迅速成为常态——也可以通过一个特设的专门机构来加强互联互通的治理。

像亚欧会议这样的区域性组织和论坛已经努力地试图在混乱的互联互通形势中带来所需的秩序。欧盟也在努力通过在“一带一路”、日本的“自由开放的印度—太平洋战略”以及东盟互联互通总体规划 2025 等动议之间形成协同效应，来推动形成可持续的亚欧互联互通。

在与中国、日本、印度、东盟等的合作中，欧盟应该更加大胆地开始建设一个真正的互联互通多边治理体系。这在眼下看起来可能太困难太复杂。但是如上所述，一些基础性的工作已经就位。欧盟应该运用自身的召集力量以及多边程序的处理经验来开启涉及各利益相关方在互联互通行为准则方面的谈判。在我们尚未遇到在“一个世界，两个体系”中摸索的困境之前，最好的时机就是现在。

（2）共同设立多边开发融资合作中心。2019 年 3 月，亚洲开发银行（ADB）、亚洲基础设施投资银行（AIIB）、拉美开发银行（CAF）、欧洲复兴开发银行（EBRD）、欧洲投资银行（EIB）、泛美开发银行（IADB）、国际农业发展基金（IFAD）和世界银行集团与中国财政部签署了谅解备忘录，同意共同设立多边开发融资合作中心（MCDF）。该中心致力于“为发展中国家提供高质量的基础设施和互联互通投资”，特别强调透明、无差别待遇和债务的可持续性。根据谅解备忘录内容，该中心将致力于达成以下目标：

——通过促进信息分享推动合作、避免项目重复建设。

——与发展伙伴的项目前期准备和能力建设，关注债务管理、采购、反腐败以及环境框架等。

——项目筹备，包括环境和社会影响评估及可行性研究。

决定设立多边开发融资合作中心表明，中国和“一带一路”的投资者一直都在倾听并相互学习，目前也认识到进一步交流合作的必要性，多边主义是前行的方向，但仍任重道远。

随着重要多边发展机构的签署加入，多边开发融资合作中心的实质建设尚处于起步阶段，现在呼吁更多成员加入恰逢其时。东盟、欧盟、日本、印度等应该签署谅解备忘录成为发展伙伴，并派代表参加多边开发融资合作中心会议。随着所有重要行动方和融资方的参与，多边开发融资合作中心可以成为克服沟通问题的对话交流机制，确保项目能够产生最大影响。互联互通各行动方若不是各自为战，就都可以从影响力评估、可行性研究以及合作国家能力提升中共同获益。

（3）创立一个国际性的或者亚欧互联互通论坛，以便定期磋商，促进私营部门及社会的参与。互联互通失败项目的经验表明，要确保新的方案能回应社区需求，要获得社区的全力支持，并与国际商定的劳动和工作规范及标准保持一致，这一点至关重要。与私营部门进行协商和向企业学习也同样重要，这样才能确保相关项目为当地提供培训、采购和就业。

因此，参与互联互通项目的国家应该设立一个开放的国际互联互通论坛，包括学者、智库专家、独立经济学家、商界和社会代表。该论坛将为互联互通参与各方定期讨论创造条件，可在亚欧会议的支持下成立，由一位或者多位亚欧会议伙伴主持，但应经常轮换，所有成员都应有机会担任轮值主席。

这样的论坛将确保各方获得亚欧会议可持续性互联互通指数，从而使当地的利益相关方、国际公司和准贷款人获得关于未来和在建项目的重要信息。论坛成员将帮助确保根据最佳价值和最优质量来授予合同，同时关注腐败、项目延期、项目失败以及虚假成本等方面的报告。论坛还可承担在开工建设之前就财务可行性和环境影响提供意见的任务。

## 结语：世界无疑需要更加联通

拥有着不同目标和范围的互联互通方案已经拉近了亚洲、欧洲和非洲之间的距离。鉴于其对于人民、政府、企业和全球关系的重要性，必须以妥善的方式加以管理。互联互通各行动方必须具有责任心，为全球共同利益行事。

各国必然会逐渐认识到，要高效行动，就需要形成一套国际认同的惯例、规则、公约和技术标准，并得到国际组织和机构的支持，以实现跨境网络和贸易的相互贯通。这就还要求我们要采取必要措施，确保互联互通在财政、环境、经济和社会角度皆具可持续性。

鉴于这项任务的艰巨性和互联互通的重要性，各国不仅要认真对待协同合作，还要达成共识并继续深入。现在是时候形成严格的程序，确保互联互通融入现有基于规则的多边秩序，或是为形成新的国际互联互通机制提供动力，使其能够更好地适应不断变化的全球现实。

世界无疑需要更加联通，但要避免在联通过程中产生的混乱。

（宋琼译，危文锋审校）

# 减轻行政负担是对未来经济增长的真正投资

菲贝尔　施派尔德国管理学大学教授

面对外部的不确定性，我们应该更多地关注国内的改革需求，改善国际贸易，防止经济衰退。德国有一个项目对于经济发展非常重要。中国十九大报告提出，良好的治理是中国特色社会主义发展的基石。和中国一样，德国也是基于法律的体制。法律为社会利益提供保障。通过了相关的法律，就要实现一定的政治目标，还要规范企业和个人的行为。但是，执行法律是有成本的，包括时间成本，即合规成本。尤其是在经济困难的时候，要促进经济的增长，增加国外的投资，我们必须要减少这种成本。

## 一、德国改善监管的基本概念和历史

行政负担或合规成本是企业的生产成本，妨碍了公民消费，通过消耗税收来支付公共行政费用。如果从源头能通过改善监管消除或防止不必要的合规成本，那么就会实现更高的经济增长。实现的具体方法在于，根据法律法规对企业、公民和公共行政部门的成本进行量化，通过设定量化目标减轻行政负担。荷兰在2004年首次提出设立荷兰监管负担顾问委员会（ACTAL）。2006年，德国在联邦层面引入相关立法，强制要求对新的监管进行行政负担评估，设定了减少25%行政负担的目标，并设立“改善监管委员会”作为独立的监督机构。2011年，该举措扩大到联邦总体监管合规成本。2015年，在相关监管措施实施3～5年后引入强制性评估机制。2017年和2018年，萨克森州和巴登—符腾堡州设立州级改善监管委员会。

## 二、方法论基础：行政负担、标准成本模型和合规成本

“行政负担”是企业、公民和公共行政部门在遵守法律文本义务时产生的成本，例如纳税申报、填写各种表格、提供各种信息、向政府统计部门报告数据、雇主对其雇员的信息披露义务等。这些都是各种各样的行政负担。

按标准成本模型（SCM）进行衡量的公式为：

标准成本SC＝案例数×所需要的时间Ø×频率×工资成本（对公民而言通常只需要时间）。

“合规成本”（cc）是企业、公民和行政部门在遵守公共法规的情况下发生的所有成本，例如遵循环境标准的装置，支付更高的法定最低工资，执行法规的行政管理费用，等等。相关法规有可能增加或减少合规成本。

## 三、机构：政府项目和改善监管委员会

自2006年起，德国设立国家改善监管委员会（NBRC）。成立伊始共有8位委员，如今设10位委员，任期5年，委员不得是与监管工作相关的人员。因此，除教授外，大多数委员都是退休的前高级公务员或者

是行业团体的前任代表。这个委员会独立行使职权，政府不得取消委员的资格。

国家改善监管委员会的职责是检查每个法规是否达到如下要求：第一，相关部委估算合规成本的方法是否正确。第二，合规成本是否最低，即是不是以最低的成本执法。在此基础上提供一份意见声明，作为法规草案的一部分，贯穿于内阁和议会整个决策过程。

国家改善监管委员会的职责还包括：就减轻行政负担和改善监管向政府提出建议；在联邦和州层面与其他相关国际委员会进行交流；就其活动以及减少行政负担和合规成本的进展或问题提供年度报告。

## 四、程序：行政负担和成本削减目标的事后措施

通过对企业要满足所有现有联邦法律规定义务所产生的合规成本进行衡量测算，我们得出2006年合规成本的结果是490亿欧元，相当于当年GDP的0.5%。因此，联邦政府承诺要在2011年达成削减企业合规成本25%的目标，是很不容易的。2011年我们实现了这一目标，我们还要进一步减少行政成本。

从2012年开始，德国改为使用行政管理负担指数。进一步的发展则是建立了所谓的“一进一出”原则，即新增加一个带来额外合规成本的监管，就必须废除另一个。例如，如果计划实施的监管将带来5000万欧元的合规成本，那么在同一年度，就要取消其他监管措施以减少5000万欧元的合规成本。这适用于所有给德国经济带来合规成本的监管。

## 五、程序：合规成本和评估的事前预估

国家监管改善委员会必须参与监管进程，并为议会和公众提供批评意见。这种通过系统地量化合规成本并审查实现最小负担的做法改变了“监管文化”。对合规成本的估算由联邦统计署在法规生效 2 年后进行。3 年进行评估（直到现在为止还没有系统的经验）。到目前为止还存在评估文化不足的情况，这可能是因为联邦法规在各个州和地方一级行政单位执行的缘故。当前面临的州和地方政府层面在估算合规成本还存在这样或那样的问题。这主要是因为，到目前为止，在州一级只有萨克森州和巴登—符腾堡州设立了监管改善委员会，而且两者的能力还各不相同。

我们看到有的欧盟法律会成为国家的法律，国家法律又必须转化为州的法律，因为具体是由州一级政府来执法的。80% 的法律都是在州、市、镇、村层面上执行。执行层面越低就越接近于企业和人民，这样政府就更加了解他们到底需要什么。我们可以通过这种方式进一步减少行政成本。我们要了解合规成本，因为联邦政府山高皇帝远，根本搞不清底层政府在干什么。我们需要了解到底是什么因素导致了成本的产生。

## 六、未来经济增长的重要性和最新发展

我们还应该用标准化的方法进行监管，计算我们得到了多少好处。所以，我们要让整个监管过程更加透明，让大家知道政府到底在做什么。使得行政部门能够做出更好的决策。我们的经验是，行政监管不仅增加合规成本，还会带来消极的情绪。如果我们做得好，能够减少行政成本的话，就可以帮助人民更好地接受行政服务，从而为整个社会造福。

电子政务法是减轻行政负担的工具，德国的电子政务法从2022年开始生效。联邦和各州政府开发相应的应用程序确保公民和企业直接通过数字方式访问公共行政部门。尽管开发和实施成本很高，但从长远来看，合规成本预计会大幅减少。

我们实施“效益量化”项目，旨在对法规监管的影响描绘一个“真实的图像”。我们下一步的研究应侧重于寻找给所有社会群体带来“不必要”管理负担的根源，并对法律执行部门的合规成本作出更为详细的分析，且可以考虑在全面实施之前试点。在遵守联邦和州法规的同时，减轻负担是未来国际竞争力和促进创新的关键要素。通过使用合适的方法和制度来减少行政负担和合规成本是对未来经济增长的真正投资。

（编译整理：危文锋）

# 以开放寻求世界经济的确定性

刘尚希　中国财政科学研究院院长

当前，世界上提得最多的概念就是“不确定性”。如何认识不确定性，怎样从不确定性的世界构建确定性，这不仅是中国面临的挑战，也是世界其他各国面临的挑战。

## 一、世界的本质是不确定的

1. 世界的本质是不确定的，世界的确定性要靠人类共同构建。量子力学发现世界不是自然而然存在的，世界的本质就是不确定的。针对这种不确定性，只有通过努力、支持、合作，才能构建我们所需要的确定性。

2. 当前世界的不确定性越来越大。当前世界的不确定性在很大程度上是努力不够的结果。其最深刻变化就是成了一个地球村。这个概念本身表明地球相对变小了，而地球变小则意味着世界不确定性的增大。因为世界上每一个角落、每天发生的事情都会在全世界范围产生影响，即所谓的“蝴蝶效应”。最典型的是 2008 年金融危机，从一个国家传到另一个国家，最后变成了一场世界性的金融危机。

3. 为什么变成了地球村？地球村的形成是全球的分工合作、经济金融全球化的结果。经济学的基本原理就是分工能提高效率，促进经济增长，改善全人类福祉。所以经济全球化不断拓展是基本趋势。人类要想共同发展经济，只有走全球化这条路。当前，全世界你中有我，我中有你，分工的不断深化形成了全球的产业链、供应链、价值链。在这种情况下，各国之间如果不协同、不协调，就会增大不确定性，带来全球公共风险。

当前的不确定性增大，其根源是面对全球的深刻变化，现行的全球治理理念还停留在过去的老一套，甚至是单边主义，并没有及时调整全球的治理规则、全球的治理体系。当全球治理规则不能适应经济全球化这种深刻变化的时候，不确定性就会诞生出来，并且不断加大。因为世界是相互依赖的，需要协调与合作，需要坚持多边主义。本来世界已经有了这种共识，但现实中又出现了逆全球化的潮流，把本来相互依存的“你中有我、我中有你”的状况进行了切割，带来更加巨大的不确定性，也造成日益增大的全球公共风险。

## 二、构建世界经济的确定性

1. 构建人类命运共同体。习近平主席提出人类命运共同体的理念，就是要解决世界的不确定性问题。世界潮流浩浩荡荡，不进则退。世界潮流指的是世界发生了深刻的变化。“不进”是说治理规则没有进。许多新兴国家、发展中国家得到了快速发展，但发展中国家的话语权仍然很小，西方自我中心的思维依然占主导。也有一些西方国家的有识之士在思考面对世界的不确定性该如何联手，如法国总统马克龙已经承认西方霸权时代在终结。但是有这种思维的人并不多，这导致人类命运共同体的构建面临着各种各样的障碍。

2. 重在从风险的角度认识世界的不确定性。不确定性带来两种可能，一种是利益，一种是风险。从风险的角度观察，世界是一个利益共同体，也是一个全球风险共同体。当前面对不确定性，重在从风险的角度认识问题、看待问题、理解问题。我们谈人类命运共同体，谈合作共赢，是因为我们有共同利益。其实，共同利益的另一面就是共同风险，也就是全球公共风险。对每个国家乃至每个人来说，全球公共风险都是无法单独应对的，这需要全球的集体行动。

## 三、在开放中让发展成果惠及所有人

让发展成果惠及所有人，确保全世界人民重新团结起来，而不是美国优先。实现这个目的，只有开放，实现人力、资源等要素的自由流动，机会才会更加均等，才可能使每个人共享全球发展的成果。如果各国都把自己封闭起来，世界的不确定性与全球公共风险会急剧扩大，最终的结果可能就是整个人类文明的发展延滞，甚至倒退。

达尔文理论讲到生物是进化的。但是热力学第二定律认为，任何事物都会走向平衡、无序和死亡，生物的进化与此是相冲突的。普利高津的耗散结构理论认为，在一个封闭的环境里，系统的熵会不断增加，然后会走向无序状态，最终面临死亡。同时，该理论认为，如果系统是开放的，负熵可以抵消熵的增加，进而就可以实现系统的可持续，可以实现生物的进化。

这是从生物学的角度认识到的开放的极端重要性。从世界范围来看，只有开放才能有更大的发展，只有开放才能有更大的确定性，对每个国家来说是如此，对整个世界来说也是如此。封闭起来、倒退回去，每个国家都会受害，整个世界的发展都会受害。越倒退，全球公共风险就越大，甚至可能引发全球危机。

所以，只有认识到全球公共风险才能解决实际问题。要意识到封闭、倒退的风险是全人类共同面对的风险。如果能够充分意识到这种公共风险的存在，大家就会相互克制，相互理解。

# 坚持对外开放是各方共同需求

贾庆国　北京大学国际关系学院原院长

在特朗普政府对中国实施贸易战，并对中国高科技领域进行打压的背景下，有些人开始质疑中国的对外开放政策。他们表面上不说反对对外开放，心理上却不认同。在他们看来，对外开放导致中国经济受制于人，政治上被西方渗透，甚至安全上也出现了很多隐患，所以他们主张回到所谓的“独立自主、自力更生”的做法。

在这个问题上怎么看？中国应该采取怎样的发展战略？这是一个非常严肃和重要的问题。我认为，中国实行对外开放，理论上必要，实践上可行，不仅过去需要，而且将来也需要，不仅对中国好，对世界也好。面对挑战，中国需要坚定对外开放的信念，加大开放的力度，为中国可持续发展和世界经济的增长与和平稳定做出新的贡献。

## 一、坚持对外开放在理论上是必要的，在实践上是可行的

无论是从自由贸易理论和比较优势理论的角度来讲，还是从马克思主义对外开放政策的理论角度来讲，中国都需要对外开放。列宁曾经指出，苏维埃俄国要建设社会主义，就必须采取一个开放的对外政策，吸引先进的科学技术，充分利用资本主义国家资源和发展经验发展自己。

针对有些人对实行对外开放政策的质疑，列宁指出，这种质疑反映的是一种落后的心理，不向资本主义学习，也可以建成社会主义，这是中非洲居民的心理，不能设想除了庞大的资本主义文化所获得的一切经验为基础的社会主义之外，还有什么别的社会主义。

中国领导人历来坚持对外开放。毛泽东在论十大关系一文中指出，“我们的方针是，一切民族、一切国家的长处都要学，政治、经济、科学、技术、文学、艺术的一切真正好的东西都要学”。邓小平曾经积极倡导充分利用一切可以利用的资源，包括国内国外的资源，以最大限度地推动国内经济建设。他说，我们要把世界一切先进技术、先进成果作为我们发展的起点。

2017 年 10 月 18 日，习近平总书记在中共第十九届全国人民代表大会上的报告中指出，推动形成全面对外开放格局，开放带来进步，封闭必然带来落后，中国开放的大门不会封闭，只会越来越大。历史也证明坚持对外开放实践上是可行的、成功的。历史上中国最繁荣最强大的时期也是最对外开放的时期，比如汉唐盛世，其他国家的发展经历也大致如此。

我国实行改革开放以来，在各方面取得了令人瞩目的成就：经济持续高速增长，人民生活水平大幅度提升，医疗卫生、教育、减贫和环境治理取得巨大进步，综合国力不断提升，对世界和平和繁荣的贡献不断加大。虽然对外开放也带来一些新的问题，比如财富分配差距过大，等等，但是根本无法与取得的进步相提并论。

## 二、对外开放过去需要，未来更需要

过去我们需要通过引进资金、技术和管理经验来实现快速的发展，同时也需要依靠自身的发展来对国际和平与发展做出自己的贡献。那时候，中国自己发展了，稳定了，就对国际和平发展做出了自己的贡献。

随着中国经济发展进入一个新的阶段，中国也越来越多地需要通过输出资金、技术和管理经验来实现自己更好更快的发展，同时，随着中国综合国力的上升和国际影响的增大，作为现存国际秩序最大的受益者之一和守护者，中国越来越需要通过和其他国家合作来共同维护国际秩序。

## 三、对外开放政策对中国好，对世界也好

那么中国对外开放对世界有什么好处呢？至少有以下几个方面：

第一，对外开放使中国经济的发展成为推动世界经济发展的重要动力。

第二，对外开放使中国更好地发展，这有助于中国的社会稳定，从而也有助于世界的和平与稳定。

第三，对外开放使中国有可能更加积极地参与世界事务，并成为维护和改革国际秩序的重要力量。

第四，对外开放使中国有可能和国际社会一起反对贸易保护主义和单边主义，支持多边合作，推动全球治理。

总之，对外开放是中国的国策，不应改变，坚持对外开放必将使中国发展得更好，使中国有可能对世界的和平与繁荣做出更大的贡献。

## 四、新时期中国推进高水平开放的思考

第一，我们需要认真分析中国历史上和他国的经验和教训，进一步

坚定对外开放的信念。

第二，我们要发挥比较优势，并通过国际合作使所有的国家都通过把自己的事情做得更好来获取更大的利益。

第三，在保证国家安全的基础上加大对外开放力度，包括市场准入、国民待遇，甚至网络开放，等等。

第四，借鉴他国经验，解决好国内的两极分化问题，确保对外开放不断获得民众的支持。当前，一些国家出现的贸易保护主义、单边主义的思潮和做法，很大程度上还是因为这些国家没有解决好这一问题，这个教训值得我们吸取。

我们希望，也相信中国政府会继续坚持深化对外开放，在实现国家可持续和健康发展的同时，为世界的和平繁荣做出应有的贡献。

# 国际移民发展新趋势与海南开放移民政策

吴　江　中国人事科学研究院原院长

## 一、国际移民发展新趋势与新挑战

### 1. 全球化引发国际移民数量的迅速增长

在经济全球化进程中，移民既是一个受益群体，也是一个贡献群体。国际移民署公布的资料表明，2019 年全球国际移民人数已达 2.72 亿，占世界总人口比重的 3.5%，比 2010 年增加了 49%，预计到 2030 年移民将超过 3.5 亿。其中，处于工作年龄（20～64 岁）的是移民的主体，占移民总数的 72%，20 岁以下占 14%，远高于占全球 57% 的劳动年龄人口。在全球化过程中，移民的增长速度有力推动了全球开放经济与科技创新的发展，占世界人口 3.5% 的移民创造了占全球 10% 的经济总量。

一方面，十大接收国集中了过半数的国际移民。美国是最大的移民目的国，移民人数高达 5400 万，占总人口的 20%；德国和沙特阿拉伯移民人数为 1300 万，俄罗斯 1200 万，英国 1000 万，阿联酋 900 万，法国、加拿大和澳大利亚各约 800 万，意大利 600 万。另一方面，发展中国家是最大的移民输出国。印度 1800 万，墨西哥 1200 万，中国 1100

万，俄罗斯 1000 万，叙利亚 800 万。67% 的国际移民生活在高收入国家，30% 移民生活在中等收入国家，只有 3% 国际移民生活在低收入国家。随着全球经济发展，年均收入进入 7000 ~ 10000 元的区间时，就业人口迁出原住地的能力与倾向大幅增加。

### 2. 民粹主义阻碍了人才吸引，技术和投资移民流动放缓，但英美等发达国家特别制定了创业移民政策

在民粹主义影响下，美国在不断收紧容民政策，同时提高投资移民门槛；而受脱欧进程影响，英国对人才的吸引力减弱，但仍然试图通过有选择性的移民政策，将国家所需的紧缺型人才从移民潮中甄选出来。经研究证实，国际移民在创业与创新方面的活力要远高于非移民人群。企业家移民比投资移民更能通过创造本地就业、贡献税收等方面，直接使移民所在社会受益。相比通过投资移民增加房地产行业的收入，美国同英国等国家更加重视创新。美国与英国虽然通过出台新规，提高之前广受欢迎的投资移民门槛，使投资移民批准数量陡降，但却全力吸引企业家移民来本国创业，以此拉动本国的就业与创新，成为美国与英国等呈现“反移民”政策倾向的发达国家有悖于政策宣传表象的趋势。美国 2011 年以来平均每年接受中国近千人创业移民签证。新加坡、加拿大和日本等国家同样是根据国家自身人口结构与国内经济发展情况来理性地调整积极的移民政策。

### 3. 国际教育与国际移民互为促进，形成全球人才竞争良性循环

欧盟、美国、加拿大、澳大利亚通过国际移民与国际教育战略相互促进的政策让更多符合国家发展的移民前往该国的过程更加便利。为吸

引与培养符合经济发展的国际移民，这些国家加快实行有利国际教育战略，吸引大量留学生，通过留学生毕业后采取一系列促进外国人才就业措施，将符合本国需要的优秀人才留在本国创业就业，从而增加国际移民的数量。加拿大公民与移民部（CIC）为解决国际学生流动问题，在2013年实施“经济计划行动（Economic Action Plan）”后两年之内投资了4200万美元，以增加临时居民签证项目的容量，满足国际学生日益增长的短期培训以及长期攻读学位的需要。加拿大的移民政策与教育战略的关系主要体现在三方面：移民政策与教育战略彼此助力；培养适应加拿大本国经济与社会可持续发展的应用型人才；移民在教育中表现突出，形成人才竞争良性循环。澳大利亚政府批准的学生签证和临时居留签证正逐年缓步增长，2016年分别达到31.08万人次和13.08万人次。

### 4. 国际移民全球治理新机制：构建“全球移民契约”

管理移民方面开展有效国际合作，确保移民与相关人员的权利得到适当的保护，这也是联合国《2030年可持续发展议程》重点关注的内容。2016年，联合国通过《关于难民和移民的纽约宣言》，并启动政府间谈判进程，以期在2018年制定通过一个全球契约，寻求安全、有序和正常的迁徙。全球契约着眼于四个核心因素：（1）保护移民的权利；（2）为安全、有序和正常的迁徙提供便利；（3）降低被迫迁徙和非常规移民；（4）应对人口流动带来的自然和人为的疾病。

此外，全球治理的重心还将放在寻求将移民的发展潜力转化为开放创新与振兴经济的机会上来，寻求移民对来源国和东道国社会发展的积极贡献，全球契约还被寄予期望能给国家设立一个指导原则，有效地彰显人道主义精神和治理人口迁徙。加强国际移民多维度的协调，成为理解应对移民、人口流动和所有类型的国际迁徙的国际合作模式。全球移民契约的建构与发展是全球移民治理的分水岭，体现了国际社会对该议题做出的关键性的努力。

### 5. 中国移民迁出量增速放缓，“一带一路”沿线国家和地区成为中国规范移民的重要流向地区

中国人获得主要移民目的国的永久居留以及公民身份数量连续下降。美国的 EB－5 投资移民签证在内的一系列西方国家签证，中国人申请量占比也开始出现不同程度的降低。2017 年，有 74194 名中国人获得美国合法永久居留资格，同比下降 9.2%，近几年呈总体下降趋势。

近 5 年来，“一带一路”沿线国家和地区成为中国规范移民的重要流向地区。中国大陆移民的前 20 大目的国中有 7 个为“一带一路”沿线国家，分别为：新加坡（44.86 万人）、孟加拉国（17.78 万人）、泰国（10.03 万人）、印度尼西亚（7.03 万人）、俄罗斯（5.62 万人）、菲律宾（3.6 万人）、缅甸（3.37 万人）。

### 6. 中国不断从国际移民来源国成长为国际移民目的国，外国人“来华逐梦”的现象呈现上升趋势

外国人移居到中国可以获得各类职业与收入上的优势。2018 年国际移民组织报告显示，2015 年以来，中国是最受外籍人士欢迎的地区之一，居住于中国的外籍人士年薪超过 25 万美元的比例几乎是在欧洲该比例的三倍，是全球平均值的四倍以上。根据世界银行 2017 年的数据显示，中国 2016 年已经成为世界第五大侨汇汇出国（202 亿美元），虽然相比 2015 年的第四名下降一名，但与排行前一位的德国差距很小，而且连续两年处于前五名，这说明中国不再只是国际移民的来源国和侨汇的汇入国，而是逐步成为国际移民的目的国。此外，侨汇的汇出金额也能

反映出外籍人士在中国的工作与发展情况。出国留学增速放缓，来华留学增长迅速。2016 年中国出国留学人员 54.45 万人，增速较 2015 年有所放缓（增速下降 8.17%），但中国依然是美、加、澳、日、韩、英等国家的主要外国学生生源地。2016 年，来华留学生数量就达到 44.3 万人，较 2015 年增长 11.3%，较 2004 年（11.1 万人）增加了近 3 倍。

## 二、实施聚天下英才而用之的开放人才政策

习近平主席强调，在人才选拔上要有全球视野，下大力气引进高端人才。改革人才引进各项配套制度，构建具有全球竞争力的人才制度体系。不管哪个国家、哪个地区，只要是优秀人才，都可以为我所用。在这方面要加大力度，不断提高我国在全球配置人才资源上的能力。

### 1. 各国自贸区的人才引进优势

（1）通过税收激励政策提高区域竞争力。美国学者阿瑟·拉弗关于税负水平与经济增长的经典研究表明，最佳税率在一个合适的区间内，税率越低，人力资源综合水平越高、经济增长速度越快。

（2）通过便利的国际通行政策激发人才活力。进出自由对人才的活力有很大影响。在境外自由贸易区，人才普遍享有较高的国际通行自由度。

（3）通过完善的人才服务网络实现人才储备全球化。各国自贸区构建和完善人才资源服务网络，创新人才资源服务功能，促进和带动了全球人才资源集聚。

（4）通过宜居的综合环境促进人才集聚。设立外国人教育机构和外国人专用医疗机构。区内的外国人可无限制就读于各种外国人学校。政

府在区内建设大量绿地与休闲娱乐设施。

### 2. 建立海南自由贸易港国际人才管理改革制度

当前，海南面临着重大发展机遇，人才发展要适应服务业开放与服务贸易发展的要求，适应海南自由贸易港建设的要求，适应国际人才管理改革试点建设的要求。在新的历史方位下，根据2018年4月出台的《中共中央、国务院关于支持海南全面深化改革开放的指导意见》以及2019年8月中央组织部等7部门联合印发的《关于支持海南开展人才发展体制机制创新的实施方案》指示精神，海南必须下大力气开展人才发展体制机制创新，建立符合海南自由贸易港建设需求的国际人才管理改革制度。

## 三、探索海南国际移民事务管理新机制

创新移民事务管理是海南开展国际人才管理改革试点的关键环节。未来海南应该建立自贸港国际移民事务管理机构，以移民事务管理规则及举措为抓手，大力扩大国际移民数量，提升移民服务质量，以建立符合海南发展需求的国际移民事务管理体系。为在自贸港工作和创业的外国人才出入境、居留和永久居留、技术技能人才在海南就业，为优秀外国留学生在海南就业和创业，为吸引外国高科技人才，以及在出入境安全措施建设等方面提供便利。

### 1. 编制海南自贸港外国人工作指导目录

《海南自贸港外国人工作指导目录》主要涉及海南自由贸易试验区（港）高新技术产业、旅游业、现代服务业三大产业类型，重点服务种

业、医疗、教育、旅游、电信、互联网、文化、金融、航空、海洋经济、新能源汽车制造等重点领域发展需要，按照外国人工作指导目录常规编制体例，目录基本框架主要包括职位分类、教育程度、工作经验、在华年工作时长、岗位年薪、语言能力、最需要的行业等七部分。

### 2. 设置与国际接轨的自贸港移民类型

（1）设置国际通用的移民类型。根据国际移民国家的通用做法，在海南自由港设置家属/家庭移民、投资移民、技术移民、职业移民、特别移民（海外雇用人员，宗教人士）等移民类型，并根据外国人才工作指导目录，针对自贸港急需紧缺人才设定移民优先、配额比例及资质条件。大力利用技术移民和职业移民，吸引国外科学、文艺、教育、商业和体育各界的卓越人才，吸引杰出的教授、研究员和跨国公司行政人员和经理，以及各类国外科技及专业技术人才。

（2）设置独立的技术移民类别。允许没有中国工作经验和用人单位工作邀请的高端国际人才，由本人直接向海南的外国人管理工作部门提出申请，出具《外国高端人才确认函》，方便其在海南境内外申请人才类工作签证和在华永久居留资格。针对独立技术移民人才，大幅简化就业和签证办理手续，优化境外、境内办理流程，免办外国人工作许可通知书、《邀请确认函》，直接办理外国人工作许可、职业签证和工作居留许可。并且进一步延长海南境内高端 A 类人才和 B 类人才签证的有效期。目前，高端 A 类人才工作签证有效期为 3 ~5 年；B 类人才工作签证有效期为 1 ~2 年。

### 3. 简化优化签证等办理流程

开设高层次外籍人才以及其科研辅助人员的绿色引进通道，进一步优化远程在线办理的系统平台，提供更好、更便捷的出入境管理和居留服务。推动设立外国人证件业务办理“单一窗口”，实行外国人就业许可、外国人居留许可、外国人邀请确认函等服务事项“三窗合一”。加强海南自由资易港国际人才服务建设和市场化运作，组建一支国际专业化人才服务团队，提供更多高端化、定制化、菜单式服务。

### 4. 实施移民入籍、华裔卡等身份证制度

首先，鼓励和优先审理华裔出入境申请，对海外华人在海南出入境方面提供便利，使之有别于纯粹的外国人。修改“绿卡”审批管理办法，降低绿卡门槛，设置更加灵活务实的申请条件，加大海南吸引海外人才的力度。其次，对原先持有中国护照的海外华人在其自愿申请的基础上，给在琼海外侨胞发放类似功能的“侨胞证”或“华裔卡”，该证具有类似于绿卡的身份，享受除了政治权利和法定限制以外的所有国民待遇。最后，对原籍中国、已入籍海外的华人发放华裔卡，持卡者可享中国永久居留权及本土居民待遇。

### 5. 开设留学生学习、实习、就业的绿色通道

通过海南自由贸易港国外优质教育资源及机构的引入，大力吸引、培养和留住国际留学生，让他们更乐意在海南学习深造及就业创业，特别面向“一带一路”沿线国家和地区扩大海南高校留学生招生数量。

首先，提供直接便捷的校园签证服务，试点为来海南留学的全日制国际留学生提供直接的校园签（Vsa-on-Campus），在隶属海南自由贸易港的大学校园内设置专门的学生签证服务中心，为拿到中国政府奖学金的、目前持有有效签证的、校际交换等的留学生提供“不出校门”的签证服务。

其次，为避免将外国留学生教育市场与外国留学人才市场割裂开来，应尽快将他们纳入中国人才市场，为在读期间的来华留学生提供有条件的在海南自由贸易港的工作许可和机会，为完成学业的留学生提供合法实习、就业的工作许可和签证，并在其后的发展中享受包括申请长期居留权在内的技术移民法规定的所有权利、待遇和身份。

### 6. 进一步开放入境免签政策

自 2018 年 5 月 1 日起，俄罗斯、英国、法国、德国等 59 个国家人员持普通护照赴海南旅游，可从海南对外开放口岸免办签证入境，在海南省行政区域内停留 30 天。享受政策的 59 国外国人入境后停留范围仅限于海南省行政区域。未来，海南自由贸易港应及时总结 59 国外国人入境旅游免签政策实施效果，加大出入境安全措施建设，继续扩大免签国家范围；延长免签停留时间；放宽免签人数限制。此外，借助海南纳入国际旅游“一程多站”航线的契机，积极支持实施外国旅游团乘坐邮轮 15 天入境免签政策等。

### 7. 建设自贸港国际人才服务社区

围绕国际人才发展需要，从政务服务、教育、医疗、文化、生活保障等维度着手，全省多点布局，在重点产业功能区和国际人才集聚区试点建设具有国际水准的“类海外”高端国际人才社区。制订国际化服务能力提升计划。创建“一站式”人才专办服务体系，完善国际人才综合保障服务。

## 四、中国参与移民全球治理，加强与各国的人才合作

根据国际移民组织已经制定的国际移民治理协议，中国要积极参与移民全球治理，需要建立符合中国特色的开放管理机制，其中应有两个方面的重点：一是我国移民出去的1100万人的权益如何维护，利益如何保障，如何鼓励他们中的优秀人才为国家战略服务；二是外国技术移民进来以后，如何发挥他们的作用，调动他们的积极性和创造性，保护他们的合法权益。

目前关于这个问题已经出台了一些政策，例如来华外国留学生和获取研究生学位的优秀人才，可以在中国国内创业就业。特别是海南自由贸易港建设需要更多的外国高端人才和外国留学生，中国要把国际教育和国际移民结合起来，才能形成良性的循环。

# 以人文交流为世界经济发展增强信任

张海晏　法国诺欧—孔子商学院院长

## 一、经济全球化中的人文交流

“人文交流”英语称为“people - to - people”。人文交流由两个轴构成。一个是人文交流的动力轴，具体有两种情况：政府推动和个人意愿。另一个轴是接收方的态度，也有两种情况：鼓励支持的和限制的。

在现实中，政府推动的人文交流包括友好城市关系、中欧高级别的人文对话平台等。在推动过程中，国家对文化机构的态度会随着国际形势的变化而变化。因为文化机构来自不同的国家，所以会有不同的看法。比如在法国，孔子学院从法国文化联盟那里学到了很多经验，但孔子学院在有些国家就受到了限制。

在个人意愿方面，个人从基层推动人文交流，包括国际教育、留学生、国际旅游等。这方面是受到鼓励和支持的。但移民则大部分是受到限制的。当然，国家鼓励而又限制，这种情况在实际中很少。表 1 是一个简要的人文交流的示意图。

表 1　人文交流类型

| | | 东道国态度 | |
|---|---|---|---|
| | | 得到促进 | 受到约束 |
| 驱动力 | 政府驱动 | 姐妹城市关系<br>中欧 HPPD 项目<br>文化机构 | — |
| | 民间倡议 | 旅游<br>国际研究 | 移民 |

在具体实践中，过去我们做过两份比较典型的报告。

一份报告是关于“友好城市关系对中国企业在欧洲投资地方选择的影响”。目前，中国大概在欧洲有 700 多个友好城市。从分析来看，随着友好城市关系的增强，投资的流向有明显的增长。特别是对国有企业或者是地方国有企业的积极影响较大。有些企业就是借助了友好城市平台，在投资方面找到了很好的合作伙伴。

另一份报告是关于“移民的走向对投资的影响”，包括对中国去欧洲投资的影响。正面的影响主要是更多的私营企业去欧洲投资。比如，很多南方中小企业或者是私营企业更愿意移民到欧洲比较密集的地区投资。

## 二、人文交流是双向而不是单向的

人和人的交流是动态的，不管是软实力还是文化外交，在制定政策的时候要考虑到动态发展的可能性。有可能今天是难民，到了明天却是一个出色的企业家；或者现在是一个学生，等到他落地创业以后就会给当地的经济带来很大的变化。所以，政府在政策考量的时候要考虑到动态变化。制定移民政策的时候，无论是限制还是开放，都要考虑到这些动态因素。

文化交流、人文交流确实带来了很多不确定性。比如，孔子学院经历了不同的发展阶段，应用这些不确定性的因素需要有一个稳定的框架。欧盟和中国已经有了很好的框架，就是人文交流对话的高水平。到目前为止，这个对话涵盖很多内容，但是移民的问题没有包括进来，文化机构也没有参与进去。

从实践来看，文化、外交等软实力，或者文化机构的推广是双向的。过去我们的理解更多的是单向，也就是说，推广中国文化就是单纯的文化输出。实际上，人文交流和推广应该是在一平台上进行的双向行为。要运用当地的文化来讲好中国故事，推进中国文化与当地文化的融合，由此才能形成一个美好的地球村。

## 三、人文交流中的孔子学院

从人文交流来讲，文化机构肯定会对经济活动具有积极的推动作用。现在世界上比较大的文化机构，比如法语联盟，1883 年成立，到现在已经有 100 多年；德国的歌德学院也有百年的历史。孔子学院是 2004 年成立的，经过十几年的发展，已经有 2000 多所孔子学院和课堂。目前，法语联盟只有 1000 多家海外的机构，歌德学院只有 158 所，但孔子学院用短短的时间就赶超了他们，这和中国快速发展的经济一样受人关注。当然，关注以后会有不同的看法。(见表 2)

**表 2　全球主要的文化机构**

| |
|---|
| 法语联盟：1883 年成立，在 136 个国家设立了 1040 多个机构 |
| 歌德学院：1951 年成立，在 93 个国家设立了 158 所分学院 |
| 英国文化委员会：1934 年成立，在 93 个国家设立了 158 家学院 |
| 孔子学院：2004 年成立，在 155 个国家（地区）设立了 539 所孔子学院和 1129 个孔子课堂 |

从全球主要文化机构的比较来看，目的是相同的。都是促进文化语言的交流，为所代表的国家向外推广他们承诺恪守的理念。

但也有不同之处，主要表现在机构形式的差异。中国采取开放合作的形式，往往利用当地资源和国内资源，中外两所大学共同举办，所以资金来源有所不同，作为法人地位来讲，也是不同的。（见表 3）

**表 3　孔子学院与西方文化机构比较**

| | 孔子学院 | 英国文化委员会 |
|---|---|---|
| 目标 | 促进对中国语言文化的了解，加强中国与外国的友好关系 | 建立英国与其他国家的互惠关系 |
| 组织架构 | 非对等联盟关系：是一家中国大学和海外大学与汉办三方之间的伙伴关系 | 独立机构 |
| 性质状态 | 不同法人实体间的伙伴关系 | 与政府保持一致，独立慈善机构 |
| 主要经费来源 | 政府/合作机构/收入 | 大部分来自独立收入<br>服务公众利益的基金会 |

上面讲的那几家学院在外面是独立的法人，不管是文化组织还是非营利机构，都是独立的法人。但是，孔子学院在这方面比较多样化。这有什么影响呢？这就涉及交易成本理论，人和人通过语言来相互了解信任，从而会降低交易成本。这些交易成本包含信息成本、签约以及维护合同、协议的成本。从近几年的学术研究成果来看，不管是英国的文化机构、法国的联盟还是中国的孔子学院，都对国与国之间的交流有很大的推动作用，对贸易、投资、游客和移民都有正面的影响。

## 四、推动孔子学院进一步发展的思考

我们对中国的文化机构和另外几个国家的文化机构进行了比较，除了合作形式和创办时间的不同之外，还有很多需要改进的方面。对下一步如何发展，我们有两点建议：

一是中欧有很好的人文交流平台，应该把孔子学院和这几所全球主要文化机构放到这个平台上，就一些问题进行公开辩论与交流，并互相学习。

二是孔子学院虽然创办时间短，但是已经到了稳定成长的阶段，应该从数量到质量，在内部的管理机制、资金来源等方面做出进一步的改革。

# 人类命运共同体与国际体系的和平变革

孙景宇　南开大学经济学院、中国特色社会主义经济建设协同创新中心副教授

按照马克思主义政治经济学的理论逻辑，国际体系的发展演变是由资本主义基本规律决定的。资本主义基本矛盾从殖民主义时代、帝国主义时代到现代霸权主义时代的发展，在不断加深国家与国家之间相互联系和依存的同时，已经使发展的不平衡和不可持续成为人类面临的共同问题。构建人类命运共同体有助于打破“国强必霸”的历史惯例，推动国际体系的和平变革，实现共建共享式的包容性发展。为此，中国应着眼于人的全面发展重构社会再生产方式，通过深化“一带一路”国际合作形成全面开放新格局，通过国家治理现代化推动构建人类命运共同体。

构建人类命运共同体是中国在当今世界大发展大变革大调整的历史形势下，所提出的新理念、新思想和新战略之一。时至今日，虽然有大量文献阐释人类命运共同体思想在构建新型国际关系和推动全球治理变革方面的学术内涵和指导意义。但总的来看，其中的学术性研究对国际体系的性质和动力的认知主要是建立在西方国际关系理论和治理理论基础上的。而在西方国际关系理论和治理理论中，所关心的主要是国家行为或者国家利益对国际经济活动的影响，没有注意到国家作为上层建筑，代表的是统治阶级的利益，体现的是统治阶级的意志，因而忽视了经济基础对政治结构和国际体系的决定作用。

按照马克思主义政治经济学的基本逻辑，支配国际体系演变的是资本主义从竞争走向垄断的历史规律，这既是资本主义生产社会化的表现，也进一步加剧了资本主义的基本矛盾，当“生产资料的集中和劳动的社会化，达到了同它们的资本主义外壳不能相容的地步。这个外壳就要炸毁了”。本文将通过分析生产的社会化同生产资料的资本主义私人占有之间矛盾在殖民主义时代、帝国主义时代和现代霸权主义时代的不同表现，研究资本主义基本矛盾是如何使发展的不平衡和不可持续成为当前人类面临的共同挑战，进而阐述人类命运共同体思想对于打破“国强必霸”的历史惯例、建构共建共享的包容性发展逻辑、推动国际体系的和平变革的深刻理论内涵，并在此处基础上分析依托中国国家治理现代化推动构建人类命运共同体的方式和途径。

## 一、国际体系的历史演变与当代发展

从世界历史来看，国际体系是在资本主义的产生和发展过程中形成并不断运动变化的，正是资本主义的基本规律决定了国际体系的性质和动力，因而分析资本主义基本矛盾在殖民主义时代、帝国主义时代和现代霸权主义时代的具体形式和不同表现，有助于揭示国际体系演变的历史逻辑和发展趋势。

虽然不同国家或地区间的远距离贸易的历史可以追溯到10世纪，但直到15世纪末地理大发现之后，原来相互隔离的国家或社会才在资本主义的殖民扩张作用下被真正联系在一起，从而形成国际体系。对此马克思指出：“如果说在16世纪，部分地说直到17世纪，商业的突然扩大和新世界市场的形成，对旧生产方式的衰落和资本主义生产方式的勃兴，产生过压倒一切的影响，那么，这种情况反过来是在已经形成的资本主义生产方式的基础上发生的。”这一时期，现代国家的形成为资本最大限度地追求价值增值扫清了体制障碍。在资本主义国家内部，资本主义生产方式的确立一方面使国内原材料的价格不断提高，另一方面也使国内市场日益狭小。因此，资本对价值增值的追求迫切需要通过经济殖民活动，在外部市场中寻找更为低价丰富的生产资料和更为广阔的商品销售市场。换句话说，宗主国之所以在殖民扩张过程中把殖民地纳入自己的经济体系之中，是因为这样可以为资本带来更多的价值增值。这种增值的来源包括：第一，资本家将掠夺来的原料在国内高价出售而获取的暴利。第二，资本家通过占有殖民地成为土地所有者或奴役土著，使生产的农产品价格无须包含绝对地租而低于价值出售所获得的超额利润。第三，宗主国劳动生产率较高的商品与殖民地国家劳动生产率的商品之间相交换所获得的超额剩余价值。这样在殖民主义时代，资本主义国家的殖民扩张促进了国际体系的形成，而当时国际关系的主要内容和矛盾也就表现为宗主国压迫、奴役和剥削殖民地国家，掠夺殖民地国家的资源，打开殖民地国家的市场，“它使地球的一部分转变为主要从事农业的生产地区，以服务于另一部分主要从事工业的生产地区”。

19 世纪后半期，“资本主义最典型的特点之一，就是工业蓬勃发展，生产集中于越来越大的企业的过程进行得非常迅速”。在这一过程中，随着生产集中和资本集中，资本主义逐渐从自由竞争走向垄断，进入帝国主义阶段。垄断资本既控制着经济生产，通过制定垄断价格剥削国内消费者和其他被垄断企业生产者转移剩余价值，还控制着国家机器从而形成国家垄断资本主义，利用国家政策维系并强化资本主义私有制，使少数垄断资本家可以凭借其对生产资料的垄断占有从各方面压榨劳动创造的剩余价值，这加剧了生产的社会化和生产资料的资本主义私人占有之间的矛盾。从资本主义国家内部来看，资本尤其是垄断资本越是为了获得更多的剩余价值，就越需要最大限度地压榨工人的必要劳动，而由此引致的工人消费能力下降又会制约资本家剩余价值的实现。在这种情况下，外部市场对于保证资本主义再生产的顺利进行，从而使垄断资本获得最大限度的价值增值就变得尤为必要了。正如列宁所说："只要资本主义还是资本主义，过剩的资本就不会用来提高本国民众的生活水平（因为这样会降低资本家的利润），而会输出国外，输出到落后的国家去，以提高利润。"因此，当资本主义进入垄断阶段之后，资本主义国家之间争夺殖民地的斗争变得日趋激烈，而为了更好地服务于资本主义国家对殖民地的控制，殖民地在政治上被迫和母国连在了一起。这样，国际体系中的国家被划分为两大基本类型：一方是奴役其他国家的宗主国，另一方是被奴役的、丧失主权的殖民地国家。国际关系的内容除资本主义强国剥削、压迫和奴役落后国家之外，还包括资本主义国家之间为了重新瓜分殖民地和划分势力范围所展开的竞争、冲突和对抗。后者成为帝国主义时代国际关系的主要矛盾。随着"一些最大的资本主义国家已把世界全部领土瓜分完毕"，资本主义国家之间的关系逐渐从经济竞争走向政治对抗。也正因为如此，列宁才断言："1917—1918 年的战争，从双方来说，都是帝国主义的（即侵略的、掠夺的、强盗的）战争，都是为了瓜分世界，为了瓜分和重新瓜分殖民地、金融资本的'势力范围'等而进行的战争。"

俄国无产阶级革命的胜利，动摇了帝国主义的统治基础，为被压迫的民族和国家实现民族独立和国家自主指引了方向。第二次世界大战结束之后，中国和亚非拉广大第三世界国家纷纷兴起了民族独立解放运动，以摆脱来自资本主义国家的政治压迫和控制，实现国家的独立自主发展。这在很大程度上改变了不合理的国际旧秩序，使国际体系朝着制度化、机制化的方向发展。但是一方面，国际规则的制定依然是强国意志的体现；另一方面大国凭借军事和经济实力超越国际法干涉他国内政甚至武装占领的情况也屡见不鲜。因此，虽然在这一时期建立在弱肉强食的丛林法则基础上的旧殖民体系在逐步瓦解，但无论是冷战时期的美苏争霸，还是冷战结束之后的美国独霸世界，都是少数国家在经济上、政治上、军事上控制其他国家的霸权主义的体现，因此可以将这一时期称为现代霸权主义时代。

在现代霸权主义时代，少数资本主义国家对其他国家进行控制和掠夺的手段更为隐蔽。比如，把附加苛刻的条件作为进行对外经济援助或者国际技术合作的前提，以帮助国内资本在海外掠夺这些国家的资源、控制其经济命脉、剥削其廉价劳动力，以攫取高额利润。在这个过程中最为重要的，就是在金融资本已经取得统治地位的基础上，通过垄断世界货币的发行权操纵金融资本，控制着世界范围内资本积累的节奏和规模。列宁在《帝国主义论》中已经指出，当资本主义从自由竞争走向垄断之后，金融资本将取得对其他一切形式的资本的优势，相应地，食利者和金融寡头也将取得统治地位，少数拥有金融“实力”的国家将处于和其余一切国家不同的特殊地位。从而造成“资本的占有同资本在生产中的运用相分离，货币资本同工业资本或者说生产资本相分离，全靠货币资本的收入为生的食利者同企业家及一切直接参与运用资本的人相分离”。到了现代霸权主义时代，这种分化日益明显地表现为：第一，少数掌握世界货币发行权的资本主义国家可以直接通过增发货币的方式转移实际财富来掠夺全世界，从而造成了世界范围内实际财富的生产者与“食利者”的分离。第二，在资本主义国家内部，过剩的资本没有被用来提高本国民众的生活水平，而是被输出国外攫取更高的利润。第三，在广大的第三世界国家，垄断资本用所获得的超额利润来收买工人阶级的上层，培植“工人贵族”，分裂工人队伍。这样，现代霸权时代的国际体系所面临的是一个日益分化的整体，其本质是少数国家的少数人凭借对资本的占有支配和剥削多数国家的多数人，这不仅加剧了资本输出国国内资本与劳动的对立，也加剧了资本输入国国内“工人贵族”与其他工人阶级的对立，同时还造成了资本输出国工人阶级与资本输入国工人阶级的竞争。如果说列宁在写作《帝国主义论》时这种对立“已经达到了极大的程度”，那么2008年世界金融危机的爆发，则表明这种对立已经达到了难以为继的程度。它是资本主义的基本矛盾——生产的社会化和资本主义私人占有制之间的矛盾进一步发展到突破了主权国家界限，以金融为主导的资本积累方式渗透到不同国家内部的结果。

## 二、人类命运共同体与国际体系的变革

国际体系的发展演变是由资本主义的基本规律和基本矛盾决定的，对国际体系进行变革的方式和手段，也就与资本主义的发展阶段或者说与资本主义基本矛盾的发展密切相关。

关于社会变革的方式和手段，一般认为马克思主义主张采取暴力革命的方式，比如俄国的无产阶级革命建立了人类历史上第一个社会主义国家。但实际上恩格斯在晚年给《社会民主党人报》读者的告别信中，也曾从当时的情况出发，提到在“对方也在法律范围内活动”的前提下，可以采用和平斗争的方式来开展社会革命，这是“另一种武器，另一种战略和策略”。在《资本论》英译版的序言中，恩格斯也提到，“至少在欧洲，英国是唯一可以完全通过和平的和合法的手段来实现不可避免的社会革命的国家”。社会变革究竟是采取暴力革命的方式还是和平斗争的方式，这取决于资本主义发展的实际情况。在历史上，资本主义的发展长期建立在弱肉强食的丛林法则基础上，充斥着不人道的剥削和

掠夺。在无产阶级无法得到当时的“合法”保障情况下，无产阶级革命只能采取暴力对抗的方式。这也是列宁在20世纪初看到了当时无产阶级进行反抗的斗争手段有限，主张采取无产阶级革命的方式夺取政权，从而建立无产阶级专政的原因所在。而恩格斯所提及的和平斗争，其前提就是无产阶级的斗争会迫使资产阶级调整统治手段，在一定程度上承认无产阶级的基本权利。

具体到国际体系的变革，一方面两次世界大战使人们记住了战争的惨痛教训，另一方面中国和亚非拉广大第三世界国家的民族解放运动已经极大地改变了国际旧秩序，因而国际体系逐渐从原来弱肉强食的丛林法则向着制度化和机制化的方向发展。在这个过程中，国家治理的重心逐渐从实现阶级统治转变为调和阶级矛盾、解决各种社会问题。相应地，全球治理的基本框架逐渐确立，国际组织以及基于双边或多边的对话机制在协调国际事务中发挥越来越重要的作用。因此，在当前的国际体系中，虽然劳动和资本的对立关系依然存在，但政治压迫越来越不得人心，和平和发展已经成为时代主题，国家与国家之间通过对话协商解决争端分歧已经获得越来越多的国家的支持和拥护，这就为国际体系的和平变革创造了前提条件。这既是无产阶级不断进行斗争的结果，也是无产阶级的觉悟不断提高、斗争方式更加灵活更加有效的体现。

国际体系的和平变革是资本主义基本矛盾进一步发展的结果。列宁在《帝国主义论》中所阐述的一个重要论断是，当资本主义发展到一定的、很高的阶段时，资本主义的某些基本特性开始转化为自己的对立面，从资本主义到更高级的社会经济结构的过渡时代的特点也将全面形成和暴露出来。一方面，在科技进步和经济发展基础上形成的经济全球化潮流席卷世界，进一步提高了生产的社会化程度，使国家与国家之间的相互联系和依存不断加深，任何国家都不能脱离开国际社会而独自发展、独善其身。尤其是，当资本主义基本规律的作用使处于资本积累世界中心的国家的经济增长越来越依赖于金融企业收益、利息和红利，从而成为世界市场上实际财富的“净消费者”，其国内的消费必然越来越依赖于其他国家的生产性活动，这就产生了限制和改变世界范围的资本积累方式的可能性。另一方面，在资本主义发展的过程中，外部市场对于资本主义国家的资本积累一直具有重要的意义。在殖民主义时代，资本主义生产方式在一国内部刚刚确立，资本主义基本矛盾还没有充分暴露出来，外部市场的作用主要体现在能够为资本带来超额利润。在帝国主义时代，随着资本主义国家内部生产的社会化程度不断提高，资本积累和社会总产品特别是剩余价值的实现之间的矛盾变得越来越尖锐。资本家越是要榨取更多的剩余价值，就越是要挤压工人的必要劳动时间，因而就越会限制工人的消费能力，从而影响社会总产品和剩余价值的实现。在这种情况下，外部市场就成为缓解资本主义基本矛盾、保障资本主义国家社会再生产顺利进行的重要条件。到了现代霸权主义时代，生产的社会化程度进一步提高，资本积累和社会总产品特别是剩余价值的实现之间的矛盾突破了国家的界限从而扩展到世界范围。在这个过程中，虽然资本主义的积累形式扩大了生产规模，使生产的社会化和商品化程度空前提高，使生产力高度发展，但同时也在世界范围内加剧了生产的社会化和生产资料的资本主义私人占有之间的矛盾，使外部市场的作用从缓解资本主义基本矛盾逐渐转变成为资本主义进一步发展的限制。正像马克思所说，“资本主义生产方式的矛盾正好在于它的这种趋势：使生产力绝对发展，而这种发展和资本在其中运动，并且只能在其中运动的独特的生产条件不断发生冲突”。2008 年世界金融危机的爆发，就是资本积累与社会总产品实现之间的矛盾在世界范围内累积的结果。2008 年世界金融危机之后，不仅发达资本主义国家再也无法回到危机前的繁荣，而且由资本主义基本矛盾所引致的全球增长动力不足、发展失衡已经成为人类面临的共同问题。在这种情况下，各国利益和命运紧密相连、深度交融，需要携手应对挑战，推动建设持久和平、共同繁荣的和谐世界，为人类的未来寻找出路。

中国的崛起为国际体系的和平变革贡献了最主要的力量。20 世纪 70 年代以来，为了最大限度地追求价值增值，处于世界资本积累中心的美国经济逐渐“脱实向虚”，从而引致了世界范围内虚拟经济和实体经济的失衡。在这个大背景下，中国的改革开放没有像俄罗斯东欧国家那样，通过依附于资本积累中心的国家，分享一部分资本积累的收益实现经济增长。而是充分利用发达资本主义国家经济“脱实向虚”的契机，在继承和发展自有工业体系的基础上，通过承接来自西方国家的产业迅速转移推进工业化进程，从而成功地取代了美国的“世界制造工厂”地位，成为引领全球经济发展的主导力量之一。中国的发展，一方面使国际力量的对比更加平衡，有助于推动国际体系朝着和平与发展的方向变革。另一方面，中国没有走“国强必霸”的老路，而是主张构建人类命运共同体，寻求一条包容开放而非封闭对抗、合作共赢而非剥削掠夺的更加平衡、更可持续的发展道路，为国际体系的和平变革贡献中国智慧和中国方案。正如习近平主席所说，“弱肉强食、丛林法则不是人类共存之道。穷兵黩武、强权独霸不是人类和平之策。赢者通吃、零和博弈不是人类发展之路。和平而不是战争，合作而不是对抗，共赢而不是零和，才是人类社会和平、进步、发展的永恒主题”。

可见，在资本主义基本规律的支配下的国际体系无法实现包容性发展，只能把少数国家的少数人的发展建立在对多数国家的多数人的剥削和掠夺基础上，而当资本主义基本矛盾的进一步发展，在生产的社会化过程中不断加深国家与国家之间的相互联系和依存的同时，使发展的不平衡和不可持续成为人类面临的共同问题，人类命运共同体所倡导的国际合作新模式，不是建立在一些国家对另一些国家的剥削和掠夺基础上，而是在相互尊重和平等协商的基础上，以合作共赢和共建共享为根本宗旨，通过寻找各国利益的结合点扩大国际合作，打造新的国际分工体系和全球价值链，有利于打破“国强必霸”的历史惯例，推动国际体系朝着更加平衡和更可持续的方向发展，对于探索构建和平繁荣、合作共赢的新世界，进而开创世界历史的新时代具有重要意义。

## 三、以中国国家治理现代化推动构建人类命运共同体

决定国际体系矛盾运动的根源是劳动和资本的对立，国际体系变革的动力也就来自实行无产阶级专政的社会主义国家。

历史地看，社会主义国家的国家建设与国际体系的发展演变紧密相关，其国家治理与全球治理之间存在着明显的互动关系。在帝国主义时代，无产阶级的主要任务是建立无产阶级专政的国家，进而帮助被剥削、被压迫的国家实现民族独立和国家自主。而为了摆脱对资本主义国家的依附，应对随之产生的与资本主义国家的政治对抗和军事竞争，就需要把打造一套封闭的自成体系的中央集权计划经济体系作为其国家治理的目标。在这一过程中，为了加强国家对社会的统合和驾驭能力，国有制被作为社会主义公有制的唯一实现形式。随着和平和发展取代了政治对抗和军事竞赛成为时代的主题，社会主义国家的国家治理与发展之间的矛盾变得越来越突出，这就要求其改革原来的国家治理体系。在这一过程中，大多数社会主义国家放弃了无产阶级专政，试图通过依附于资本主义国家实现依附式增长。中国则始终坚持党的领导，通过探索公有制的多种实现形式来实现社会主义公有制与市场经济的结合，通过发挥劳

动力成本低廉的比较优势构建开放型经济体系，从而在融入世界市场的同时也改造了国际体系。

中国特色社会主义进入新时代，是我国日益走近世界舞台中央、不断为人类做出更大贡献的时代。当前，中国已经成为全球治理的最大利益相关者，中国的发展离不开世界，世界的繁荣也需要中国。在当前保护主义、单边主义抬头，经济全球化遭遇波折，多边主义和自由贸易体制受到冲击的情况下，中国提出并推动构建人类命运共同体，其宗旨就是要避免世界重新回到霸权主义和强权政治的过去，不再把一部分人的发展建立在对另一部分人的剥削和掠夺之上，让更多的国家能够分享和平发展的成果，走上繁荣的道路。

马克思指出，“资本主义生产的真正限制是资本自身”。为了推动国际体系的和平变革，构建人类命运共同体，就需要积极探索消除劳资对立的方式和途径。有许多研究把中国改革开放以来的经济发展归结为刘易斯式的二元经济发展，通过转移农村的剩余劳动力来降低劳动力成本，从而实现工业化。然而从马克思主义政治经济学的理论逻辑来看，刘易斯的二元经济发展模型依然是建立在劳动与资本对立的基础上的。其理论前提是劳动力的无限供给，从而工业部门付给劳动力的只是维持其生计的最低工资，因而工业部门资本积累的结果必然是工人阶级的相对贫困化。这也是绝大多数发展中国家没有在二元经济发展理论的指导下实现经济繁荣的原因所在。改革开放以来，中国在建立和完善社会主义市场经济体制的过程中，经济发展虽然在形式上也表现为农业部门剩余劳动力向工业部门的转移，但却能够在反贫困方面取得举世瞩目的巨大成就，这来自国家治理方面的独特设计：第一，始终坚持土地国有，以农民工为代表的劳动者从未失去全部生产资料。第二，不断提高教育、医疗和养老等方面社会支出的数量和质量，以弥补劳动力价值构成中发展资料不足的部分。党的十八大以来，深入贯彻以人民为中心的发展思想，强调发展为了人民、发展依靠人民、发展成果由人民共享，这既体现了马克思主义追求全体社会成员共同富裕的根本目标，也表明中国在探索消除劳资对立、实现全体社会成员共建共享方面已经走在世界的最前列。未来进一步推进国家治理现代化，应该着眼于人的全面发展重构社会再生产方式，在物质生产的意义上平衡资源的节约和劳动力的节约，在劳动者共建共享的意义上推动经济的高质量发展，消除制约生产力发展的体制性和机制性障碍，不断增强经济实力和综合国力，为构建人类命运共同体奠定雄厚的物质基础。

倡导并积极推进“一带一路”国际合作，形成全面开放新格局，是中国推动构建人类命运共同体的重要手段和载体。在政策沟通、设施联通、贸易畅通、资金融通、民心相通的基础上打造国际合作新平台，有助于推动世界朝着更加开放、包容、普惠、平衡、共赢的方向发展。改革开放以来，虽然我国的经济发展是外向型的，但主要是利用国外的资金、技术和市场，而把生产环节主要留在国内。进行“一带一路”建设，需要在国家与国家之间重新建立起新的分工体系，在这个过程中我国的资金、技术也要走出去，国内的市场也需要向其他国家开放。对外开放格局的变化必然对原来的国家治理体系和治理能力提出新的要求：首先，需要在更高的层次上协调国际和国内两个大局，进一步提高对社会经济活动的统筹驾驭能力，既能充分发挥市场在资源配置过程中的决定性作用，又能发挥政府在引导、调节和监管方面的积极作用，营造良好的营商环境。其次，只有限制资本的作用才能最大限度地释放生产的潜力。要遏制资本的过度扩张和过度逐利，让金融回归本源从而服务于实体经济，按照平等互利、共建共享的原则而不是资本的逻辑开展国际合作，通过提高有效供给形成新的需求，使国际经济往来建立在共商共议、合作共赢的基础上，而不是资本对劳动的剥削、对资源的掠夺基础上。最后，“一带一路”国家间的经贸合作是在法律规则不对接、社会制度多元化、文化传统和价值观念等方面存在较大差异的情况下进行的，既需要政府积极推动不同国家之间规则公议、监管互认和执法互助，构建“一带一路”顶层制度设计；也需要在有条件开展电子商务的国家和地区，打造集信息传递、买卖匹配、通关和物流服务、信用担保和争端解决于一体的国际贸易综合服务平台，提高贸易的信息化、集成化和便利化水平，推动贸易模式的变革；还需要培育商会或行业协会等市场中介组织，有意识地引导其在信息中介和交易仲裁方案发挥作用，鼓励其作为民间组织成为沟通不同国家间政府、市场和社会之间联系的纽带，尤其是在市场制度不完善、信息化程度不高的情况下为贸易畅通提供保障。

总之，中国的崛起已经使中国与世界的关系发生了深刻变化，中国的国家治理与国际体系的全球治理之间的互联互动也更加密切。因此，中国的国家治理现代化必须统筹考虑和综合运用国内国际两个市场、两种资源和两类规则，一方面通过更加积极地参与全球治理变革为中国的发展营造良好的国际环境，另一方面立足于中国的高质量发展推动国际体系朝着和平、发展、合作、共赢的方向变革。这些都需要重新定位政府的角色、规范政府的行为、转变政府的职能，既要发挥市场在资源配置中的基础性作用，又要发挥政府把握方向、统筹协调的作用，从而形成政府、企业和社会组织等多主体共同参与的系统完备、科学规范、运行有效的国家治理体系，提高中国参与全球治理的能力。

第三编

# 大变局下的中美经贸关系

中美经贸摩擦长期影响大于短期影响，多边影响大于双边影响，间接影响大于直接影响。初步预判，“十四五”时期中美经贸关系的不确定性有可能进一步加大，这不仅深刻影响中美两国自身经济增长，更将对全球经济政治格局具有重大影响。未来 10 年是关键时期，中美两国经济实力的相对变化是个客观趋势，但并不必然带来某些冲突与矛盾。这就要把握未来 10 年的关键时期，重塑中美关系，营造开放有序的市场大环境，为公平竞争的自由贸易打下良好基础。

# 让中美经贸关系重回正常轨道

赵晋平　国务院发展研究中心对外经济研究部原部长

中美经贸磋商取得实质性进展。这符合许多国家的期待，国际市场、特别是金融市场在这之后的表现已经说明了这一点。中美经贸磋商还需要持续下去。我们期待磋商取得更多成果，能够真正使中美经贸关系重回正轨。

## 一、中美经贸磋商取得实质性进展符合世界期待

2019 年 10 月 10—11 日，第十三轮中美高级别经贸磋商在美国首都华盛顿进行。本轮磋商取得了实质性进展，双方在农业、知识产权保护、汇率、金融服务、扩大贸易合作、技术转让、争端解决等领域达成阶段性成果。

在过去长达一年多的时间里，中美经贸磋商进程曲折坎坷、跌宕起伏、充满了变数。尽管中方做出了很大努力，但始终未能使中美经贸摩擦结束持续升级趋势，美国加征关税的举措不断加码，包括美国在内全球经济遭受严峻冲击和影响。我们有必要对这些影响进行深入分析，以便能够更深刻体会到阶段性磋商成果的价值，清醒地认识到磋商取得更多成果的重要性和紧迫性。

贸易保护主义已经令全球经济付出了沉重的代价。在过去一年多时间里，国际组织对贸易保护主义严重拖累下的全球经济增长预期不断趋于悲观。

——2019 年 10 月 1 日，世界贸易组织（WTO）发布全球贸易展望报告，将 2019 年全球货物贸易增长率预测值下调至 1.2%，比 2018 年实际增长水平回落 1.8 个百分点，比 2019 年 4 月预测值下调 1.4 个百分点。WTO 预测 2020 年全球货物贸易可能增长 2.7%，比 4 月份预测值下调了 0.3 个百分点。

——2019 年 10 月 15 日，国际货币基金组织发布《全球经济展望报告》，将 2019 年全球经济增速预测值下调至 3.0%，比 2018 年实际增长率降低 0.6 个百分点，比 2019 年 7 月预测值下降 0.2 个百分点。属于 2008—2009 年国际金融危机以来最低值。IMF 对 2020 年全球经济增长的预测值略高于 2019 年，达到 3.4%，但仍然比 7 月份预测值下调 0.1 个百分点。

——根据路透国际发布的数据，2019 年上半年全球跨境并购投资下降 13.8%，美国跨境并购投资流入下降 20.7%，流出下降 27.1%；欧盟流入增长 7.2%，流出减少 11.6%。预计 2019 年全年跨境直接投资可能在已经连续 3 年下降的基础上再次出现负增长。

这些预测和分析是基于近一年来全球市场信心严重受挫、主要国家经济增长放缓趋势加剧的实际表现做出的研判，充分表明，全球经济已为贸易保护主义付出了沉重代价。在这一过程中，美国自身也蒙受了很大的损失。欧盟主要经济体也受到了相应的影响，中国是贸易保护主义最大的受害者，但中国经济具有的韧性和内生增长动力，帮助我们挺过了这一关，保持了稳中有进的发展态势。

第一阶段磋商取得积极进展，为避免危害性继续蔓延和加深迈出了

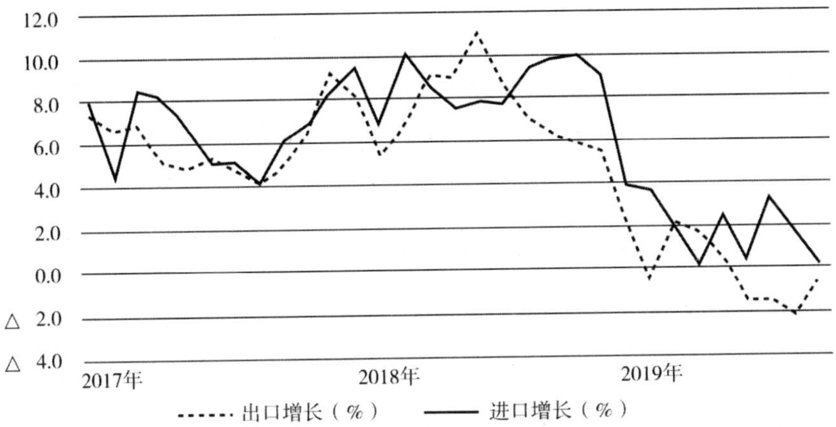


**图 1　美国出口、进口增长速度**

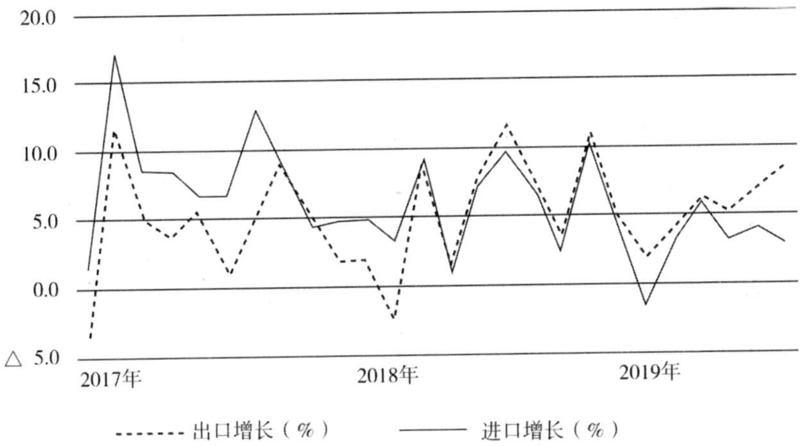


**图 2　欧盟贸易增长速度**

重要一步。但是这还是远远不够的。美国在 2019 年 8 月之前已经对中国输美商品加征关税措施，目前仍未取消，这些措施对世界经济增长环境的严重危害将可能延续。根据国际货币基金组织的模拟分析结果，如果已加征关税措施继续存在，将会使世界经济增速在 2020 年下降 0.14 个百分点，2023 年下降 0.1 个百分点；如果考虑到对市场和投资者信心受到打击等因素的影响，下降幅度有可能分别扩大到 0.8 和 0.3 个百分点；

美国经济和中国经济同样会深受其害。由此可见，继续推进经贸磋商，在取消所有加征关税措施上取得实质性进展，是让中美经贸关系重回正轨的关键。

## 二、中国企业正在主动参与供应链调整，为应对国际环境变化的长期挑战做好准备

贸易保护主义对全球供应链产生了较大影响，全球进入了新的供应链调整时期。自2019年以来，中国对东盟，尤其是对越南的贸易顺差有所扩大，贸易失衡指数不断上升。许多人为此担心由此带来新的摩擦和不确定性。但是，这恰恰是在贸易保护主义之下，全球供应链调整所带来的结果。目前，在美国进口中出现了结构性的变化，中国的地位是下降幅度最为明显的。因为美国直接采取加征关税措施，限制来自中国的出口。其他国家的比重有所增加，这实际上是供应链调整的一种表现。例如，中国对东南亚国家的出口加快增长，东南亚国家对美国的出口迅速增加，背后是许多中国企业为减缓受美国加征关税措施的影响，将原有针对美国市场的国内生产向周边发展中国家转移所造成的。通过中国对越南投资的例子可以看到这一点。2019年上半年，按照越方统计，中国企业在越南投资同比增长2.6倍，其他主要的经济体对越南的投资大幅度下降。中国企业对越南投资在越南吸引外资中的占比也由以往的第四、五位，提高到第一位。从这点可以看出，企业通过投资布局调整来回避贸易保护主义的限制。这是导致供应链调整和贸易模式变化的主要原因，中国企业主动参与成为贸易保护主义背景下全球供应链调整的重要推手之一。应该说，这种结果并不是加征关税方愿意看到的结果，与其打压中国企业在全球供应链、价值链中不断上升趋势的目标相差甚远。

中国企业主动参与供应链调整，不仅可以减缓加征关税措施带来的成本上压力，而且有利于提升自身国际化经营能力和全球市场影响力，还可以通过产业链跨境延伸，为中国出口稳定增长和深化与投资东道国之间的互利共赢合作关系发挥重要作用。

受新的贸易模式变化的影响，中国对东盟和企业投资东道国的贸易顺差有可能增加，但大多数情况下投资东道国针对最终产品目标市场的贸易顺差也会相应扩大和增长，从而使投资东道国实现总体贸易平衡甚至长期贸易盈余。在过去几十年全球化快速发展时期，包括韩国、亚洲四小龙和中国在内的许多经济体都曾有过类似的经历。日本过去是美国第一大贸易逆差来源，但通过长期的投资布局调整，使得全球供应链发生了改变，已经把大量的对美顺差转移到了中国、东南亚国家，并通过对这些经济体的设备、关键零部件出口，为日本带来了高技术产业大发展和长期保持贸易总体顺差等巨大收益。

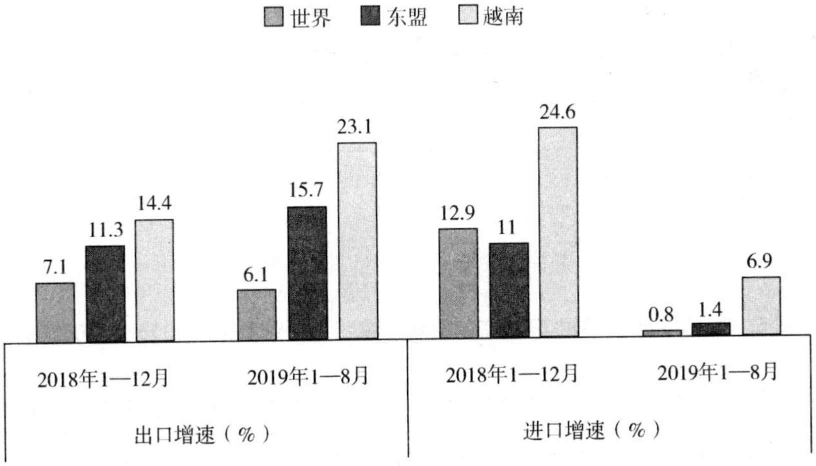


**图 3　中国与东盟、越南贸易增长情况**

中国必须坚持市场多元化的发展之路。6 年前开始推进的“一带一路”共建合作为中国和参与其中的许多经济体联手应对单边主义和贸易保护主

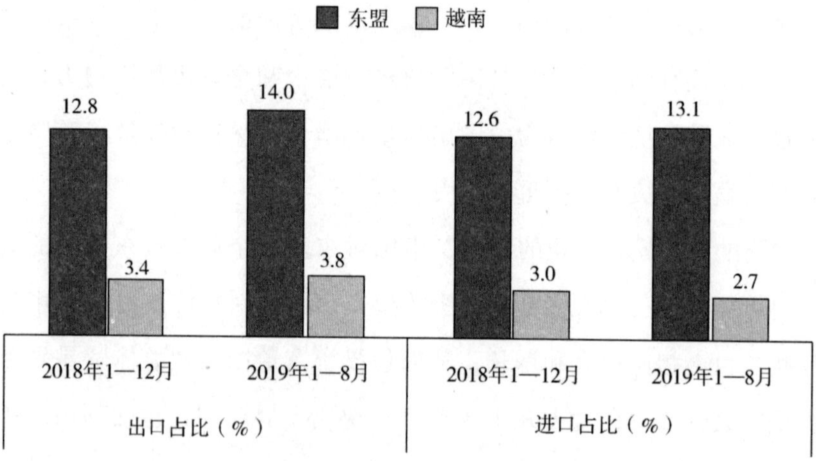


**图4　中国和东盟、越南双边贸易的重要性**

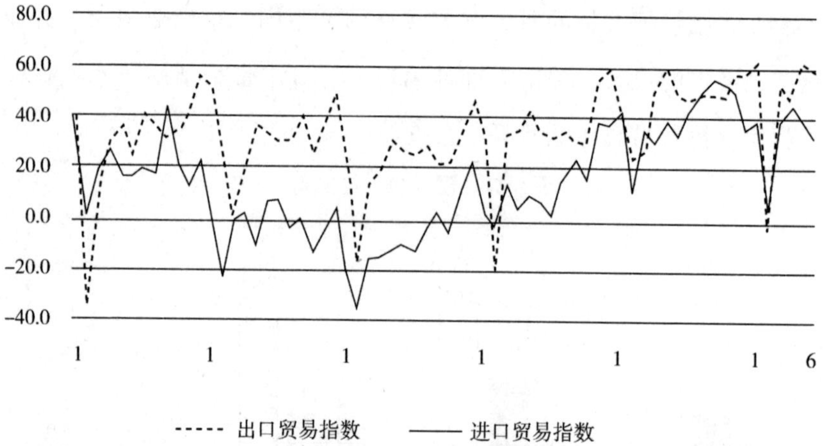


**图5　2014—2019年中国与海丝主要国家贸易指数变化（2015.3=0;%）**

义的长期挑战奠定了坚实基础、提供了重要机遇。中国发布的“一带一路”贸易指数表明，近几年来，中国和沿线国家之间的双边贸易保持较快发展态势，市场多元化格局日趋凸显，其中对蒙俄、欧洲、中亚、东南亚等地区之间的贸易增长明显快于平均增长水平。其中，尤其是中国和发达国家最为集中的欧洲地区之间正在形成大量务实合作成果，对促进中国市

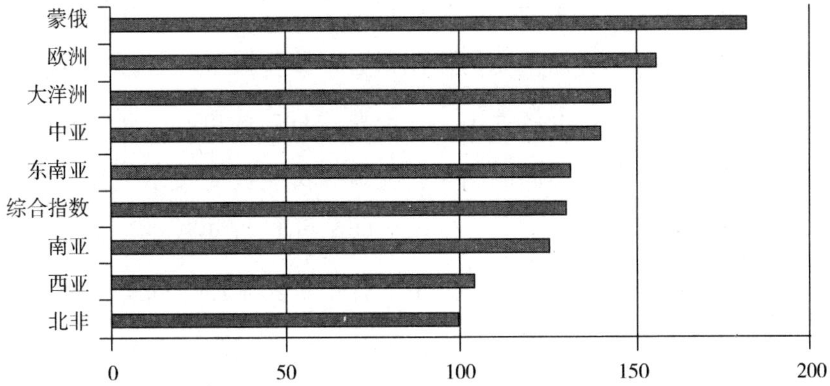


**图 6　“一带一路”分地区贸易额指数（上海航交所 2019 年 7 月 31 日发布；%）**

场多元化产生了重要影响。中国和中东欧地区之间在共建“一带一路”方面的合作，正在为深化中欧经贸关系产生积极影响。

## 三、努力让中美经贸关系重回正轨，促进开放型世界经济发展

当务之急，中美双方需要在以下几个方面加强磋商和对话：一是全面贯彻落实中美两国元首在 2018 年布宜诺斯艾利斯和 2019 年大阪 G20 会议期间达成的合作共识。二是以最大的诚意和决心，保持双边磋商的连续性和有效性。不再做反复折腾、出尔反尔、不断加码的事情。三是为磋商创造良好环境和氛围，为中美合作重回正轨持续创造条件，做好矛盾和风险管控。四是取消全部加征关税措施，让贸易战真正停止，以建设性行动为实现贸易平衡而努力。五是在第二阶段磋商中，建立双边制度性合作关系，例如，将开展双边自贸协定和投资协定谈判等列入磋商议题，并争取取得实质性进展。

通过双方共同努力，让中美经贸关系重回正轨，有利于促进开放、

包容、平衡、普惠和共赢的经济全球化加快发展。中国要在推动开放型世界经济发展中发挥更加重要的作用，必须坚持以下三个方面的合作方向。一是作为一个新兴经济大国，一定要践行开放包容、互利共赢的合作原则。要学会和各种不同的国家打交道、深化彼此关系，其中也包括美国。中国也在做这样的努力，例如，早在2013年中国就与美国开展了高水平投资协定谈判，也在中方政策文件中表达了愿意同美国就签署自贸协定开展谈判的积极意愿，目的是加深中美之间利益融合。今天我们仍然在倡议，希望中美之间建立更紧密的制度性合作关系。二是中国秉持开放包容的态度，就不会按照一个尺子衡量所有的合作伙伴，一定会坚持和而不同的基本精神，要充分尊重各国的选择。三是要维护和遵守多边、地区、双边合作的共同规则。

不论是从应对全球面临的不确定性和挑战，还是从促进开放型世界经济发展的角度来看，做好自己的事对中国而言最为关键。一是深化市场化改革，全面实行竞争中立政策，建立各类市场主体平等竞争的市场环境；二是加快供给侧结构性改革，通过减税降费，减轻企业负担，激发微观主体活力；三是坚持创新驱动战略，支持企业加大新产品和技术研发，不断培育新产业、新业态和新商业模式；四是扩大外商投资准入，进一步压缩负面清单，允许在自贸试验区进行差异化探索，实施更能反映自身发展定位需要的负面清单；五是对标国际先进规则，建设法治化、市场化和国际化营商环境；六是鼓励中国企业走出去投资布局，充分利用“一带一路”沿线和周边国家劳动力和产业资源，在境外发展带料加工生产活动来满足国内国际市场需要；七是推进自贸协定谈判，争取2020年内正式签署RCEP协定，完成中欧投资协定谈判。

# 中美关系与国际经济格局变化

霍建国　商务部国际贸易经济合作研究院原院长

近年来国际局势发生复杂变化，2018 年中央提出我们正面临“百年未有之大变局”的总体判断。为此学界一直在探讨大变局的具体特征。

我认为至少有三方面重大的变化特征值得我们关注研究，一是中美贸易摩擦的矛盾已历时一年半，且处于不断升级的状况，呈现了一定的长期性和复杂性特征，对我国的外向型经济发展是有影响的，处理得好，我们短期的困难会有所缓解；处理得不好，困难会持续上升，甚至会影响到我们的振兴之路。二是多边贸易体制改革是我们面临的中长期挑战，涉及我们的改革目标和方向，如何努力实现市场化、法治化、国际化的经济制度体系。三是涉及国际经济格局和一些发展理念与利益格局的变化，以及大国对抗的矛盾，有很多新的特点需要我们给予高度重视和研究。中国的发展和崛起和当今国际社会的关系如何处理，如何既要保持我们的特色，又要处理好同国际社会的关系，这是我们当前要认真考虑的问题。

## 一、大变局下中美关系的走向

对于中美关系的复杂性我们一定要有一个比较清晰科学的判断和把

握。双方矛盾点很多，整体矛盾冲突涵盖了贸易、投资、技术合作、金融竞争等领域。现在的冲突明显处于升级的状态，要停止这种冲突，做到有效的管控，要全面解决中美之间的矛盾难度很大，走向对抗不是我们的正确选择，这是当前迫切要解决的问题。

中美第十三轮经贸高级别磋商，双方已接近达成第一阶段的成果，国际社会对它还是给予一个积极的认可和肯定。就像刘鹤副总理讲的，现在是止战，并没有说第一阶段的协议就完全解决了双方的矛盾。中美谈判大概涉及 10 个问题。从外界透漏的消息看，中方原则承诺扩大进口、稳定汇率、扩大金融开放、保护知识产权等；美方在取消关税、取消实体清单和取消指责中国是汇率操纵国方面并没有做出明确的承诺。中美协议背后可能会涉及是否符合国际规则、是否符合 WTO 的最惠国待遇原则，例如，如果中国承诺对美进口大豆的具体数量，巴西、阿根廷会有反应，甚至欧盟也会有负面评论，这些都是要在协议文本上做出平衡处理的。

对于中美关系的认识，2017 年底美国国情咨文里将中国定义为美国主要的战略竞争对手，把俄罗斯排到了中国之后，这一大调整决定了中美关系新的定位。

假设中美关系就是战略竞争对手甚至是主要竞争对手的关系，问题是我们把他引向何方，是合作竞争还是对抗竞争。目前来看这两种可能性都存在。虽然现在对抗性比较强，但是不排除合作竞争的可能，而且合作竞争也不排除打打停停，会持续较长时间，估计 10 年之后，当中国的软硬实力均超越他之后才有可能进入一个相对稳定的环境。

中美冲突以来，中方一直在重申一个原则：不愿意打，不怕打，最后是不得不打。把握的策略显然是保持斗而不破、强调谈判解决问题。坦率地说，在贯彻执行这些原则的时候会有一些摇摆和波动，其间不得不打固然有美国出尔反尔的原因，但如何提高我们的斗争策略和谈判的艺术也是我们要认真总结的。

客观上讲，中美贸易摩擦的结果只有两个：一个是通过谈判对未来的双边关系做出一个双方都能接受的安排，使双边关系回到合作竞争的正确轨道。另一个就是不断升级走向对抗。现在是偏向于走向对抗的，美国认定我国为汇率操纵国，背后隐含着一些经济制裁手段，因目前还没有发展到这一阶段，但是已经埋下了隐患。美国强调的“脱钩”虽说是不可能的，但也要看到其影响仍是存在的。所以我们需要努力将双边关系引向合作竞争的正确轨道上，双方需要理性地处理双边关系，因为在国际事务方面我们仍有很多合作点。

## 二、如何才能把中美关系引向合作竞争的关系

要想在解决中美冲突中处于主动，关键要在两方面努力：一是要保持中国经济长期稳中向好；二是加快中国的高水平开放进程。也就是说，通过稳定经济增长增强我们的斗争底气，通过高水平开放使我国更适应当今的国际社会，这就涉及我们自身的调整。要按照中央确定的发展道路，那就是要加快推进高水平开放。应该说美国的有些诉求同我们的改革开放目标是相一致的。例如，加强知识产权保护，建立公开透明、法治化的市场竞争环境，进一步优化营商环境。谈判的完成肯定会有妥协和让步，当然，让步应是双方的而不是单方面的。

国务院下发的关于优化营商环境的指导文件，其原则要求是建立市场化、法治化、国际化的营商环境，这跟以前的提法是不一样的，以前是提公平、法治、国际化，现在强调市场化。从文件的内容来看，它已经规定了对于经营主体的保护，市场经济的核心是经济主体，后面才是

经营环境和国际对接的操作方法。从顶层设计上看，这些要求基本上是到位的，关键是要落实到位。因为现在讲高水平开放，一方面是降关税、放宽市场准入这些都是非常重要的，但更关键是国内的公平竞争环境能不能跟上。

我们营商环境已经发生了积极的变化，但主要还是停留在商业程序上，世行评价的 10 个标准有一定的参考价值，但仍是不全面的，那 10 个指标只是一个商业流程的环境，从企业注册到注销，它并不能代表完整的营商环境。应该说一个好的市场环境还应包括企业的权利和义务、经营主体的独立性、市场环境的法治化以及执法的连续性和稳定性，一般来讲国法管百年，法规至少管十年，部门规章和文件也不宜年年变动。此外在执法方面，要避免突击检查或者集中整治，要形成稳定的管理监督机制，我们在这些方面还有很大差距，需要我们继续努力。

关于软实力问题。能不能把中美关系引向合作竞争，在于我们的智慧和能力。要把开放的实践、合作的精神、包容的理念融会贯通，加以运用，要做到既坚持原则，又具有一定的灵活性，用智慧把它逐步引向合作竞争，其中既要处理好各自不同诉求的相互磨合，又要兼顾好大小利益的相互交换，有一些交换要考虑对方的舒适度，这是双向的。总之当务之急还是要妥善处理好中美冲突，避免摩擦的升级，为中国的发展开创一个稳定的外部环境，集中精力办好自己的事，以经济发展为中心，加快发展自己才是上上策。

# 在中国经济发展趋势下看待未来中美关系前景

迟福林　中国（海南）改革发展研究院院长

中国正处于经济转型和经济增长的关键时期，内部和外部环境都面临着机遇和挑战。

## 一、中国经济的前景到底如何

中国是一个转型大国，未来 5～10 年，中国在产业结构、城乡结构、消费结构、贸易结构的转型都将释放巨大的内需潜力，从而支撑中国未来 5～10 年 5%～6% 的经济增长。

几年前，中国社会消费品零售总额都保持两位数的增长，近两年增速有所下降，从 2017 年的 10.2% 下降到 2018 年的 9.0%，2019 年第一季度为 8.3%。为什么消费增速会下降，消费还会拉动经济增长吗？这里，不仅要看经济增速，更要看消费结构转型。目前，中国城镇居民服务型消费占比为 45% 左右，农村居民比城镇居民低 10 个百分点左右。预计到 2025 年，中国城乡居民平均服务型消费占比将达到 50%。如果近 14 亿人平均 50% 的消费支出用于服务型消费，将对中国的产业变革、社会结构变革产生重要影响，对世界经济的拉动作用将会明显增强。未来 5～10 年，中国处于经济转型和经济增长的关键时期，经济转型蕴藏着巨大增长潜力。

## 二、中国的改革开放前景如何

在内外部环境复杂变化的背景下，中国需要推动更高水平的开放，激发各类市场主体的活力，以保持经济中长期增长的动力。

1. 以服务贸易为重点的开放进程会越来越快。习近平主席在2018年4月10日博鳌亚洲论坛和2019年11月5日首届中国国际进口博览会的演讲提出，加快电信、金融、教育、文化的开放进程。海南从自由贸易试验区走向自由贸易港，就是以服务贸易为主导，实现服务业的全面开放。中国服务业市场加快开放意味着一场深刻的革命，首先是观念的革命，其次是利益的调整。未来3~5年，我相信海南岛将成为中国的教育开放岛，允许有资质的外国学校和教育机构到这里独资、合资办学。

2. 以竞争中性为原则的市场化改革进程明显加快。当前，中国制造业的市场化程度达到了95%，随着服务业市场进一步开放，服务业的市场化程度也会不断提升。竞争中性原则作为2019年政府工作报告重要内容，引起了中外关注。在竞争中性原则下，公开市场、平等竞争，允许各类所有制参与政府的购买；以混合所有制为重点的国企改革进程会明显加快。

3. 以知识产权保护的制度化法治化为重点改善营商环境。一方面，2019年6月底之前，中国再次修订发布外商投资准入负面清单、自由贸易试验区外商投资准入负面清单、鼓励外商投资产业指导目录；另一方面，中国政府已启动配套法规、规章制定工作，细化《外商投资法》确定的主要法律制度，形成可操作的具体规则，确保2020年1月1日与《外商投资法》同时实施。

## 三、中美如何创造相对公平的贸易环境

中国市场的开放，既顺应经济全球化的趋势，也符合中美经贸合作的要求。下一步中美应共同努力，营造开放有序的市场大环境，为公平竞争的自由贸易打下良好的基础。

1. 关税在贸易谈判中影响逐渐下降，不应成为双边贸易的主要矛盾。2018 年，中国关税总水平已降至 7.5%。未来，在一定背景下、在一定领域内，零关税将是一个大趋势。美国通过关税威胁，目的是中国市场的开放，尤其是服务业市场的开放。同时，这也符合中国扩大对外开放的要求。

2. 中国市场的开放将为中美经贸合作带来历史性机遇。中国近 14 亿人的消费结构转型为美国服务业企业提供了巨大的市场潜力；中国的自费留学人数突破 60 万人，加上公费留学人数已接近 66 万人，5 年间增加 1 倍以上，其中很大一部分前往美国留学。

3. 中美双方市场开放、公平竞争、规则统一。一是以竞争中性原则推动市场化的改革；二是以知识产权为重点改善营商环境。中国具有巨大的医疗健康市场，医药市场开放对中美双方的药品贸易是巨大的机遇，也会倒逼中国药企加大研发投入和提高药品质量。因此，中美市场开放、公平竞争、规则统一，是创造公平贸易环境的基础。

## 四、使世界分享中国发展的成果

在经济全球化背景下，各国经济紧密联系。中国的经济转型和市场开放为美国及全世界的发展提供了新的机遇，也有利于世界的发展与稳定。

1. 欧洲、中国及全球的发展对美国是好事。美国有人议论中国什么时候取代美国当老大，这是个伪问题。第一，美国在未来若干年依然是老大，中国还难以在短时间内赶上美国，中国也没想当老大。第二，中国的发展、世界的发展会为美国提供更大的市场，带来更多的利益，这对双方都是好事。第三，即使多年后中国发展起来了，世界也会是朝着进步方向走，不会出现历史倒退。因此，以中国市场开放促进全球共同发展，对美国、对世界都是一件好事情。提高关税只会增加老百姓的生活成本和企业的生产成本，从而造成双输的后果。

2. 以市场开放促进合作共赢。加快推进海南自由贸易港建设，把海南打造成为面向太平洋印度洋的对外开放门户，是希望泛南海地区成为经济合作圈和自由贸易网络，给周边 23 个国家和地区带来巨大的市场，同时促进周边合作，减少军事冲突。海南自由贸易港以服务贸易为主导，开放包括教育、医疗、信息、金融在内的服务业市场，这对中美双方合作有重要影响。

3. “一带一路”成为全球自由贸易的重要载体。我对“一带一路”概括为三句话：在基础设施为依托的前提下，以产能合作走向服务贸易；由双边合作走向多边自由贸易网络；在多边贸易规则下探讨双边合作，以多种形式的市场开放构建自由贸易网络。因此，“一带一路”对经济全球化是一个重要的贡献。

## 五、中国是一个“特殊”的发展中国家

经济发展提升了中国的全球地位，但中国又具备发展中国家的基本特征。

首先，虽然中国经济总量仅次于美国，但根据世界银行 2017 年的统

计，中国人均GDP以 8827 美元的水平仅排在世界第 74 名。不仅低于世界平均水平，而且存在突出的贫富差距。其次，中国发展严重不平衡。例如，城乡差距巨大，部分农村地区相当落后，生活比较艰难；很多年轻人离开农村，而农村养老体系不健全，农村孤寡老人的养老问题难以解决。最后，中国是一个开放的大国，国内市场与国际市场高度融合。因此中国积极参与国际事务和多边合作，是为了自身更好的发展，不涉及军事扩张和地缘政治。从未来的趋势看，对中国和平发展有两个基本判断：一是对外扩大开放，使世界共享中国发展的成果；二是对内均衡发展，让更多人过上更好的生活。

# 东亚视角下的中美关系

江瑞平　外交学院原副院长

关于大变局下的中美关系，有两个关键词："大变局"和"中美关系"。对于这两个关键词，可以从多个视角来解读。其中一个重要的视角就是东亚视角。因此我想就"东亚大变局中的中美关系"进行探讨。这一课题分两个层面：一是"世界大变局中的东亚"；二是"东亚大变局中的中美"。

## 一、世界大变局中的东亚

在世界大变局与东亚崛起之间，存在着密切相关和高度互动关系。

一方面，东亚崛起是世界大变局的重要动力和支撑，东亚聚集并丰富了世界大变局的所有重要元素。

1. 地缘格局元素。东亚崛起为新的世界中心，直接塑造了世界地缘格局。仅东亚的中日韩三国，2018 年占全球经济总量的 23.6%，与美国的 23.9% 相当，高于欧盟的 21.9%。近 5 年东亚对全球经济增长的贡献达到 60%。

2. 发展格局元素。一大批新兴市场和发展中国家的整体崛起，构成世界大变局的最突出表现，而东亚则是新兴市场整体崛起的核心地区。

3. 大国格局元素。大国实力对比关系的重大变化也集中在东亚地区，其中最重要的是中国崛起。21 世纪的前 20 年，中国在全球经济总量中的比重提升了 13 个百分点。中国相当于美国经济实力的比重，按名义汇率计算，21 世纪前 20 年中，整整上升了 60 个百分点。

4. 体制格局元素。日本首先开创了非新教国家资本主义现代化的新路，亚洲四小龙树立了殖民地半殖民地实现新兴工业化的典范，东盟创造了区域合作这种独特的东盟方式。

另一方面，世界在大变局中也为东亚快速崛起创造了有利条件。

1. “时代主题”。和平与发展为东亚崛起提供重要的历史机遇。

2. “高效治理”。尤其是 20 世纪五六十年代，高效治理为东亚实现出口主导型经济增长，提供了稳定的国际贸易投资环境。

3. “产业革命”。科技革命、产业升级、分工深化，为东亚崛起提供了良好的全球产业基础。

## 二、东亚大变局中的中美

重点探讨中美对东亚影响的转换与互动。分三个层次。

第一，东亚大变局中的美国。美国对东亚的影响，大趋势是从“增长推动者”转化为“麻烦制造者”。20 世纪五六十年代，在东亚经济的崛起过程中，美国无疑发挥了重要作用，在资金、技术、市场和治理等方面，为东亚经济的快速崛起创造了良好条件，成为东亚经济增长的主要推动者。在此很长时期，东亚经济发展的突出特征是，经济增长靠出口，出口扩大靠美国。与此同时，美国也把东亚牢牢捆在了他的经济战车上。但到 20 世纪 70 年代以后，美国越来越成为东亚的“麻烦制造者”。在此后的半个世纪中，美国每 10 年都会给东亚制造一个大麻烦：

1971 年的尼克松冲击，1985 年的《广场协议》，1997 年的东亚金融危机，2008 年的全球金融危机，2018 年又发起对华经贸制裁……

第二，东亚大变局中的中国。在世界与东亚发生大变局的同时，中国与东亚的关系也在发生深刻变化。大的变化趋势，是从“搭便车者”转化为“被搭车者”。20 世纪的后 20 年，主要是中国搭东亚经济整体崛起的便车；到 21 世纪前 20 年，则主要是东亚搭中国经济快速崛起的便车。不能忘记，在 20 世纪 80 年代中国改革开放之初，中国一度出现的“改革学日本，开放对日本”；而到目前，中国取代美国成为越来越多从而绝大部分东亚经济体的第一大出口市场。目前的东亚，经济增长依然靠出口，而出口扩大却越来越不依赖美国，而越来越依赖中国。

第三，中美在东亚如何互动。尤其是中美冲突如何影响东亚。应该关注三大焦点。一是在东亚格局中的二元结构或二元困境：政治安全依赖美国，经济贸易依赖中国。中美之间的战略冲突，给东亚整体发展形成严峻挑战，也给中国周边外交和周边开放造成了困境。二是中美冲突对东亚的消极影响。包括挤压中国市场从而影响东亚对华出口，东亚在华投资企业经营困难等。三是美国施压，也许在很大程度上会倒逼东亚加强合作，从历史看，东亚合作具有危机驱动型特点，从现实看，东亚也只有通过合作，才能够共同应对来自外部尤其是来自美国的巨大经贸压力。

总之，我们得出这样的“启示与警示”：第一，世界大变局与东亚大变局高度相关。第二，中美及其互动强烈影响东亚大变局。第三，东亚发展稳定受到中美冲突严重影响。第四，东亚必须加强合作共同抵御美国压力。第五，目前最应该做的事是强化 RCEP 与 TPP 双轮驱动。

# 中美关系的过去与未来

黄小军　中国银行纽约分行战略及研究总监

## 一、大变局：经济全球化多边关系的阻碍因子

全球经济的多边化关系迄今已达百年，而在1950年到2010年之间尤其显著，全球贸易从单位数增长至双位数；过去25年全球经济的增长主要来源于发展中国家。近年来，这一多边化关系面临着来自以下几个主要方面的阻碍。

一是发达国家经济的滞涨局面，带来成本高企和制造业竞争优势的丧失；二是社会和环保意识的加强，以至于环保费用上升，对发达国家的生产成本产生冲击；三是离岸市场外包的挤压，削弱了发达国家蓝领就业保障，加深了贫富分化和催生了贸易保护主义；四是少数国家采取强权霸凌政策，破坏了全球战略和治理协调机制。

我们要强调的是，这些阻碍因子从表面上看是来源于发达国家。但实际上是来源于发达国家经济里的旧经济部分，而非新经济部分。

## 二、经济全球化情景分析与长期展望

自2008年金融危机以来，全球经济新动能不足，西方发达国家经济尤其缓慢；经济发展不平衡、收入分配不平衡的问题使得各发达国家经济政策内顾倾向显著，全球单边主义、保护主义、民粹主义逐渐蔓延、发酵，全球化治理秩序遭遇严峻挑战。经济全球化面临着至少三种选择：孤立主义（单边主义）、双边主义和新多边主义。

一是孤立主义（单边主义）：美国退出跨太平洋伙伴关系协定（TPP）、英国脱欧等事件都是孤立主义的表现，孤立主义可能引发贸易战，最终造成双输的极端结果。

二是双边主义：各国假以各自游戏规则侧重特定地区或产业之间的双边协定。例如，美国特朗普政府在退出巴黎气候条约、TPP后，达成的各个双边协议。双边主义因为组合模式不同可能造成两种极端结果。一种是强弱模式，如美国等发达国家的经济增长将以欠发达国家经济作为代价；另一种是强强模式，如中美全方位博弈，两国难分胜负。

三是新多边主义：将各国比较竞争优势最大化，贸易协定将根据各国经济各自所处发展阶段而定。多边主义可能造成的极端结果表现为，发达或成熟经济国家将侧重发展技术和创新主导的经济，发展中国家侧重成本主导的基本制造业，强国之间产业结构的重叠化使得他们之间的竞争白热化。

区域性的多边协议越来越成为现实的选择。例如，最近亚太地区14国达成的区域合作协议就是区域性开放合作平台的最佳实例。

从长期看，每个国家或地区都无法摆脱全球化的影响，这是世界历史进步与演变的结果。以区块链、人工智能、3D打印、基因、大数据、清洁能源为代表的新技术革命蓄势待发，有助于促进全球经济重归一体化。保护主义不可能成为经济全球化发展的永久性障碍。构建全球化4.0时代的合作机制，核心理念就是共建人类命运共同体。未来将是世界多极化、经济全球化、文化多样化和社会信息化并存的格局。

## 三、中美贸易冲突的实质与改善中美关系的着力点

美国可以选择何时和哪个国家有贸易赤字，但不能选择没有赤字。在以美元为储备货币的前提下，必然导致美国长期国际收支逆差。“特里芬难题”尤其强调了美国长期国际收支逆差与美国保持美元币值稳定能力的不可调和的内在矛盾。

对中美关系来讲，美国在美元作为世界储备货币的前提下，短期内不可能消除贸易赤字。但是，可以选择某个国家做去赤字化的过程，正巧中国被选上了。为什么选中国？这个原因是所谓的“亨廷顿冲突”。美国政治学家亨廷顿认为：“经济增长改变了国家和地区间的均势，造成了国家内部以及国家间的政治不稳定。经济交往可以使人们相互接触，但不能使他们达成协议。在历史上，它往往使各国人民更深地认识到他们之间的不同，令他们彼此害怕。国家之间的贸易不仅带来了好处，而且也造成了冲突。”其中最基本的观点是经济增长到一定的程度会改变国家和地区间的军事实力，从而造成冲突。冲突具体表现为：中美从产业结构或产业链环节的互补逐步变为彼此间的竞争、发展模式背道而驰等。

要改善中美两国关系，要着眼历史，立足长期，关注中长期。

40 多年以来，中美关系围绕其平均线（如盖洛普普查结果）上下波动，但要正视美国政界两党对华不友善声音增多的现实。

第一，双方关系的定位最重要。确认中美双方是竞争合作的关系而非敌我关系。引向竞争合作关系需要双方努力。

第二，双方关系的出发点很重要。中美两国考虑双方关系的出发点不仅仅要考虑自己，而更应超越自身利益考虑全球、国家层面的需要、共担的社会责任和义务。这一方面，中国做得比较好。

第三，明确短期立足点。中美双方利益的博弈体现为美国总统竞选短周期和中国政治长周期和制度底线的冲突。需要厘清当前最重要的利益，美方需围绕大选，中方需围绕如何避免触犯底线，避免冲突。

第四，找准中长期着力点。通过各种渠道让美国民众客观、真实地了解中国及其人民的优秀文化和品质、中美双强友好的益处。中国人民的勤奋、刻苦、耐劳、和谐和愿意承担国际社会责任的优点表现，例如：中国在 1997 年亚洲金融危机、2008 年美国次债危机中担当的社会责任；中国应继续聚焦自己内部发展的问题，全面深化改革开放。中美应认识到双方的强强合作对于共同对付全球未来的危机和地球长远问题具有协同效应。

在以上前提下，中美关系围绕平均线波动是大概率事件，但中国也应具备应对大幅波动的能力和准备。

## 四、美元走势

我们可以用 DXY 指数看美元的状态和未来的走势。讨论美元走势主要考虑以下三个因素：

一是美国和其他国家最主要的几个成员国之间的利率或者是真实利率的逆差。美国前段时间在上半年加息变为减息。许多的欧元区和其他发达国家利率成为负利率，这种利差使得美元处于相对强势的定位。4

月份的时候到88、89，到最近已经碰到收盘97，最高达到99，就是DXY。

二是经济发展。美国和其他国家之间存在的发展差距表现出，美国是相对强势的。

三是美国的资本市场。美国股市最近一直在高位徘徊，跟其他的发达国家市场相比，股市吸引力还是很大的。虽然企业的回购占很重要的部分，但是受美元强势的影响，互为作用。未来一段时间，美元的相对强势会使得美元处在强势地位徘徊一段时间，大概在97～100的区间。之后朝哪边突破将取决于美联储的变相量化宽松（QE）和利息政策的组合拳是否奏效。

# 中美贸易摩擦的事实、性质与走向

曹文炼　丝路产业与金融联盟理事长

## 一、中美贸易摩擦的三个事实

中美贸易摩擦已经持续了很长时间。通过分析双方公布的一些数据，可以总结出以下三个毋庸置疑的事实：

第一，中国对美国出口的依存度大大超过美国。2017 年中国对美国的出口占整个出口的 19%，美国对中国的出口只占其出口的 8%。仅从中美贸易巨额顺差这个数据来看，好像是中国占了便宜。中国整个国际收支也是大顺差，自 1994 年外汇改革以来，中国外汇储备不断增加，这是第一个不争的事实。

第二，美国在中国投资企业获得巨大利益，他在中国市场销售额达到了 3000 多亿美元。中国不仅是苹果手机主要的加工地，也是苹果手机主要的销售地之一。美国在中国的合资汽车公司，在中国汽车市场上的销售数量十分巨大。但是，中国手机没有在美国设厂销售，中国也没有汽车企业在美国投资销售。中国企业在美国市场的销售收入和利润大大低于美国企业在中国所得。虽然中国对外投资的增量超过美国，但是存量只有 600 多亿美元，对美投资仍然有巨大的潜力，这是第二个不争的事实。

第三，2018 年以来中美贸易摩擦的持续和升级，已经对双方经济造成了损害。两国的 GDP 增速都在下滑，两国的资本市场也受到了很大冲击，特别是对企业家信心的打击。中美贸易摩擦也影响了全球经济的发展，阻碍了全球治理体系的改革，使得应对气候变化、金融监管治理等全球性问题的解决都止步不前，这是第三个不争的事实。

## 二、中美贸易摩擦不是一个伪命题

特朗普抓住中美贸易这个问题与中国较劲。他希望加征关税可以起到一箭三雕的结果。第一，通过加征关税消除中美之间的贸易顺差。第二，美国财政靠发债支撑，赤字越来越大。通过加税可以解决一部分财政赤字的问题。特朗普政府不仅对中国加税，还对欧盟、日本加税。中国已经和他博弈了一年半，如果他把中国制服，其他国家会加速被制服。第三，他知道中国需要这些东西，需要他的选民所在州生产的商品，比如农产品、汽车等。但是，他没料到中国政府更有定力和耐心，中国经济比美国更有韧性。中美贸易摩擦不是一个伪命题。如果这次他能够得逞，那么以后在科技竞争或者别的方面就会向中国索取更多的好处。所以，中国不可能过多让步。

## 三、中美贸易摩擦是利益之争不是政体之争

中美贸易摩擦不是政党制度、政体的问题，完全是由新兴大国和守成大国在发展的过程中产生的利益冲突所造成的局面。欧盟刚刚发行欧元要加快统一，很快就被美国搞得四分五裂。有一些人，包括在我们国内的或者美国方面的人士，将中美贸易摩擦归为意识形态或者两个制度

的冲突，不排除一些居心叵测的人想利用极右或者极端分子的观点作为他要价的筹码来煽动民粹。

其实，当前情况下我们增加一些进口不是坏事，国内猪肉价格涨得很多，我们需要猪肉，我们也需要增加粮食进口把农民从效率不高的行业中解脱出来。中美后面要合作的事情还有很多，中美贸易摩擦以来，原来与中国关系比较紧张的一些国家，现在开始站在劝和的一边了。不管从中美两国的大多数人、大多数企业和大多数政治家的内心来讲，还是爱好和平的绝大多数国家来讲，都希望中美两国妥协休战实现互赢。

## 四、中美贸易摩擦的唯一出路在于谈判和相互妥协

对中美贸易摩擦的未来走向，我个人的态度是谨慎乐观的。过去双方的较量或者谈判，充分展现了两个大国的智慧，大国的定力、实力和耐力。本着对各自国家和全球负责任的态度，双方不断商谈了十几轮，有望达成第一阶段的协议。这是完全正确的战略。尽管国内有一些不同的声音，认为既然中国迟早要做出让步和妥协，不如早点决定。但是我们应该认识到，如果过快过多地让步，特朗普作为一个商人还会得寸进尺，他以后的要价就会更高。

唯一的出路是双方继续谈，最后双方总是要妥协的。而且未来中美两国要相互学习合作之处很多。比如中国要学习美国的地方，包括知识产权保护、教育改革、人才引进、增加竞争力，特别是在政府与市场关系、营造更开放的营商环境等方面。

现在说到对外开放，大家都会想到 WTO。但是实际上，我认为中国最大的对外开放是源自 1994 年的改革，我们主动进行了外贸外汇和财税金融体制改革，把出口补贴改成了出口退税制，把外汇双轨制合并为单

轨制，取消了大部分外贸特许经营制度。中国现在有 3 万多亿的外汇储备，得益于那次财税金融外贸体制的配套改革；中国经济达到今天的发展水平，也是因为我们主动地适应了全球化的改革。

相信中美两国领导会在未来解决中美贸易问题，这是大概率的事件。当然，我们也不必害怕中美“脱钩”，尽管这是小概率事件，我们也要充分准备应对。但是，主流还是希望中美谈判结果能够走向有利于世界发展的道路。

# 中美经贸关系的走势及对未来的影响

陈延军　博鳌亚洲论坛研究院副院长

## 一、中美经贸关系变化的影响

关于中美贸易摩擦的影响，从经贸关系本身来讲主要有以下几方面：

第一，拖累了中国、美国以及世界的经济增长。现在中国经济面临很大的下行压力，美国经济也出现了一些衰退的征兆，世界经济也在下行，国际货币基金组织（IMF）刚刚把经济增长预期下调到3%。虽然经济下行不能完全归结于中美贸易摩擦，但是如果中美贸易摩擦持续下去无疑会带来更多的负面影响。

第二，冲击国际规则和多边贸易体制、世界贸易组织（WTO）的改革进程，而这些多边贸易体制是在美国的主导下一手创造起来的。

第三，冲击全球的价值链、产业链，很多国家都受到了影响和冲击。

第四，对全球科技创新合作会产生不利的影响。

中美贸易摩擦的影响实际上远远超出了经贸关系，在很大程度上是一个有重大意义的里程碑事件，它象征的是单边主义和多边主义之间的较量，是全球化和逆全球化之间的较量，这将对未来的国际关系产生非常重大的影响。

## 二、中美贸易关系的走势

中美经贸关系的走势，不完全局限于经贸关系本身，背后有非常多的因素。不能因为中美贸易摩擦能够倒逼中国国内经济改革就说中美贸易摩擦是一个伪命题。从哲学意义上说，我们遇到的每一场挑战和挫折都是一种财富。

关于中美经贸关系下一步走向，我秉持两个观点：一方面，双方达成一定程度的协定是完全有可能的。因为中方能够接受的协定，一定是对美方有利的，现在之所以无法达成共识，原因是美方的不满足——想要通过极限施压来获取更多。另一方面，中美经贸摩擦一定是个长期的进程，很多人都提到了这可能是一场持久战。在这种情况下，只有到最后双方两败俱伤，打到不想打为止，可能才会真正地告一段落。从这一点上来讲，即使当前的贸易战结束了，不等于双方之间的经贸摩擦从此就消失了，不等于双方在技术等其他领域的竞争就不存在了。

这里面还有中美两国自身的因素值得关注。

从美国来讲，是美国自身的经济前景。现在主要面临经济下行的趋势；美国国内的政治问题，比如2020年美国总统大选的选情。这些因素都会影响到美方对贸易摩擦的态度。从一开始美方就并不是真心实意着眼于解决贸易逆差，从美方对贸易逆差的判定到加征关税的法律依据等，其实都有非常多的漏洞。也许特朗普本人会更关注贸易赤字，但是他身边的高官和美国的很多人关注的是其他方面的问题。现在一些人心中有疑问：如果民主党上台会怎么样？当然，这是一个假设性的问题，现在很难去预判。如果民主党上台的话，中美贸易摩擦肯定是会有变化的。现在的贸易摩擦，美方的谈判手段具有强烈的特朗普个人色彩，比如极限施压、出尔反尔、朝令夕改等。这方面一定会有变化。但是，民主党上台后，在对中国的基本判断和定位上，很可能不会有大变化。某种程度上来说，现在美国共和、民主两党越来越形成一个共识，就是把中国作为美国主要的竞争对手。虽然目前还没有完全把中国视作一个敌人，但是作为一个主要的竞争对手这一点，基本上是美国政界和学界的共识。

对于中国来讲，很大程度上取决于自身改革开放的进程。只要坚持改革开放，很多事情就可以得到解决。就像中国最初加入 WTO 时存在很多的担心一样，也像当时 G20 框架下关于中国经常项目盈余 GDP 占比的谈判一样。当时觉得很困难的一些事情，回过头看在改革开放中都迎刃而解了。中国下一步改革和开放的方向，重点在服务贸易的开放，这既是美方对中方的要求，也是中国进一步开放的需要。把这些因素综合在一起，才能更好地理解中美经贸关系下一步的走向。

中美关系的前景和出路在于中美合作。我们常讲中美合作是唯一正确的选择，笔者深信这一点。虽然历史、文化等因素造成了双方理念上的不同，但是更重要的是利益上的博弈。比如，从美国自身的利益考虑，如果和中国坚持对抗到底对他有利的话，他当然会选择对抗到底；如果到了一定程度，他认为和中国竞争性合作对他有利，他就会选择竞争合作。所以我个人是持谨慎乐观的态度。所谓的修昔底德陷阱是基于历史和传统的判断，但是很难依此来预测未来。

## 三、中美贸易关系的大变局

从经济上来看，发展中国家和新兴市场国家正在崛起，中国的经济分量在上升。从文化和文明的角度来讲，东方的影响越来越上升，正在改变过去五百年来以西方为中心的传统的国际格局。更重要的是科学技术的发展，很多现在无解的问题，将来在人工智能、大数据等新兴科技给人类生活和生产方式带来变化的情况下，很可能就会出现完全不同的形势和完全不同于过去的解决出路。

从这个角度来讲，中美贸易摩擦拖得越久，中国的优势会越明显，而且最终美国可能会认识到需要跟中国合作。

第四编

# 大变局下的亚洲经济合作进程

当前，经济全球化与新一轮科技革命使得全球经济利益联系从未像今天这样日趋紧密，经济一体化的共同需求也从未像今天这样日趋增大。但是，由于单边主义、贸易保护主义挑战，世界经济增长面临着严重威胁。为此，比以往任何时候都更需要多边行动而不是单边行动或“本国优先”；更需要协调行动而不是“选边站”或“以邻为壑”。作为区域内第一大经济体，中国加快推进高水平开放进程，将对亚太、东北亚、泛南海等周边经贸合作，构建系统性的周边安全结构及秩序带来全局性的重要影响。

# 开放的亚洲与世界

易立亚　太平洋事务委员会主席

## 一、重塑地理

我们在谈论“开放的亚洲与世界”这一话题的时候，太平洋地区正密切关注着西方叙事新增的词汇，即新编造出来“印度太平洋”这一概念的浮现，用于替换“亚太地区”这个无论是从地理还是历史上都较为准确的概念。这或许是某些人的一厢情愿，希望在词汇上压缩亚洲的概念从而使中国在其中消失。

这给我们带来的震动尤为强烈。长期以来的友谊传统与血缘关系将中国与太平洋岛国紧紧联系在了一起。根据考古学、语言学、植物学和科学等领域的现有资料来看，我们波利尼西亚人的祖先——从帕劳群岛到复活节岛，从夏威夷经塔希提岛到新西兰，都可以追溯到中国东南沿海一带。大约在3500年前，我们共同的祖先在人类历史上取得了一项独特的成就：他们系统性地征服了世界上最大的大洋——太平洋。这也是第一次技术移民，我们的祖先不仅仅是徒步前行，他们还建造了巨大的航海船只，并掌握运用了极其复杂的有关环境知识，包括海洋、海浪波动、天空、星星、捕鱼、食物处理等。

通过这样的航海冒险，从西至东，打破了空间界限，一代又一代的工匠、水手、渔夫、农民、猎人、勇士和艺术家们共同筑造了太平洋岛国。这个历史事实不能，也将永远不会被抹去。

## 二、理解“双赢”

我们的起源与历史都属于现今所说的全球化。全球化不仅仅有关于先进生产，以及扩大零件、贸易或原材料规模等基础部分，还共同提高了投资、科学研究、教育、文化和其余无数的人类文明特征的水平。只有这样，国际性的历史与合作才能为国与国之间的共赢关系形成坚实的文化和经济基础。

如果西方世界对每一项行为都持有怀疑态度，并且总是质疑其背后的“真实动机”（这在医学上的术语叫“反社会病”），那么在我们东方世界里，中国的双赢概念就很好地证明了自己。

当西方世界似乎用越来越固化的意识形态叙述来讨论自由民主、性别问题等议题时，双赢概念则更好地反映了我们求真务实的观点。对于居住在海岛上的人来说，我们不能虚无缥缈地假装在生活，我们寻求事物的本质，不断调整预期并更务实地处事。

对于我们当中的大部分人来说，对中国的认识就是它做到了其他国家做不到的事情。70 年前，没有人能预测到中国政府可以让这个国家实现从农业社会转变为世界最强大经济体之一。没有人能预期到中国的 GDP 能以平均每年 10% 的速度在增长，让超过 8 亿人脱离贫困，成为世界第二大经济体，连续在国际学生评估项目（PISA）中排名第一，将宇航员送入太空，将潜艇送入地球最深的海域，在 20 世纪后期创造了一个巨大的经济奇迹。但我们都知道中国的成功不是偶然的，而是建立在强大而有远见的领导力、艰苦奋斗与大胆决断的基础之上。

## 三、“一带一路”倡议

通过习近平主席提出的“一带一路”倡议，中国已经准备好了与世界分享这些年来的发展经验与成果。

太平洋地区正共同面临着巨大的公共基础设施发展差距，“一带一路”倡议为我们的经济带来益处，我们可期获得发展项目所需的金融和政治资本。

太平洋地区国家们拥护这一愿景，支持中国向世界提供的发展新范式。我们相信“一带一路”倡议将通过其包容性促进融合，并在贸易、外国投资、收入、人民福祉等领域带来积极的影响。

## 四、总结新兴经济体学习借鉴的新典范

因为有了“一带一路”倡议，太平洋岛民们意识到西方的叙述和体制可能有点太过短视，新的个体特权来贬低老的社区传统，制造横向对抗；从一个更普遍的角度来看，它们不再是“市场”“贸易”“福祉”或“自由”的代名词。

未来的全球经济或许会遇到对抗和阻碍，又或许会实现双赢。但对于我们来说，要获得双赢，就要通过人力资本和文化价值来推进国家福祉。这正是为什么中国能成为值得新兴经济体学习借鉴的新典范。

（钟尹曼译，危文锋审校）

# 中国扩大开放趋势及其对东北亚经贸合作进程的影响

迟福林　中国（海南）改革发展研究院院长

当前，经济全球化与新一轮科技革命使得无论是发达国家还是发展中国家，无论是全球还是东北亚地区，经济利益联系从未像今天这样日趋紧密，经济一体化的共同需求也从未像今天这样日趋增大。但是，由于单边主义、贸易保护主义挑战，世界经济增长面临着严重威胁。为此，比以往任何时候都更需要多边行动而不是单边行动或“本国优先”；更需要协调行动而不是“选边站”或“以邻为壑”。

## 一、如何客观估计中国扩大开放的基本趋势?

2018 年，中国经济总量占东北亚五国（除朝鲜，下同）的 62.2%；货物与服务进出口额占东北亚五国的 57.2%。推进东北亚经贸合作进程，越来越离不开域内因素，尤其是中国扩大开放基本趋势对东北亚经贸合作的影响。

1. 从以制造业领域为主的开放到以服务贸易领域为重点的开放。中国制造业的市场化程度为 95% 左右，对外开放度已高于澳大利亚等发达经济体。近年来，服务贸易成为中国扩大开放的重点。2013—2018 年，中国服务贸易年均增长 8.1%，是同期世界平均增速的 2.2 倍[①]。预计到 2025 年，中国服务贸易规模占全球的比重将由 2018 年的 6.9% 提高到 10% 左右；到 2030 年，中国将成为全球最大的服务进口国。由此，将为推动全球自由贸易进程与东北亚区域经贸合作做出重要贡献。

2. 从以货物和服务为重点的开放到制度性、结构性开放。当前，中国以建立高水平开放型经济为重要目标的开放趋势明显。例如，中国关税水平由加入 WTO 时的 15.3% 降至目前的 7.5%[②]，中国开办企业便利度达到全球第 28 位[③]。作为新型开放大国，中国以深化自身改革开放为重要基础，进一步将本国的发展与全球、与东北亚地区的发展相融合。2018 年，中国对世界经济增长的贡献率为 30% 左右，持续多年成为世界经济增长的重要贡献者。

3. 从经济全球化的参与者到经济全球化的推动者。在单边主义、贸易保护主义势头增强的背景下，中国坚定推进全球自由贸易进程和经济全球化，坚定维护以 WTO 为核心、以规则为基础的多边贸易体制，以“一带一路”为载体坚定推进双边多边自贸进程，坚定推进亚太区域经济一体化进程，建立新型经济伙伴关系。在区域合作层面，中国更加重视以周边整体为基础，把与周边国家的经贸关系作为构建新型伙伴关系的重点，其中东北亚的地位举足轻重。中国努力推动东北亚区域性合作机制建设，促进东北亚区域经济一体化进程。

① 根据 WTO 数据库相关数据测算。

② 中华人民共和国国务院新闻办公室．中国与世界贸易组织[R]．2018－06－28.

③ 世界银行．2019 年营商环境报告[R]．2018－11－04.

## 二、如何客观判断中国扩大开放将为东北亚经贸合作带来的新机遇?

习近平主席在周边外交工作座谈会上强调，要让周边国家得益于中国发展，使中国也从周边国家共同发展中获得裨益和助力。作为一个拥有近14亿人口且更加开放的大国，将对加快推进东北亚经贸合作进程带来全局性重要影响。

1. 中国与东北亚区域的经济联系日益紧密，形成更加良性的互动。例如，2008年国际金融危机以来，日、韩、俄、蒙四国对中国的出口由2384.4亿美元增长到3687.4亿美元，年均增长4.5%，是其整体出口增速的3.5倍；占其出口比重由15.1%上升至20.5%①。目前，中国已经成为东北亚地区五国最大的贸易伙伴，与东北亚五国贸易额占中国贸易总额近1/4。由此，形成了中国与东北亚国家互利共赢、联动发展的坚实基础，同时也为化解区域内经济体之间的某些经贸摩擦提供重要条件。

2. 中国成为世界大市场，成为东北亚地区的最大市场。例如，2019年中国消费品零售额将有可能达到5.6万亿美元以上②。未来10年，中国在产业结构、消费结构、城乡结构等方面还有比较大的转型升级空间，不同需求潜力叠加，预计可达20万亿美元。这一市场的不断开放，不仅成为世界经济增长的突出亮点，更是东北亚地区保持经济持续增长的重大利好。

---

① 根据商务部《国别贸易报告》统计数据整理得出。

② 今年中国将取代美国成为全球第一大零售市场[EB/OL]. 中国日报网，2019-01-30.

3. “一带一路”日益成为推进经济全球化新主角，更将成为推进东北亚区域一体化的新机遇。“一带一路”贯穿亚欧非大陆，一头是活跃的东亚经济圈，一头是发达的欧洲经济圈。初步测算，到2030年亚洲将新增15万亿美元的经济总量与21万亿美元的消费市场①。东北亚地处“一带”与“一路”交汇点，开展“一带一路”双边或第三方市场合作，既是各国推动自身经济发展的重大机遇，也是维护经济全球化的重大选项。

## 三、如何采取务实举措，加快推进东北亚经贸合作新进程？

当前，东北亚经贸合作有机遇、有空间，也面临着矛盾、挑战。总的来看，构建东北亚的区域性合作机制、实现东北亚区域经济一体化，还有很长的路要走，需要区域内六国采取务实举措与协调行动。

1. 努力实现中日韩经贸合作的重要突破。近年来，中国积极推动中日韩自贸进程。中日韩三国GDP与贸易额均占东北亚区域的90%以上，如果中日韩自贸区能够尽快取得突破，将有效提升东北亚区域经济一体化水平。

2. 加快推动东北亚经贸合作与“一带一路”对接。

——以基础设施互联互通为目标，加快打造“一带一路”东北亚大通道。例如，围绕中蒙俄经济走廊，构筑东向出海、南联内陆的大通道；建设面向东北亚开发开放的基础设施网络，推进“图们江开发开放”与“东北亚经济走廊”建设；加快实现中日韩口岸通关协调合作，提升中日韩“一带一路”联运水平。

① 根据世界银行数据库统计数据得出。

——以跨境经济合作区等为依托，加快形成“一带一路”东北亚经贸合作的大平台。例如，以制造业合作为重点推进图们江跨境经济合作区建设；合作建立中俄、中蒙等跨境装配制造和物流集散基地；探索共建东北亚跨境旅游合作园等。

——加快打造若干个第三方市场合作示范区。推动中日、中韩与俄罗斯、蒙古等共建以能源为主题的合作示范区，探索与朝鲜开展能源、农业、制造等方面合作。

3. 务实推进产业项下的自由贸易政策。

——加快构建东北亚旅游、教育合作圈，在旅游标准对接、人员跨境流动、跨境旅游线路设计等领域争取实现重要突破。

——建立中日韩大健康产业联盟，加快实施医疗健康产业项下的药品器械、技术服务等自由贸易政策及医疗技术人员自由流动政策。

——开展东北亚智能制造产业项下的深度合作，在研发、人员培训、标准化合作等领域实现突破，并推动实施制造业项下的关键零部件零关税及相关技术人员自由出入境政策。

——深化绿色产业和环境治理领域合作。如共同推进亚洲超级电网项目建设；率先在电动汽车、智能电网等领域开展合作；并在环境治理问题上加强区域合作，共同推动区域环境治理。

# 大变局下务实推进南海合作的四个路径

吴士存　中国南海研究院院长

尼古拉斯·斯皮克曼等一些西方地缘战略学家把南海称为“亚洲的地中海”，他们认为南海连接着太平洋和印度洋，是世界海洋的心脏。对于中国而言，南海既是天然的安全屏障，又是重要的出海口和未来的能源接续区。因而，南海问题既攸关中国的主权、安全和发展利益，又关系到中国—东盟关系和亚洲一体化进程，是百年未有之大变局背景下亚太地区秩序调整的重要部分。

当前，南海问题和地区形势发展最大的威胁来自美国。美国近3年来在南海开展了至少15次所谓的“航行自由行动”，其中仅2019年就有6次之多。同时，美国还试图在“印太战略”框架下，拉拢域外内盟友和伙伴国在南海构建针对中国的“联合网络”。表面上看美国是在挑战中国所谓的“过度海洋主张”，实际上是其不能接受中国海上力量的发展，因而需要利用南海问题牵制中国，消耗中国的实力，从而达到维持地区秩序主导权的目的。

那么，如何实现南海地区的长治久安？从本地区及更广泛的国际实践来看，加速推进构建基于规则的海上合作新秩序是当前中国与东盟国家管控南海形势、保持海上局势趋稳向好发展、促进争端解决最为可行的路径。中国与东盟国家具体可以从四个方面着手：

第一，以“南海行为准则”（以下简称“准则”，COC）磋商和最终达成为契机，加快推进构建基于规则、稳定、长效的南海地区秩序。东盟有关国家对南海问题和海上形势发展表现出一定程度的担忧，最主要是因为目前本地区没有一套长期的、稳定的、具有约束力的规则与合作机制。推进“准则”（COC）磋商和中国—东盟安全领域合作（如海上联合军事演习）有助于解决东盟的安全利益关切。“准则”有望在2021年前最终达成。一旦中国与东盟十国之间就“准则”达成共识，南海地区将形成一套规则和机制。基于“准则”，中国和东盟国家有望在“1+10”的框架下，共同维护南海和平的局面，并建立以规则为基础的地区安全秩序。这就实现了中国在2014年所提出的“双轨思路”的第一步。

第二，加快推进南海海上务实合作。客观上，菲律宾对南海资源有“刚性需求”，比如，吕宋岛40%的能源来自马拉帕亚天然气田。但菲方缺乏自主开采的能力，因而迫切希望与中国合作进行油气资源共同开发。从2018年习近平主席访菲期间两国签署《关于油气开发合作的谅解备忘录》，到2019年8月菲律宾总统杜特尔特访华时双方正式宣布成立油气合作政府间联合指导委员会和企业间工作组，中菲开展海上油气共同开发合作的进程开始加速，其未来前景可期。此外，越南对南海资源同样存在“刚需”，而中越之间也在积极探讨共同开发的可能性，将来也会取得进一步的共识。

第三，在“泛南海经济合作圈”的框架内，推进环南海地区邮轮旅游合作。受南海问题影响，加之部分国家的猜忌，相比“丝绸之路经济带”，21世纪“海上丝绸之路”的推进相对缓慢。下一阶段，可以考虑从邮轮旅游、环境保护等低敏感领域，加速推进21世纪“海上丝绸之路”建设。南海沿岸地区大概有10～12个港口城市具备开展大型邮轮的条件。从三亚的邮轮母港出发，经越南胡志明市、新加坡、文莱斯里巴加湾，再到马来西亚吉隆坡、马六甲，以及香港、澳门、台湾高雄等地，把黄金线路串联起来，把南海建设成为继加勒比海和地中海之后的“邮轮旅游天堂”。

第四，打造“空中丝绸之路”。可以考虑在21世纪“海上丝绸之路”的基础上，提出并建设“空中丝绸之路”。特别是海南作为建设21世纪“海上丝绸之路”战略支点，应该发挥地处面向东南亚最前沿、建设自由贸易试验区和自由贸易港等诸多优势，加强同东盟主要城市间的空中互联互通和民心相通，进而推动人流、资金流和物流。

# 亚洲区域经济一体化与中日韩经济与环境合作

周玮生　日本立命馆大学教授

## 一、亚洲区域经济一体化的趋势和面临的课题

人类历史从狩猎社会（Society 1.0）、农耕社会（Society 2.0）、工业社会（Society 3.0）、信息社会（Society 4.0）到现在正在进行中的把网络空间与物理空间高度融合在一起的社会，暂且称为智慧社会（Society 5.0），全球化是一个必然的、势不可当的大趋势。而区域经济一体化亦称“区域经济集团化”或“区域经济统合”，是全球化的组成部分，是全球化的具体表现形式之一，已成为全球化国际经济关系中最引人注目的趋势之一。

目前，经济一体化程度最高的区域经济集团是欧盟和北美。亚洲是21世纪世界经济的重心，贸易占世界的1/3，GDP占40%，外汇储备占70%，对全球经济的贡献率达到60%。其中，中国、日本、韩国和俄罗斯等在世界经济中的地位不断提高，仅中国对世界经济做出的贡献就达到了30%以上。亚洲区域已经具有经贸一体化的基础和潜力。例如，中国—东盟自由贸易协定（FTA）、中日韩自由贸易协定、RCEP和CTPPP、“一带一路”倡议、亚太自由贸易区和东亚共同体等倡议得到了一定的

理解和支持。

但是，亚洲区域与欧洲北美相比，尽管区域经济影响力日益增加，但没有欧盟这样的统一治理机构，以致亚洲没有统一的外交声音，没有一个统一的计划能同时考虑到每个国家的利益。同时，亚洲各国的经济发展很不平衡，贫富差距、文化宗教、历史等差别较大，在经贸和外交、国家和地区、商业和文化方面还有许多必须克服的难题和障碍。

特别是在亚洲区域经济一体化的过程中，各国共同面临着发展经济消除贫困、保护环境克服公害和应对全球气候变化保护全球环境的三大任务。这三大任务直接影响区域经济一体化进程，更直接影响联合国提出的2030年可持续发展目标的实现。

在这个背景下，需要加强中、日、韩三国的互信与合作。推进亚洲区域经济一体化的重要力量是中、日、韩三国。三个国家的GDP总和占世界的23%，三个国家的贸易总额占世界贸易额的20%（2017年），这三个国家共同的特点是，各自的进口量中其他两国所占比例均超过20%。这三个国家互相都是重要的贸易伙伴，对世界经济具有重大影响。中、日、韩三国是世界增长中心亚洲的核心，中、日、韩三国通过贸易和投资变得越来越相互依存，因此对于东亚乃至世界经济的发展，这三个国家必须比以往更积极地合作。中、日、韩三国之间的经济伙伴关系是构成东亚经济一体化核心的重点。

## 二、促进“一带一路”沿线国家和地区的区域经济与环境合作

“一带一路”沿线国家就目前覆盖的65个国家，按世界银行人均年收入标准进行分类，其中，8%（5个国家）是低收入国家（1005美元

以下），28%（18 个国家）是中低收入国家（1006 ~ 3955 美元），35%（23 个国家）是中高收入国家（3956 ~ 12235 美元），29%（19 个国家）是高收入国家（12235 美元以上）。“一带一路”沿线国家和地区同时面临着发展经济问题（贫困问题），区域环境问题（空气污染、水污染、土壤污染、废物处理等公害问题）和全球环境保护（全球变暖、生物多样性、荒漠化、臭氧层破坏、跨界污染等）等国内国际、短期长期的可持续发展问题，同时沿线国家和地区的经济、技术和社会发展方面差距很大，双边合作、多边合作（第三方市场合作）的潜力也很大。

联合国可持续发展目标（以下简称 SDGs）在 2001 年制定的千年发展目标（MDGs）到期之后继续指导全球发展工作。SDGs 所提示的目标不仅仅是发达国家，也是发展中国家所要努力实现的目标，所以也应该是“一带一路”倡议所要实现的目标。

“一带一路”建设，旨在促进经济要素有序自由流动、资源高效配置和市场深度融合，推动沿线各国和地区实现经济政策协调，开展更大范围、更高水平、更深层次的区域合作，共同打造开放、包容、均衡、普惠的区域经济合作架构，维护全球自由贸易体系和开放型世界经济。“一带一路”倡议既是中国更大程度的改革开放所需，同时也为“一带一路”沿线各国和地区提供了一个通过国际合作解决各国国内面临的经济、社会和环境各种问题以及全球可持续发展问题的重要平台。

因此，“一带一路”倡议的终极目标是要协助实现全球可持续发展，而支撑“一带一路”的理论基础就是可持续性科学。联合国制定的 SDGs 和“一带一路”倡议能够给世界经济的增长带来契机，其中需要中国的积极投入和来自世界各国的协助，“一带一路”建设将是实现 SDGs 的重要手段方法。为此，在推进“一带一路”建设时，要确保国家、区域及全球三位一体的可持续发展。

第一，要确立“市场原理+利益共享+风险同担”的国际合作模式，同时要严格实行环境评价以及PDCA（Plan→Do→Check→Act）评价制度，不能重复日本在二十世纪七八十年代向海外积极推进政府开发援助计划（ODA）的同时，部分企业向发展中国家转移污染企业的输出公害，即所谓“ODA公害”。

第二，“一带一路”项目要资金投入、技术进步与能力建设三者相结合，特别是要考虑是否有利于沿线发展中国家在克服贫困、解决公害和保护全球环境方面的贡献。同时中国作为最大的发展中国家和新兴国家，应把中国的发展经验介绍给发展中国家。“一带一路”沿线从亚洲到非洲约有35%的国家属于低收入的发展中国家，而且“一带一路”沿线又是拥有多民族多文化的地域。因此，在能力建设方面提议创办“联合国南北大学”，秉承“开发与环境并存、文明多元共生、可持续发展”的共同理念，培养能够为这一理念的践行做出贡献的地区和国际领头人，包括高级公务员和高级经营管理人才。“南”指发展中国家，“北”指发达国家。联合国南北大学的目标在于解决发展中国家及发达国家各自面临的课题和两者同时面临的课题，同时不仅要实现国家和民族的愿景，还要挑战人类面临的共同课题，全面理解世界历史和国际社会，培养具备语言、沟通、谈判、领导、多文化主义等综合能力，具备不同文化间的合作、领导能力的人才，大幅提升全球治理能力，进而培养有助于实现SDGs的国际人才。

第三，“一带一路”倡议要与全球可持续发展相结合。SDGs强调绝不落下任何一人，努力实现经济、社会、环境共同发展，这与“一带一路”推进的命运、责任、利益三大共同体理念是一致的。同时，“一带一路”倡议还与俄罗斯欧亚经济联盟建设、蒙古草原之路战略、哈萨克斯坦光明大道、欧洲容克投资计划等相衔接，这样有助于SDGs的实现，也有助于获得世界各国更多的理解与支持。

东南亚、南亚、中亚、中东地区除中欧和东欧以外的苏联各国，如果单位GDP的能源消耗和单位GDP的二氧化碳排放量分别达到日本水平的话，每年的能源消耗和二氧化碳排放量将减少约60%至70%。特别是，印度和俄罗斯的能源效率很低，减排潜力最大。在这种情况下，如果日本和中国充分利用彼此之间的优势推进第三方市场合作的话，那么它不仅有利于本国，也有利于第三国。因此，它可以有助于实现联合国可持续发展目标。我们提出“市场原则+经济和环境效益共享”方法作为第三方市场的合作方式，该方式的特点也符合利益共享和风险共担的共同体精神。

## 三、推进亚洲区域环保产业的发展

环保产业是与“农业”和“福祉”一起被称为是21世纪的朝阳产业。发展环境产业是解决亚洲地区环境问题的必不可少的前提。自20世纪70年代以来，日本的生态产业就诞生了，其业务主要涉及污染预防技术和设备，并已形成了环保产业的基础。生态产业可以分成污染对策型、环境保护型、环境创造/维护管理型和信息型。可以说，环境产业的发展已经形成一种产业，已经超越了传统的生态商业类型。环保产业包括：(1)环境保护支持相关领域；(2)废物与循环利用相关领域；(3)环境恢复与环境创造相关领域；(4)环境友好型能源相关领域；(5)环境友好型产品相关领域；(6)环境友好型生产过程相关领域。日本作为环境、公害和课题型先进国家，如果把迄今为止开发出的技术和专有经验不仅用于国内市场并且转让到海外市场，尤其是“一带一路”周边国家的话，那么不仅将促进日本国内产业的发展，而且可以促进发展中国家的可持续发展。

## 四、推进中日韩为中心的东亚低碳共同体建设

急剧的地球温暖化和世界规模的气候变化，起因是人类生存本身所排放的大量的温室效应气体。2019 年 5 月 3 日在夏威夷测定的大气中的二氧化碳浓度已超过了 415PPM，这被认为是 80 万年以来的最高值。

在 2019 年 9 月 23 日联合国气候行动峰会召开之前的 20 日，以年轻人为主的共计 400 万人以上参加了“全球气候行军”，对现在各国应对气候变化的行动表示不满。人类已经没有为气候变化问题而争吵的时间了，必须尽快行动起来。

中、日、韩三国气候变化的原因在于二氧化碳排放量分别是第 1 位、第 5 位和第 7 位，三国排放总和超过了全世界的 1/3，而经济总量分别是第 2 位、第 3 位和第 12 位，三国 GDP 总和超过了全世界的 23%。因此，从资金、技术这一能力角度和排放责任角度，中、日、韩三国理应联手应对气候变化。同时从发展论角度，日本是发达国家，韩国是中等发达国家，中国在很大程度上还属于发展中国家。气候变化是一个全球问题，没有一个国家能独善其身。中、日、韩三国在气候变化应对进程中，是一个利益共享、责任共同、风险共担的命运共同体。

应对气候变化有减缓与适应两大举措。所谓减缓即如何削减温室效应气体的排放量，适应便是如何应对气温上升、海平面上升和大规模异常气候使其影响尽量减少等。

从科学角度分析，抑制二氧化碳排放的减缓举措有三种行为方式：

第一种方式称为无后悔行为。也就是说，即使气候变暖与二氧化碳排放没有关系，即使将来的气温并不会上升，我们也依然要采取的行动，便

是无后悔行为。这类行为是保持社会可持续发展的必然选择，如植树造林、节能减排等。无后悔行为是人类减少二氧化碳排放的主要策略。

第二种方式称为最小后悔行为。这类行为主要包括风能、太阳能、生物质能等新能源的开发活动。与传统化石燃料相比，新能源的开发成本较高，其开发利用存在着一定的风险。但为了优化能源结构，保证能源供应的永续性，即使没有气候变暖问题，依然要开展这类行动，甚至在有风险的情况下也要进行，这就是最小后悔行为。

第三种方式称为特化行为。主要是指将人类排放的二氧化碳进行捕获、封存，这是专门为应对气候变化而想出的办法。封存人类排放的二氧化碳只是解一时之困的主意，没有任何好处。

由此，除了第三种特化行为对策之外，通过节能、植树造林、发展新能源等实现低碳社会，并非单纯是为解决全球变暖问题而忽视人类的生活质量的举动，而是在解决全球变暖问题的同时，实现经济、环境与社会的和谐，创建可持续发展并具有活力的社会。

2017 年，中、日、韩三国的能源消费量总额为 40 亿吨（石油换算），二氧化碳排放量总额为 113 亿吨（2018 年，BP 统计）。根据我们的计算，中、日、韩三国从能源技术、能源结构、产业结构等方面展开合作，使得中国和韩国的单位 GDP 的能源效率与二氧化碳排放强度能达到日本水平的话，能源消费量总额和二氧化碳排放量总额分别最大能减少 60% 以上。其他的硫氧化合物、氮氧化合物等公害物质也能同时减排。换言之，可谓是达到了一箭三雕的效果。即不仅达到了大规模低成本减排二氧化碳，同时也做到了改善能源结构、导入环保可再生能源、促进能源的安全保障、改善产业结构、提高能源的使用效率、解决酸雨等公害问题、改善人们的生活方式、推进大幅度植树造林等多方面的附加效果，即使没有全球气候变暖问题也是人类社会追求的可持续目标。

因为气候变化问题具有以下特征：

（1）问题的紧迫性。“巴黎协定”提出的目标是：第一，努力使地球温度升高控制在工业革命前2℃以下，或到1.5℃更低范围。第二，在21世纪下半叶使世界温室气体排放量近乎为零。

（2）目标的共同性和必要性。实现低碳社会是发达国家和发展中国家的共同目标。

（3）对策的特殊性。节能、燃料转换、新能源开发、植树造林等不仅是减少二氧化碳排放的措施，而且是改善经济、稳定能源供应和克服污染的措施。

（4）削减成本的不同。谁来削减，用何方法削减，何时削减等，由此削减成本大不相同。

（5）二氧化碳本身的独特性。二氧化碳是全球变暖的主要原因，但无论它在何处排放，或在哪里削减，其对全球变暖的结果几乎相同，等等。

因此，选择效果大、成本低、风险小的减排对策和路线是必需的。现在有很多共同体理念被提出。其中，低碳共同体是最紧迫、最可行和最有共同利益的，无论是发达国家还是发展中国家都必须做、必须实现的目标。

如上所述，世界各国面临着发展经济、克服污染和应对全球气候变化的问题，环境能源领域的国际合作潜力巨大。世界各国的最终目标是实现可持续发展。在这里提出，通过双边和多边合作（第三国市场合作）提供资金、技术转让和能力改进等，推进利益共享、责任共担的跨越国界的，以中、日、韩为中心的东亚低碳共同体。这个共同体主要表现在：第一是时间轴。按照共同但有区别的责任原则，制定到2050年为止的具体减排路线图。第二是空间轴。通过城市农村的连接实现地区低碳化、通过多国间连接实现广域低碳化。第三是对策轴。采取从环保与经济相协调，把地方问题与全球问题相统合。第四是结果双赢（实现成本最小化和收益最大化）。包括政策间的双赢，环保与经济的双赢，还有国与国的双赢。

为了实现这个共同体，从第三国市场合作体系、排污权交易市场设计、环保产业，中、日、韩核能安全保障系统建设等方面推进各国的多边合作与全球治理系统的完善，实现联合国可持续发展目标。

## 五、探索创设东亚碳排放交易市场

作为实现“低碳社会”的政策工具，碳定价体系（例如碳排放交易和碳税）对二氧化碳的排放施加了成本，因此受到关注。一方面，欧盟已经建立了欧洲排放交易体系（EU－ETS），以通过最小化边际成本（最小化减排成本）并保持国际竞争力来进一步降低减排成本，并促进其他国家的排放交易计划之间的新链接。另一方面，在《巴黎协定》中世界各国都提出了各自的温室气体自主减排目标（INDC）。日本、中国和韩国这三个国家同样提出了各自的减排目标。但是，要实现《巴黎协定》规定的21世纪后半期，温室效应气体的“实质性零排放”这一目标，靠在单个国家内做出努力是不够的，需要考虑跨国界合作的广域低碳化。

例如，一方面，仅在中国碳交易市场的规模估计每年就达到50亿吨（约合2.55万亿日元）。另一方面，日本拥有世界上最高水平的低碳技术专利。因此，通过将不同社会制度和经济发展阶段的日中韩碳排放交易体系联系起来，建设“东亚碳排放权交易”，从而实现经济高效发展和有效克服污染，大幅度减少二氧化碳排放。

中国自2013年以来，已开始在深圳、上海、北京、广东、天津、湖北和重庆的七个省、直辖市试点碳排放交易系统试点项目。2017 年 12 月，中国宣布建立全球最大的碳排放交易市场。欧洲和韩国开始寻求与这个庞大的中国市场的联系。如果可以与中国的贸易体系建立联系，如果在中国设有生产基地的外国公司在中国的基础上减少了二氧化碳排放，则有可能在中国境内出售配额，或在自己的国家购买配额并抵消国内排放，或者可以选择一种更环保的产品。相反，对于没有贸易体系的国家中的公司来说可能会很不利。因此，通过不同系统之间的联系来建立一个广域碳排放交易市场至关重要。

# 去全球化背景下的东亚价值链

陈卫东　中国银行研究院院长

为应对贸易保护主义影响，当前亚洲区域合作加快推进，区域全面经济伙伴关系协定（RCEP）取得积极进展，与此同时，中日和中韩双边关系逐渐回暖。在此背景下，进一步推动区域经济一体化，强化东亚地区价值链深度合作，对于应对贸易保护主义，具有较强的现实意义。

第一，东亚三国经济发展水平和产业结构互补，具有相对稳固的经贸合作基础。第二，东亚区域产业结构由单一的雁阵模式逐渐向劳动、资本、技术、知识、创新密集型等混合型产业结构转型。中国成为亚洲和全球价值链核心，对于区域经济增长具有较高的外溢和辐射效应。第三，未来东亚价值链合作模式主要有基于比较优势的垂直型产业分工模式以及基于新技术和共同利益需求的创新型和水平型价值链分工模式。第四，面对美国贸易保护主义和霸凌主义，东亚三国应该从理性务实的角度出发，进一步强化经贸合作和价值链共建，避免历史遗留问题、地缘政治及域外势力的干扰。

## 一、东亚地区进一步加强区域合作的时代背景

第一，中美贸易摩擦下全球价值链面临断裂风险。IMF 研究发现，

全球价值链参与度和关税负相关，全球平均关税率越低，全球价值链参与程度越高，而关税增加会普遍伤害各国工业生产和参与全球价值链分工的程度。自2018年以来，中美贸易摩擦愈演愈烈。到2019年12月15日，美国基本上对我国全部输美产品加征高额关税，平均关税率高达23.8%。同时，美国先后将中兴、华为、中科曙光等中资高科技企业纳入实体清单，限制中资企业从美国进口芯片和中间零部件，限制企业在美产品销售。中美均处于全球价值链核心，且为全球第一和第二大经济体，互征关税将严重冲击全球分工和价值链合作。

第二，亚洲区域经济一体化取得积极进展。虽然全球价值链受到冲击，但区域合作方兴未艾。2019年8月3日，区域全面经济伙伴关系协定（RCEP）谈判取得重大进展，目前已就80%以上的协定文本达成一致，余下规则谈判也接近尾声。中国、印度、日本、韩国、澳大利亚、新西兰以及东盟十国一致同意加快谈判，争取在年内达成现代、全面、高质量和互利的区域贸易协定。RCEP的重大进展为我国同日韩两国开展深度融合的双边经贸合作、构建区域价值链体系提供了切实可行的制度保障和便利。

第三，中日、中韩关系回暖，且都面临美国贸易保护主义威胁，有合作的共同利益诉求。除中国外，日本和韩国等美国传统盟友同样面临美国贸易保护主义影响。2018年美国对日本钢铝产品征收关税，并借口不符合美国的最佳利益宣布退出TPP协议。从韩国看，美国威胁对进口汽车及零配件加征关税，将冲击韩国汽车产业发展，引发美韩贸易摩擦。在日本和韩国与美国经贸关系微妙之际，中日和中韩关系回暖，钓鱼岛事件和“萨德”问题对双边关系的困扰逐渐淡化。在此背景下，加强中日和中韩合作应对贸易保护主义就具备了现实可能。虽然近期日韩因历史遗留问题陷入贸易摩擦，但不会从根本上影响东亚区域经贸合作的长期态势，合作仍然是主流民意。未来，如果日韩经贸摩擦妥善解决，东亚合作的优势将进一步显现。

第四，中日和中韩合作有巨大的潜力和稳固的经贸基础。中国是日本和韩国最大的贸易伙伴，三国合计的人口和 GDP 在全球的占比均超过 20%，贸易总额占全球贸易总额的 22%，合作潜力巨大。中国和日韩两国经济发展水平和产业结构互补，分别在不同的产业价值链上具有比较优势。三国劳动力素质较高，科技研发实力较强，数字经济快速发展，新的经济业态逐渐涌现。日韩两国物流绩效指数以及贸易便利化程度较高，为中日及中韩价值链合作提供了良好的基础设施条件。

## 二、东亚价值链合作现状和特点

### 1. 东亚经济腾飞得益于外向型经济发展模式

纵观近半个世纪以来东亚经济发展特点和模式，可以发现东亚经济腾飞主要源于以下两点：

一是积极参与经济全球化，推动外向型经济发展。自 20 世纪 60 年代以来，东亚各国陆续实行出口导向型经济政策，积极参与到以跨国公司全球化分工布局为特征的新一代全球化浪潮中，东亚主要国家贸易额均呈现井喷式增长，贸易依存度显著提升。中、日、韩三国商品和服务进出口总额分别由 1980 年的 381. 4 亿美元、3243. 4 亿美元和 484. 6 亿美元增长至 2018 年的 54148. 3 亿美元、18791. 9 亿美元和 13609. 2 亿美元，年均增速分别为 50. 4%、45. 5% 和 44. 9%；同期，三国贸易依存度分别从 20. 1%、29. 3% 和 74. 6% 增长至 39. 8%、37. 8% 和 84%，呈现高度外向型的发展模式。

二是积极推动区域经济一体化，实现禀赋互补，依靠雁阵模式和产业梯度转移，打造区域生产和消费网络。自20世纪60年代以来，在日本主导下，东亚地区形成了以日本作为领头雁、亚洲新兴工业化经济体紧随其后（两翼）、中国与东盟国家再随其后（雁尾）的雁阵型发展模式。在雁阵型产业转移和升级模式中，日本生产技术密集型产品，亚洲新兴工业化经济体生产资本密集型和低端技术密集型产品，而中国和东盟生产劳动密集型产品。东亚各经济体之间基于要素禀赋和比较优势，形成了技术层次递减的“日本—亚洲四小龙—亚洲四小虎—中国和东盟”的产业间分工格局。尽管在20世纪90年代之后，日本经济深陷停滞与衰退的泥潭，雁阵模式中的雁头和雁尾差距缩小，但东亚特殊的雁阵型发展模式强化了区域经济一体化程度，促进了东亚地区各国的产业结构升级和出口扩张，实现了东亚各国的经济增长奇迹和高速发展。据统计，1980—2018年间亚洲新兴经济体年均增长率达7.3%，远高于发达国家年均2.4%和发展中国家年均4.5%的增长水平。

### 2. 东亚价值链合作特点

第一，东亚区域出口增加值占全球比重较高，东亚生产网络较全球更加紧密。出口增加值衡量了各个国家在生产和贸易过程中实际创造的价值和获得的收益，因此，用增加值衡量的东亚区域贸易比重更能反映东亚地区在全球经济中的重要作用。据测算，2016年，东亚区域出口增加值总额为2.65万亿美元，占全球出口增加值比重为36.9%，占比高于北美自贸区，略低于欧盟。

伴随着东亚价值链在全球价值链中地位提升，东亚生产网络较全球生产网络关联更加紧密。2000年，全球生产网络主要分为三大区块：以德国为中心的欧洲、以日本为中心的亚洲和以美国为中心的北美洲；此外，包括印度尼西亚、菲律宾等在内的部分亚洲国家生产链条高度依赖美国。然而，到了2017年，中国已经取代日本成为亚洲价值链的核心，且以中国为核心的亚洲价值链合作更加紧密、复杂，大部分亚洲国家生产链条都更为依赖中国，弱化了亚洲国家对美国和欧洲价值链的依赖。在当前逆全球化思潮横行和东亚与域外贸易摩擦加剧的背景下，中国与其他亚洲国家可以通过进一步加强域内合作抵御风险。

第二，东亚国家间出口产品互补性较高。据麦肯锡全球研究院分析，全球价值链根据使用要素类型不同可以区分为劳动密集型价值链、区域加工价值链、资源密集型价值链、服务型价值链和全球创新价值链。东亚三国由于禀赋不同，价值链优势各有差异。中国作为世界上人口最多的发展中国家，劳动密集型价值链是最大的贸易盈余来源，纺织和服装等劳动密集型产业是主要贸易产业；日本、韩国则位于全球创新价值链中，汽车行业是日本的主要贸易产业，计算机和电子行业则是韩国的主要贸易产业。由于东亚各国主要的出口产品不同，而且中国和日韩分别属于不同层次的价值链上，因此，东亚域内出口产品互补性相对较高，这为东亚未来进一步加强域内合作和共建东亚价值链体系提供了现实可能。

第三，东亚价值链合作的重要性不断凸显，但域内贸易占比未有明显提高。2018年，全球商品贸易总额为39.3万亿美元，同比增长3.0%，其中，东亚商品贸易总额达到7.3万亿美元，占全球商品贸易总额的18.6%，同比增长12%。在贸易保护主义背景下，东亚进出口贸易的稳定发展对于稳定全球贸易和经济形势意义重大。然而，东亚商品贸易的发展更多体现在东亚与域外的经济交往中，2018年东亚域内商品贸易额占东亚总商品贸易额的比重为18%，反而较十年前下降3个百分点，同样低于欧盟（61.5%）和北美自由贸易区（39.9%），域内贸易有待进一步深化。

第四，东亚服务贸易逆差扩大，东亚价值链升级有待加强。自2008年金融危机以来，东亚地区服务贸易出口额年均增长率为4.5%，进口额年均增长率为7.4%，高于同期出口增长率约3个百分点。2008—2018年间，东亚服务贸易逆差由554.6亿美元增加至2939亿美元，逆差不断扩大。由于服务贸易中的产业大部分位于价值链的中高端，东亚服务贸易逆差扩大表明东亚区域产业价值链升级有待加强。

第五，东亚区域产业结构逐渐由单一的雁阵型发展模式向劳动、资本、技术、知识、创新等并存的混合型产业发展模式转型。当前东亚以日本为核心的区域内产业梯度转移发展模式弱化，而随着数字经济和知识经济的兴起，东亚产业结构出现新的发展趋势。韩国作为雁阵模式中的第二梯队，着眼于发展技术密集型产业，扶植高新技术产业。中国一方面基于要素禀赋和比较优势，继续发展劳动密集型产业，并由东部沿海地区逐渐向中西部地区转移；另一方面，为了实现产业升级和供给侧结构转型，积极发展高科技和信息产业，东亚区域逐步形成了劳动、资本、技术、知识、创新等并存的混合型产业发展格局。近十年，东亚出口占世界出口比重前四的行业分别是：电信设备、电子数据和办公设备、纺织、集成电路和电子元件。根据亚投行发布的行业技术密集度分类标准，除纺织业属于低技术密集度行业外，其他行业均属于中高技术密集度行业。此外，东亚三国目前正在积极构建数字平台、区块链、物联网等区域性合作基础设施，并在自动化、人工智能、数字产品等未来新兴领域开展合作，东亚区域产业价值链呈现多元化和复杂化特征。

## 三、当前东亚价值链合作面临的挑战

目前，东亚三国除共同面临来自域外的贸易保护主义冲击外，在域内，日韩之间的贸易冲突也不断升级。2019 年 7 月 1 日，日本政府宣布对出口韩国的三种半导体产业原材料加强管制，并将韩国排除在贸易“白色清单”之外。对此，韩国表示强烈抗议，宣布将加强对日出口管制，同样把日本移出韩国的出口“白名单”。日韩两国多年来在许多问题上存在分歧，此次日韩贸易摩擦导火索是二战劳工赔偿问题。除此之外，两国在争议岛屿竹岛方面也长期存在分歧，加深了两国军事方面的不信任。

来自域内和域外的贸易保护主义将严重冲击东亚经济，伤害过去赖以成功的经济发展模式和经济增长元素。主要体现在以下几个方面。

第一，外向型经济受影响，贸易和经济增速放缓。全球愈演愈烈的贸易保护主义中断了全球经济同步复苏的步伐，使得全球需求疲软，以外向型经济发展为主的东亚各国经济增速放缓。2018 年中、日、韩三国经济增速分别较 2017 年下降 0.2 个、1.1 个和 0.4 个百分点，经济发展活力下降，三国贸易顺差也大幅收窄。2018 年中国贸易顺差 3509.3 亿美元，较 2017 年下降 16%；日本贸易差额由前一年的顺差转为逆差 109 亿美元，外贸情况恶化；韩国的出口总额自 2018 年 12 月起，连续 10 个月同比负增长。

未来如果贸易保护主义持续升级，将对东亚经济产生严重的抑制效应。IMF 测算，在当前关税情况下，贸易保护主义大约会使中国 GDP 较基准情形下降 0.5 个百分点。如果美国进一步对进口汽车征收关税，将严重冲击日本和韩国经济增长，预计 GDP 将分别下滑 0.2% 和 0.6% 左右。如果将贸易战对商业信心和金融市场的打击考虑进去，东亚国家GDP损失更是会大幅增加。

第二，东亚产业价值链外移，雁阵模式无法持续。贸易争端使得企业成本大幅增加，关税成为企业选址的重要考虑因素。目前，日本、韩国等在中国设厂的企业，开始陆续向东南亚、南亚等地区转移产能。产业价值链外移，一方面将对中国经济带来伤害，导致大量工作岗位流失，制造业出现空心化风险，经济转型过程中的矛盾进一步激化。另一方面，日韩企业对生产布局的调整，并不能真正解决贸易保护主义的影响。首先，将企业搬离中国，将失去中国巨大的消费市场与相对成熟的供应链体系，对于技术含量高的产业来说，其他国家很难完全满足生产要求。其次，南亚和东南亚国家供应链服务能力有限，很难完全承接中国产业价值链转移。最后，随着越南等东南亚国家对美贸易顺差扩大，相关国家面临的美国关税风险上升，产业转移并不能完全规避贸易战冲击。

第三，日韩贸易摩擦或将波及全球产业价值链。日本限制向韩国出口的半导体材料，主要是用于有机 EL 面板生产的氟聚酰亚胺、抗蚀剂和高纯度氟化氢，它们是智能手机、芯片等产业的重要原材料。当前，由日本生产的这三种材料在全球范围内占有较大比重：氟聚酰亚胺和抗蚀剂产量分别占全球产量的 90% 和 70%。韩国三大半导体企业（三星、SK 海力士、LG）对日本这些材料供应的依赖度高达 90%，在短期内无法找到合适的替代产品。此外，由于韩国三星和 SK 海力士生产的 DRAM（动态随机存取存储器）和 NAND 闪存芯片在全球占有重要份额，如果其生产受到影响，将会波及全球产业链，美国苹果、中国华为、日本索尼和松下等各大电子企业均将受到冲击。

第四，金融市场异常波动，降低了对外资的吸引力。全球贸易保护主义加剧同样增加了金融市场波动性。中美以及日韩对于全球价值链中关键企业和关键产品制裁相互深化，全球价值链持续动荡，企业生产产值下跌，主要公司市值出现波动。东亚股市受贸易保护主义影响较大，截至2019年10月16日，中、日、韩三国股市自2018年以来分别下跌11%、4.4%和16%。与股市类似，人民币和韩元汇率走势基本与贸易摩擦进展正相关，每当形势恶化，汇率就会贬值。自2018年以来人民币累计贬值9.3%，韩元累计贬值11.9%。金融市场波动将伤害跨国企业利润，增加企业财务风险，抑制外资对东亚投资。

## 四、未来东亚价值链合作潜力和空间

过去东亚因全球化而兴，各国禀赋差异，在雁阵模式指导下，实现了产业梯度发展。目前全球价值链因美国实施的贸易保护主义而存在断裂风险，东亚外向型经济发展模式遭受冲击，要想维持东亚经济稳定增长，中、日、韩三国需要携手进一步加强区域合作。东亚已经成为全球价值链的核心，只要确保东亚价值链的稳定和安全，域外价值链的断裂就不会从根本上冲击东亚经济增长。

### 1. 东亚进一步强化价值链合作的潜力和需求

第一，东亚三国经济发展水平和产业结构互补，具有比较优势贸易基础。历史和现实已经多次证明，一国与贸易伙伴经济发展水平越接近，在某行业全球价值链分工地位就越相似，与该贸易伙伴发生贸易摩擦的概率也就越大。这一点在20世纪的美日钢铁贸易摩擦和最近的中美贸易摩擦上都表现得很明显。基于不同经济发展水平和行业结构基础上的贸易往来则相对稳固。中国是最大的发展中国家，虽然经济总量很大，但人均收入水平低，而日本和韩国是发达国家，人均收入水平较高，三国产业和消费结构存在互补性，分别在不同的产业价值链上具有比较优势。经测算，中日和中韩出口产品相似度指数分别为0.33和0.37，明显低于美日（0.47）、美韩（0.39）以及日韩（0.46）之间数值，经济互补性更高，存在比较优势贸易基础，而且在比较优势基础上的经贸合作相对稳固，不易引发贸易冲突。

第二，东亚地区消费潜力快速增长，全球需求的地理格局变化为价值链重构提供支撑。美欧为主的发达经济体曾是全球需求的主导，但目前这一格局正在悄然发生变化，新兴经济体尤其是亚太新兴经济体在全球需求格局中的地位上升，驱动全球价值链重新布局、配置。麦肯锡全球研究院预测，到2030年，全球一半以上的消费将发生在发展中国家，16%的消费由中国贡献。随着消费能力的不断增强，中国可引导东亚地区在更大程度实现"自产自销"，东亚地区在商品、服务、金融、人员和数据流动中的参与度和融合度将不断得到加深。

第三，东亚地区科技发展迅速，在新经济业态和产业链条上存在合作空间。IMF研究发现，科技创新扩散和全要素生产率提升是过去二十年驱动亚洲经济增长的主要引擎，而劳动力和资本深化作用下降。目前，东亚新兴经济体在科技领域尤其是数字化应用领域发展势头较好。从AI的专利申请量和独角兽企业的数量来看，中国已经超越美国位列世界第一，科技发展势头强劲；日本和韩国科技发达，技术进步也在稳步推进。东亚地区在科技领域的合作有利于拓展和深化各国发展空间，移动支付、数字平台、区块链、物联网以及自动化技术的进步将持续降低跨境交易成本，激发新产品、新业态和新需求，促进区域内贸易发展。

第四，东亚地区面临共同的重大问题挑战，需要携手应对。除了需要共同应对单边主义和保护主义的挑战外，东亚还面临着其他一些影响地区未来发展和共同命运的问题，同样需要加强合作，如环保、污染防治、新能源、生物医药、养老经济等领域。以人口领域为例，伴随着社会结构、文化观念的急剧变迁，三个国家的生育率和生育意愿都出现了明显下降。据统计，2016 年中国人口“总和生育率”为 1.62%，日本为 1.44%，韩国仅为 1.17%，在所有调查国家（地区）中位列倒数第一，连续 13 年列入“全球生育率超低”国家行列。东亚人口老龄化危机已日益成为三个国家社会各界共同关注的焦点问题，老年社会福利制度与政策面临日益严峻的危机和挑战。中国、日本和韩国的养老文化和理念的相似性为东亚养老领域的合作创造条件，而日本完善成熟的养老产业将为中韩提供借鉴。加强东亚次区域合作，合力建设东亚经济共同体，有利于培育亚洲命运共同体。

### 2. 未来东亚价值链合作模式和领域

（1）基础模式：基于比较优势的垂直型产业分工模式

通过上面的分析，未来东亚价值链合作可以分为两种模式，其中一种是基础模式，即基于比较优势的垂直型产业分工模式。这种模式下，东亚三国可以充分发挥彼此的比较优势，将日韩的技术优势和中国的生产要素以及市场优势充分结合，维持东亚在全球贸易、消费、生产网络中的核心地位。

利用 2018 年中日和中韩细分产品层面的贸易数据，可以探究东亚地区各国比较优势领域。具体来看，中国在纺织品、杂项制品（包括艺术品、收藏品及古物）、食品饮料、鞋帽伞、植物产品、动物产品、皮革制品等领域具有比较优势；日本在机电音像制品、车辆航空器船舶及运输设备、光学医疗钟表等仪器、化学制品、塑料橡胶制品、贱金属及其制品等领域具有比较优势；韩国在机电音像制品、化学制品、光学医疗钟表等仪器、塑料橡胶制品以及矿产品等领域具有比较优势。基于比较优势理论开展的垂直型国际分工模式相对稳固，各国开展的是行业间贸易，产品更具有互补性，竞争性较弱。但该模式容易使低收入国家陷入“比较优势陷阱”，长期下去将无法实现产业结构升级，因此是东亚合作的基础模式或者说低端模式，主要发挥压舱石作用，既可以稳定东亚价值链合作，也可以解决国内就业问题。

（2）高端模式：基于新技术和共同利益需求的创新型和水平型价值链分工模式

全球贸易保护主义的实质是科技竞争。未来，5G、物联网、大数据、人工智能、半导体、生物基因编码等新兴科技领域的发展势必会对传统产业造成冲击甚至是“创造性毁灭”，进而重塑当前全球价值链和产业发展格局。在全球技术供应链中抢占先机，进而改变和引领当前的全球价值链格局和贸易规则，成为各国实现可持续发展的共识。由于高科技产业的复杂性，技术供应本质是全球性的，各国理应加强技术交流和融合。然而，自中美贸易争端爆发以后，一些发达经济体陆续出台新的法规，对获取外国技术的国外投资展开了更为频繁的审查，试图切断全球对中国高端技术的供应链。面对一些主要发达国家对东亚各国不同程度的技术链封锁，从现有全球价值链中获得技术外溢越发困难。由于中、日、韩三国在新兴科技产业各有优势（中国的5G、人工智能；日本的自动化；韩国的半导体），三国应进一步加强5G、物联网、人工智能等新兴科技领域的区域合作，深化三国技术链融合程度，打造全覆盖的新型区域技术链，进一步提升区域合作的深度和广度。

因此，未来要想实现区域更加稳定、富有活力的增长，三国更应在垂直分工基础上，加强高端价值链合作模式，即基于新技术和共同利益需求的创新型和水平型价值链分工模式。在这种模式下，三国可以通过合作开展科技研发和创新工作，利用人工智能和自动化技术对汽车、机电等传统制造业进行升级改造，也可以充分挖掘数字经济、物联网、电子商务、先进机器人等新经济和新业态，另外在环保、新能源、养老和生物医药等关系区域命运共同体建设问题上深化合作。

以汽车领域为例，东亚三国可以沿着以下两个方向开展合作。

一是利用人工智能技术改造传统汽车产业。韩国和日本汽车技术积累完善，在基础工艺领域的优势突出；而中国市场和资源优势明显，在人工智能、大数据等领域得到快速发展，东亚汽车领域的合作具有互补性。2019 年 3 月，韩国现代汽车集团旗下零部件子公司现代摩比斯发布消息称，将与中国人工智能企业格灵深瞳（Deep Glint）展开战略合作，并对其投资 55 亿韩元。格灵深瞳是一家同时具备计算机视觉和深度学习技术以及嵌入式硬件研发能力的人工智能公司及视频大数据产品和方案提供商。现代摩比斯将主要与格灵深瞳就车辆安保、驾驶员状态监控、驾驶安全及人工智能秘书等方向重点展开合作。

二是在新能源汽车领域合作。2018 年全球动力电池市场调研报告显示，全球产销前十名的企业被中日韩三国包揽。东亚在新能源汽车、纯电动汽车、汽车电池、自动驾驶等领域合作加快。例如，深圳易马达科技公司（电动自行车智能换电行业中的领导者）宣布与韩国现代达成战略合作；日本丰田和宁德时代、比亚迪等组建电池联盟，以扩充纯电动汽车生产线；日产汽车在上海成立研发中心等。

可见，在创新型和水平型价值链合作中，知识和无形资产的重要性不断提升，促使企业更加注重培育数字能力和劳动技能；生产自动化拉低了劳动成本套利的空间，迫使企业在选址时更加靠近消费市场。东亚目前拥有巨大的消费潜力，企业可以倚仗新兴技术大幅提升生产和物流效率，对区域供应链网络进行整合，以更好地挖掘区域内贸易潜力。东亚各国共同面临的环保、人口等问题，将各国更加紧密联系起来，通过合作拓展相关技术、推动产业发展，可以实现价值链在整个东亚地区的扩张和延展。

（3）全面放开区域贸易投资约束的经济效应

上述分析是基于现有贸易投资约束不变情况下的合作潜力，如果进一步放开现有的贸易和投资约束，将极大地促进东亚各国域内合作和经济增长。IMF 测算了三种分析情境，一是中国针对所有贸易伙伴取消货物关税并降低关于服务的非关税壁垒；二是亚洲所有经济体以上述方式彼此开放；三是整个亚洲面向全世界开放。在这些情境下，亚洲的贸易、生产率和产出均能实现增长，在最后一种也是设想最为大胆的情况下，部分经济体的产出增长将逼近 20%。因此，加强东亚区域贸易协定谈判，进一步联通市场，有利于保持亚洲价值链的稳定和安全，对于提高东亚国家经济抗压性，增强外贸稳定性具有重要意义。

第五编

# 大变局下扩大开放趋势

中国实行对外开放，理论上必要，实践上可行，不仅过去需要，而且将来也需要，不仅对中国好，对世界也好。作为新型开放大国和经济转型大国，中国如何看世界、如何与世界融合发展；处于调整、变化中的世界，如何看中国、如何共建开放型经济体系，这是国内外普遍关注的重大问题。

面对百年未有之大变局，中国以高水平开放推动形成改革发展新布局，不仅对自身中长期发展有着重大影响，而且对世界经济增长与经济全球化进程将带来重大利好。推进高水平开放，已经成为牵动影响中国“十四五”改革发展的关键因素。

# “十四五”时期中国发展的空间与时间定位

宋晓梧　中国经济体制改革研究会原会长

在国际、国内一些确定性和不确定性因素的影响下，我们应该首先把自己的事做好，在“十四五”期间实现重点领域的突破。除了具体政策外，重要的是在大变局下，我们要保持定力、找准定位。这个定位涉及两个方面的问题：一是空间定位，中国在世界发展格局中，与其他国家相比到底处于什么位置，是否已全面处于全球领先地位；二是时间定位，中国的社会主义初级阶段发展到何种程度，是否已经超越初级阶段进入中级阶段或高级阶段？如果这两个定位不明确，具体的应对政策就会出现重大偏差。

## 一、“十四五”期间的确定性因素

一是人口老龄化在“十四五”期间是不可逆转的。关于“十四五”时期的潜在增长率，目前还存在很多争议。影响潜在增长率的包括许多复杂的因素，比如科技发展、制度调整等。其中，劳动人口的变动是一个重大影响因素。我国人口在“十四五”后期将面临深度老龄化问题，这对潜在增长率有很大的负面影响，将成为“十四五”经济增长下行的一个影响因素。

二是城乡二元经济短期内还难以打破。尽管“十四五”期间城乡统筹发展将有一定进展，但不可能在“十四五”期间完全打破二元经济格局。城乡二元经济造成的各种问题，“十四五”期间我们依然要面对。

三是收入差距不会有明显缩小。党的十八大以来，我国收入差距扭转了持续扩大的趋势，“十三五”时期处于相对平稳的波动状态。但应重视的是，近两年基尼系数又略有回升。多数研究收入分配问题的学者认为，“十四五”时期居民收入差距仍将处于高位徘徊。我国基尼系数已经高于发达国家和绝大多数发展中国家，因此“十四五”时期，能否规范收入分配秩序落实一次分配向低收入者倾斜的政策，税收、社保等二次分配发挥缩小一次分配差距的作用，仍是我们面临的严峻挑战。

四是区域差距将持续存在。从目前来看，“十四五”期间区域差距不会有明显缩小，在某种程度上这种差距甚至还有可能扩大。我们需要研究的问题是以什么指标来衡量区域之间是否协调发展了。以各区域的总量 GDP 或人均 GDP 作为标准来度量都不尽合理。建议“十四五”时期应以基本公共服务均等化、基础设施大体完备作为衡量区域协调发展的主要指标。

五是新技术的产生和发展影响越来越大。特别是互联网和人工智能技术，在“十四五”期间将对中国经济以及世界经济产生更为深远的影响。人口老龄化、贸易纠纷、资本输出以及新经济发展等因素，将使稳就业成为“十四五”时期优先考虑的突出问题。建议明确把促进就业列为“十四五”时期宏观调控的首要目标。

## 二、"十四五"期间的不确定性因素

一是国际方面，最大的不确定性因素是中美贸易战。中美贸易战究竟会打到什么程度，是否进一步发展到科技战、金融战甚至是全面的新冷战，现在还难以预测其规模及影响。一些媒体说特朗普特"不靠谱"，不确定性很大。我们能否参加 WTO 改革、CPTPP 等多边贸易协定，短期内都难以预测。

二是就国内而言，也存在诸多不确定因素。如政府的债务问题，特别是国有企业的债务，在"十四五"时期可能出现何种变动，目前有不同的分析。如果为刺激经济增长"放水"，"十四五"时期这类债务还可能加大。房地产也处于下行趋势，"十四五"期间能否软着陆，各方面看法大相径庭。还有新经济等问题，具体在"十四五"期间对经济社会的影响程度，目前也难以做出比较准确的预测。

三是在讨论"十四五"期间不确定因素时，民营企业家的投资意愿是一个不确定因素。这与 2018 年初炒作的民营经济离场论，第二次社会主义工商业改造论等论调有关。但是 2018 年 11 月中央召开了民营企业座谈会，习近平总书记在座谈会上再次明确，要坚定不移地支持民营企业发展，各部门、各地区也相应召开了民营企业座谈会，我国宪法也赋予民营企业重要地位，为什么一些人还把民营企业家的投资意愿作为不确定因素？除了相关统计资料之外，还有一些人提出当前不仅仅是经济下行压抑了民营企业家的投资意愿，也不单纯是"玻璃门、弹簧门"挫伤了民营企业家的投资意愿，更深层次的问题在于意识形态的争论给民营企业家的投资意愿蒙上了阴影。这是我们在做前几个五年计划前期研究时没有遇到过的问题。

## 三、“十四五”期间要找准自己的空间和时间定位

一是全球空间定位：中国仍是发展中大国。改革开放以来中国取得了巨大的成就，创造了世界瞩目的经济奇迹。我们在肯定取得的成绩之时，要清醒地认识到自己的空间定位。党中央十分明确，中国仍然是发展中大国。虽然中国特色社会主义市场经济框架已经搭建，但仍旧很不完善，我们需要用进一步的开放促进改革。中国是世界第一制造业大国，但以科技含量排队，我们的制造业还处在第三梯队，差距还很大。此外，中国多年经济高速增长付出的成本很高，积累的问题不少，仍然面临诸多挑战，如投资效益问题、收入分配问题、资源环境问题，还有行政管理成本问题、国企债务问题以及严峻的人口老龄化问题等。我们应该继续借鉴发达国家、比较成熟的市场经济国家解决这些问题的经验教训，即便未来我们成为全球GDP第一大国，也不可能十八般武艺样样精通，仍应虚心向经过历史检验的一切优秀人类文明成果学习。有些渲染中国早已在经济、科技、军事等方面超过美国的研究报告，实际上否定了党中央对我国目前的空间定位，易于滋生盲目自大的情绪。

二是时间序列定位：中国仍将长期处于社会主义初级阶段。坚持走中国特色社会主义道路为什么要发展民营经济？社会主义初级阶段理论回答了这一问题。现在要坚持我们党确立的这一理论和在此理论指导下形成的一系列被改革开放实践证明成功的政策措施。当然，有些具体的政策措施要与时俱进，根据经济发展阶段不断做出调整。例如，党的十八大以来我国经济从侧重高速增长转为侧重高质量增长就是十分适时、完全正确的。但这些具体经济政策或社会政策的调整，并没有改变我国还将长期处于社会主义初级阶段的基本判断。邓小平同志指出，这个阶

段要持续几代，十几代甚至几十代。坚持社会主义初级阶段理论，才能坚定不移地支持国有经济的发展，坚定不移地支持民营经济的发展。

改革开放以来我们取得的巨大成就，是在党的领导下，坚持社会主义初级阶段理论，探索社会主义市场经济的道路的结果。我们对已经取得的成绩当然引以为豪，同时要戒骄戒躁，在百年未见之大变局下清醒地、实事求是地确定自己在空间和时间上的准确定位，这是研究确定“十四五”发展目标和具体政策的基础性平台。

# 推进高水平开放与政府治理变革

迟福林　中国（海南）改革发展研究院院长

改革开放以来，我国以处理好政府与市场关系为主线的市场化改革推动了“政府管理”到“政府治理”的转变。当前，面对世界百年未有之大变局，开放倒逼改革，开放是最大改革的特点相当突出，推进高水平开放成为牵动影响我国改革发展全局的关键因素，是新阶段布局改革发展的一条主线。适应高水平开放的基本趋势，“构建职责明确、依法行政的政府治理体系”，深化政府治理变革，是推进国家治理体系和治理能力现代化重要任务之一。

## 一、推进以服务贸易为重点的开放与政府治理变革

当前，我国正从以制造业领域为主的开放转向以服务贸易为重点的开放。总体来看，我国在服务贸易领域的政府治理与推进高水平开放进程还面临着某些不相适应的突出矛盾。

1. 转向以服务贸易为重点的开放，要把反垄断，尤其是反行政垄断作为政府治理变革的重大任务之一。目前，我国服务业的市场开放远低于制造业开放水平。例如，2018 年我国服务业实际使用外资占服务业固

定资产投资的比重仅为1.5%①。究其原因，市场垄断与行政垄断成为各类资本进入服务业领域的突出障碍。通过政府治理变革推进反垄断，尤其是反行政垄断的必要性、迫切性全面凸显。建议：尽快修订《反垄断法》，增加、细化反行政垄断的内容，并将竞争政策以及相应的公平竞争审查制度纳入到《反垄断法》；做实“国务院反垄断委员会”或者“国家竞争政策委员会”，将反垄断局与价格监督检查和反不正当局作为其具体执法机构，实行地方垂直管理；加快推进与服务业市场开放进程相适应的行政管理体制改革。

2. 转向以服务贸易为重点的开放，要推动市场监管主要对象由以商品为主向以服务为主转变。当前，在服务业市场走向全面开放，服务型消费快速增长的背景下，作为政府治理的重要组成部分，市场监管的主要对象要尽快由以商品为主向以服务为主转变。要以标准对接提升服务监管的国际化水平，尽快在人民群众高度关注的食品药品、金融等领域实现监管标准、行业标准与国际接轨；在省级层面建立统一权威的市场监管协调机构，进一步处理好综合监管与专业化监管的关系，提升市场监管，尤其是专业服务领域监管的有效性。

3. 转向以服务贸易为重点的开放，政府引导经济发展的手段要由设立园区等向基于标准的企业公平竞争转变。从实践看，医疗健康、文化娱乐、电信研发等服务业开放政策及制度安排，如果仅限于某一产业园区或者特定区域，难以充分释放其效应，也难以形成相关的产业链、价值链。例如，中央赋予海南博鳌乐城的医疗开放政策，在推动医疗开放方面取得了某些进展，但局限在园区，加之相关配套设施不完善，这些医疗开放政策的效力远未释放。2019年上半年，博鳌乐城医疗先行区接

---

① 国家统计局．中国统计年鉴2019［M］．北京：中国统计出版社，2019.9.

待医疗旅游人数仅为2.25万人次，远不适应国内对海南全面快速增长的医疗健康需求。这几年我一再呼吁，在把博鳌乐城医疗先行区打造成国际高端医疗硅谷的同时，要尽快把医疗开放政策推广到海南全岛，以形成医疗健康产业发展的整体优势，让更多的居民享受到开放政策的红利。

## 二、转向规则等制度型开放与政府治理变革

当前，我国正由商品和要素流动型开放转向规则等制度型开放，更加注重制度性、结构性安排。适应这一开放趋势推动政府治理变革，重点是建立并完善以公开、规范为主要标志的开放型经济体系，并加快确立竞争中性原则，推动与国际基本经贸规则的对接。

1. 转向规则等制度型开放，要继续把充分发挥市场在资源配置中的决定性作用、加快建设高质量市场经济作为政府治理的重要目标。这需要在市场化改革的关键性、基础性领域尽快实现重大突破。例如：对国企、民企、外企一视同仁，使市场在企业平等竞争中起决定性作用；全面深化以土地为重点的要素市场化配置改革，加快建立国有与集体两种所有制土地“同地同价同权”的制度，赋予农民宅基地完整的用益物权；适应金融业扩大开放的趋势，加快推进金融领域市场化改革进程等。

2. 转向规则等制度型开放，要把强化竞争政策的基础性地位、推进产业政策转型作为政府治理变革的重要举措。在市场化进程的特定阶段，产业政策在促进经济增长方面功不可没。问题在于，随着市场经济体制的基本建立，产业政策与经济转型升级趋势不相适应的矛盾日益突出，并由此带来某些不公平竞争及抑制创新等负面效果。例如，某些产业政策还有着比较明显的“有保有压”、选择性、歧视性的特征。2014—

2019 年上半年，我国民间资本投资增速由 18.1% 下降至 5.7%；2014—2018 年，我国私营工业企业利润总额占规模以上工业企业利润总额的比重由 34.5% 下降至 25.8%[①]。推进规则等制度型开放，需要以竞争政策为基础加快推进产业政策转型，需要用竞争政策有效协调产业政策及相关经济政策。例如，明确产业政策应以不妨碍公平竞争为基本原则，大幅减少产业补贴与扶持项目；加强对新出台产业政策的公平竞争审查等。

3. 转向规则等制度型开放，要把打造市场化、法治化、国际化的营商环境作为政府治理变革的重要导向。近几年我国营商环境有明显改善，在全球排名中有明显上升趋势。但也要看到我国仍有部分指标与国际先进水平有较大的差距。例如，我国纳税排名全球第 105 位、获得信贷第 80 位，办理破产成本是经合组织高收入经济体的 2.4 倍[②]。适应规则等制度型开放，需要在营商环境上对标国际先进水平，进一步补齐短板。比如，以减税降费为重点降低制度性交易成本，进一步下调或取消各种费用；全面实施企业自主登记制度与简易注销制度，取消企业一般投资项目备案制，全面推行“最多跑一次”等。

## 三、转向经济全球化的重要推动者与政府治理变革

当前，我国正从经济全球化的重要参与者转向经济全球化的重要推动者，并在某些全球经贸规则构建中发挥主导性作用。适应这个趋势，政府治理变革要统筹国内国际两个大局，把国内经济治理与国际经济治

① 根据国家统计局相关数据整理得出。

② 世界银行 . 2020 年营商环境报告［R］. 2019 - 10 - 24.

理有机结合起来。

1. 转向经济全球化的重要推动者，要尽快完善“准入前国民待遇 + 负面清单”管理制度。当前，我国仍面临着“市场准入负面清单”“外商投资准入负面清单”“鼓励产业目录”等“多单共存”的局面；市场准入负面清单还有进一步压缩的空间；自贸试验区外商投资准入负面清单虽然已缩减至37项，但可操作性、透明度仍有待进一步提升。适应经济全球化新形势推动政府治理变革，需要尽快形成全国统一的、内外资一致的负面清单；进一步缩减市场准入负面清单限制措施，并取消外资准入负面清单之外的限制；详细列明负面清单管理措施与相关描述，大幅清理准入前认证，进一步明确细化外商准入前国民待遇等内容。

2. 转向经济全球化的重要推动者，政府治理的重点要尽快由边境措施向边境内措施拓展。当前，世界经济进入更高层次的合作和竞争新阶段。例如，从强调要素流动到强调规则升级；从边境措施向劳工标准、环境标准、竞争政策等边境内措施延伸。适应这一趋势，推动政府治理变革，要以参与更高层次国际合作和竞争为导向，加快在边境后管理方面形成制度性、结构性安排。例如，确立竞争中性原则，保障各类市场主体在要素获取、准入许可、经营运行、政府采购和招投标等方面一视同仁、平等对待；统筹强化知识产权保护与产权保护，建立与国际接轨的知识产权保护制度以及产权平等保护的长效机制和纠错机制；尽快加入世贸组织《政府采购协定》，改革完善政府采购制度，提升政府采购全过程的公开透明度；加快探索“零关税、零补贴、零壁垒”等国际经贸新规则与电子商务等新兴领域的治理模式、治理规则等。

3. 转向经济全球化的重要推动者，要更加重视国际宏观经济政策协调。作为GDP占全球16%、货物贸易额占世界12%的新型开放大国，中国的宏观经济政策不仅对自身经济发展有重要影响，而且对全球经济有重要的“溢出效应”。这就需要密切跟踪国际经济金融形势和主要经济体宏观经济政策变化，加强与主要经济体和国际机构的沟通对话，强化宏观经济政策的内外协调。例如，适应“一带一路”由产能合作为主向产能合作与服务贸易并重的趋势，需要通过签订政府协议等方式强化同沿线国家和地区宏观经济政策协调；适应我国企业“走出去”大趋势，要主动与有条件的国家签订相应的税收抵免文件、税收饶让协议等。

适应经济高水平开放大趋势推动政府治理变革，不仅涉及行政权力结构与政府组织架构的进一步调整，也需要在公务员管理制度、人才制度等诸多方面实现变革。例如，适应我国推进互利共赢的开放战略，需要通过进一步整合、优化当前散落在各部门中的对外经济政策机构与职能；适应政府高效率运转要求，需要加快探索政务官与事务官分开管理制度，并改革现行干部考核机制等。

# 全面实施市场准入负面清单制度

徐善长　国家发改委体制改革综合司司长

应对经济全球化的新形势与新挑战，关键在于怎么做好自己的事。近几年，按照全面深化改革的要求，国家发改委集中力量研究制定并实施市场准入负面清单制度，显示了中国进一步深化改革扩大开放的决心和信心。

## 一、市场准入负面清单的框架内容

### 1. 市场准入负面清单的内涵及依据

市场准入负面清单是指，在中华人民共和国境内禁止和限制投资经营的行业、领域、业务，以清单的形式明确列出来，清单以外的行业、领域、业务等，各类市场主体依法平等自主进入。

负面清单制定的依据和要求是：明确清单包含禁止和许可两类事项，划定事项行政权力的规制边界；明确列入清单管理措施须依据法律、行政法规、国务院决定或地方性法规设立；明确将产业结构调整目录、政府核准的投资目录、主体生态功能区产业准入禁止限制目录等纳入清单；明确临时性市场准入管理措施列入清单的程序；明确与国际公约、双多边条约、港澳台地区达成的相关安排的涉及市场准入条款，按其规定执行；明确清单解释权由国家发改委、商务部会同有关部门进行解释。

### 2. 市场准入负面清单的框架

整个市场准入负面清单的框架包括 3 个部分，即：禁止准入类事项、许可准入类事项、地方性许可措施，共有 131 项全国性准入事项、568 条具体管理措施、37 条地方性许可措施。

（1）第一类是禁止准入类。有 5 项事项 10 条措施。这是指市场主体不得进入，行政机关不予审批、核准，不得办理有关手续。具体包括 5 项事项：法律法规明确设立的与市场准入相关的禁止性规定；《产业结构调整指导目录》中禁止投资和禁止新建的项目；禁止违规开展金融相关经营活动；禁止违规开展互联网相关经营活动；不符合主体功能区建设要求的各类开发活动。

（2）第二类是许可准入类事项。有 126 项事项 558 条措施。这是指由市场主体提出申请，行政机关依法依规做出是否予以准入的决定，或由市场主体依照政府规定的准入条件和准入方式合规进入。整个许可准入类事项目前共有 126 项，包括：涉及 20 个国民经济行业中的 18 个（如农林牧副渔业、制造业、建筑业等），共有 105 项事项（不涉及公共管理、社会保障和社会组织；国际组织 2 个行业）；涉及《政府核准的投资项目目录》事项 10 项；涉及《互联网市场准入禁止许可目录》事项 7 项；涉及信用监管等其他事项 4 项。

（3）第三类是地方性许可措施。有 37 条措施。在全国实施统一负面清单的情况下，单列地方性许可措施，有其合理性。这些措施主要是省级人民政府根据本地区资源要素禀赋、主体功能定位、产业比较优势、生产协作关系、生态环境影响等因素，按照地方性行政法规设定的地方性准入措施。

## 二、市场准入负面清单的特点

### 1. 市场准入负面清单的主要特点

一是非禁即入，凡是清单中没有禁止和限制的行业、领域、业务等，各类市场主体都可以自主决定是否进入。

二是系统完整，市场准入负面清单制度各级政府在市场准入环节依法采取相应管理措施的一系列制度安排，是一整套立体完整的制度体系。

三是统一规范，由国务院统一制定、授权发布，是规范各类市场主体投资经营准入行为的统一准则。

四是全面覆盖，实行“全国一张清单”管理模式，覆盖市场主体投资经营行为涉及的行业、领域、业务所有市场准入措施，确保实现“一单尽列”。

五是公开透明，将清单制定各项原则要求向社会公开，推动在市场准入领域形成稳定、透明、可预期的制度安排。

六是动态调整，紧密结合“放管服”改革最新进展、市场主体诉求和期盼等方面要求，与法律、行政法规和国务院决定的修订相互衔接、同步进行调整。

### 2. 市场准入负面清单实现了政府管理方式的重大转变

市场准入负面清单对我国的改革开放具有重大意义，对政府的管理方式产生了重大的转变，即从正面清单管理转向了负面清单管理，这个转变体现在四个方面：

第一，从有罪假定到无罪假定。有效避免了事前对市场主体的预判和严苛的行政审批，给予市场主体充分的自主权和准入机会，是开放度更高、包容性更强的管理模式。

第二，从分割市场到统一市场。打破地方保护主义；构建全国统一的市场准入管理体系，有效消除不同地区之间的市场割裂。

第三，从区别对待到平等对待。做到公平公正，各类市场主体一视同仁，国有、民营等市场主体都享有同等的市场准入条件待遇。

第四，从重事前审批到加强事中事后监管。各级政府和相关部门在市场准入环节，主动将监管关口后移，做到“宽进严管”，促进市场既充满活力又规范有序。

## 三、进一步完善市场准入负面清单体系

市场准入负面清单制度是一项逐步深入、不断完善的系统性工程。要让这张清单切实落地，推动我国市场准入制度深刻转变，还需要多方面的配套改革和大量扎实的具体工作。

1. 进一步优化动态调整机制，建立一年一修订的调整机制。比如，行政许可类，2018 年是 147 条措施，2019 年下降到 126 条措施，减了 21 条。随着“放管服”改革的推进，每年都有调整的许可措施。调整有 3 个原则：一是坚持法治原则，定期对清单事项进行合法性审核，及时清理不符合法律法规规定的事项，确保于法有据；二是坚持渐进原则，对新技术、新产品、新业态、新商业模式等留出包容空间，加强制度供给，寓监管于服务，不急于纳入清单管理；三是坚持必要原则，尽量简化清单事项，对于不符合清单定位要求的事项及时移出，不照搬现有行政审批事项使清单流于形式。

2. 联动破除市场准入隐性壁垒，清单之外不得另设门槛和隐性限制。一是及时发现各种形式的市场准入不合理限制和隐性壁垒，列出问题清单，制定分工方案，建立工作台账，做到发现一起、推动解决一起，努力营造稳定、公平、透明、可预期的营商环境；二是指导各地建立本地区破除市场准入隐性壁垒工作机制，制定问题清单并推动有效解决，实现上下联动、协同推进，真正推动“非禁即入”普遍落实。

3. 开展放宽市场准入试点，以服务业为重点开展放宽市场准入试点。按照2019年全国深化“放管服”改革优化营商环境电视电话会议重点任务分工方案要求，紧密围绕“一带一路”建设、京津冀协同发展、粤港澳大湾区建设、长三角一体化发展、海南全面深化改革开放等国家重大战略，选取部分地区以服务业为重点开展进一步放宽市场准入试点，真正放开一批有含金量的市场准入限制，不断增强微观主体活力，提振市场信心，为市场主体创新创业拓展更大空间。

4. 完善负面清单信息公开机制，不断丰富完善清单信息公开内容。一是重点推动相关市场准入事项的信息公开，进一步梳理清单市场准入管理措施的管理权限、审批流程、办理要件等信息并及时通过互联网向社会公开，既方便各级政府进行管理，也便于市场主体查询和使用。二是公布清单事项统一编码。为清单事项赋予唯一识别代码，并逐一列出。三是公布清单措施主管部门。结合机构改革后职能调整情况，列出每条管理措施的主管部门，便于市场主体参考。

5. 推动负面清单措施与网上行政审批事项无缝衔接，逐步实现清单事项“一网通办”。完善与市场准入负面清单制度相适应的审批体制，通过信息化手段促进市场准入负面清单管理措施与行政审批事项的无缝衔接，推动赋码的清单许可准入类管理措施全部进入国家政务服务平台在线审批系统，实现清单许可类事项审批网上办理。

6. 完善事中事后监管机制，简政放权和加强监管协同推进。优化事中事后综合监管体系，健全备案管理制度，大力推行“双告知”“双随机”，进一步强化承诺后的监管举措，形成闭环监管制度；强化执法联动协作机制，推动从单一部门、单一地区的监管执法向跨部门、跨地区的协同监管与综合执法转变，切实提高监管效能。

# 对中国经济中长期增长的预测和思考

徐　林　中美绿色基金董事长

## 一、中国未来十年的潜在增长率分析

根据中国要素条件变化、外部环境变化导致的发展或是增长条件的变化，未来5~10年中国潜在经济增长速度大概只有5%左右。这个增长速度与“十三五”规划纲要确定的年均6.5%的增速相比有较大的下降。

### 1. 供给侧宏观模型

GDP = M * F（K，L），其中M为技术进步，K为资本投入，L为劳动力投入。中国储蓄率随着老龄化程度提高逐渐下降，固定资产投资增速也在逐渐下降，由过去两位数增长下降到6%左右的个位数增长；劳动年龄人口每年净减少200万~300万，劳动生产率增速下降，由过去10年年均增长9%左右下降到过去5年年均增长5%左右。全要素生产率增速由2008年前30年的年均6.24%下降为2008年后的年均3.18%。

因此，经济增长率有下降趋势，如果假定劳动参与率和劳动生产率增速基本稳定且不进一步下降，未来 5 ~ 10 年潜在经济增长率会下降至 5% 左右。

2. 供给侧部门模型

GDP = $\sum S_i$（其中 $S_i$ 表示不同产业部门增加值）。传统制造业部门和农业部门增速稳定并有所下降，增速超过两位数的只有医药制造、体育娱乐制品、计算机通信设备、废弃资源综合利用、金属机械制品等部门，汽车增速 2019 年开始呈现下降趋势。新兴部门或新经济部门增速超过两位数，属于供给创新制造需求的部门，但互联网 + 模式具有对传统模式的替代效应。服务业增速快于工业农业，其中文化娱乐、信息服务、体育健康等增速超过两位数，需求增长的收入弹性很高，具有较大增长潜力。考虑到大多数部门增速都在下降，因此，部门增速预期带来的加总增速预期也不可能太高。

3. 需求侧宏观增长模型

三驾马车：GDP = C + I + （X − M），其中 C 为消费，I 为投资，X 为出口，M 为进口。

消费增速逐年下降，由两位数增长下降到 8% 左右；固定资产投资逐年下降至 6% 左右，投资边际回报下降会导致投资增速也进一步下降；出口和净出口因贸易环境和条件恶化，面临外部不确定性和内部成本上升压力，对增长的贡献呈下降趋势。支撑经济增长的三大需求动力正在弱化。

综合供需两侧宏观模型分析，未来 10 年潜在经济增长率应在 5% 左右。因此，国家“十四五”规划目标不宜过高，否则会引导地方规划提高整体预期目标，不利于降低杠杆，对宏观调控构成不合理压力。在要素条件恶化背景下，维持增长速度的出路在于改善要素质量和提高要素配置效率。

## 二、稳定中长期经济增长的主要举措

既然要素条件在不断弱化，未来要保持经济相对稳定或是增长形态期更为长久，根本的出路还是通过改革和创新提高全要素生产力，特别是资源配置的效率。在过去十几年的时间里，中国全要素生产力的增速呈下降趋势。过去5年，中国的劳动生产率增速也是下降的。扭转这样的局面需要以全方位创新为主线，深化供给侧结构性改革来提高资源配置效率。与此同时，还需要以体制机制改革为重点，而不是依靠财政货币刺激来稳定扩大需求。

### 1. 以全方位创新为主线深化供给侧结构性改革

（1）努力稳定劳动力供给。延长退休时间、让进城农民工落户、让退休官员发挥作用、放开计划生育并鼓励年轻人生育，这样做有利于改善劳动力要素的供给条件。

（2）提高劳动力素质和质量。强化教育培训，尊崇专业精神，提高技术工人的待遇和地位，培育新型职业工人和农民，增强学校办学自主权，使学生的知识和专业技能更符合市场需要。

（3）强化技术创新能力建设。政府增加对基础研究和核心技术的研发投入，更好地激励企业加大研发投入，促进对核心技术产品和关键卡脖子技术的进口替代，继续以开放心态推进研发领域的国际合作。

（4）推进市场化和法治化改革。保护各类产权，依法行使政府管制职责，降低制度性交易成本，解决好主流意识形态与经济基础以民营为主之间的结构性矛盾，从根本上改善营商环境，消除企业家对未来的不确定感和不安全感。

（5）深度推进全方位对外开放。未来的开放不仅是货物与服务的市场准入开放，还包括以全球视野配置资源并构筑利益分布，特别是制度和体制机制与国际规则和国际惯例的接轨，积极主动参与国际规则的制定。

（6）强化国际化大都市发展。不能排斥大都市，国际化大都市因为规模经济和分工细化有更高的效率，也是创新资源更密集的地区，是一国参与国际竞争的主体，必须以一线城市为重点，培育全面参与国际竞争与合作的城市载体。

（7）优化能源结构并强化节能。我国人均能源消费会接近德国、日本水平，这意味着能源消费总量还要翻一番，应对由此带来的排放压力，必须通过强化节能和新能源开发，不断提高能效，降低能源消耗导致的排放问题，通过更广泛的电能和氢能替代，降低原油和天然气对外依存度，强化能源的国内安全保障。

（8）加快金融体系供给侧结构性改革。必须强化金融机构、金融市场、金融科技、金融监管、货币政策之间的相互协调，更好地发挥资本市场的融资和资产配置功能，提高金融资源配置效率，在更好地服务实体经济的同时，有效防范系统性金融风险。

### 2. 以体制机制改革为重点稳定扩大需求

（1）基于就业和收入预期稳定的内需扩大。消费需求是就业和收入的函数，必须改善就业环境、降低企业税费负担（系统性财税体制改革）、增加社会保障支出、增加居民可支配收入。在减税环境下，政府要带头过紧日子，减少面子工程支出和无效支出，提高财政资源的支出效率。

（2）基于深度城市化的城乡融合发展。城市化是城乡融合发展的重要支撑，让进城农民工和城市间流动就业人口获得就业居住所在地户籍并享受均等化公共服务，有利于稳定他们的未来收入预期，有利于稳定扩大消费支出。要改进不合理的房地产调控政策，让城市正常住房需求得到更好的满足。

（3）基于宏观审慎的财政货币政策。外部需求发生剧烈萎缩时，可以实施必要的财政刺激。但必须优化支出结构，增加对人的支出而非简单地扩大基础设施投资，因为基础设施规模过大会造成浪费和债务累积。货币政策必须保持中性，为金融市场提供稳定的流动性支持，维持利率和融资成本的基本稳定，坚持商业性金融资源的市场化配置，防止债务杠杆率持续提高。

（4）基于全球化开放的出口稳定增长。政府要努力为企业营造公平稳定友好的贸易环境，继续扩大产品和服务市场的对外开放和市场准入，通过深度开放与主要贸易伙伴形成更紧密的利益关系，推进更加稳定的多边、区域和双边自由贸易制度安排。

（5）基于城市群和都市圈的区域协调发展。改变以四大板块为格局的空间尺度过泛的区域发展战略和政策，以城市群和都市圈为主要空间格局促进大、中、小城市和小城镇协调发展，在此基础上更好地扶持特殊困难地区的发展，形成人口密度与经济密度相适应的区域协调发展格局。为改变南北差距扩大趋势，实施环渤海湾大湾区绿色创新发展国家战略。

（6）基于可持续发展的绿色低碳创新。面对全球和国内日益上升的绿色低碳需求，通过产权激励、技术创新、绿色金融、生态补偿、绿色资产交易等绿色发展机制的完善，更好地激励并推动经济社会的绿色低碳转型，使绿色成为中国经济发展新动能。

## 三、跨越中等收入阶段

只要我们保持足够的战略定力，坚持市场化改革和全方位开放的大方向不动摇，实施以全方位创新为主线的供给侧结构性改革，推进科技创新和体制机制创新双轮驱动，辅以更加有效的短期宏观调节政策，形成供给侧和需求侧相结合的政策和改革组合，以制度为支撑更好地激励经济主体创新创业，我们就可以有效地应对外部环境的大变局，真正做好自己的事情，就可能用5年左右的时间成功跨越中等收入阶段，进入以世界银行标准确定的高收入国家行列。

# “十四五”中国经济增长前景分析

郑京平　中国国际经济交流中心学术委员会副主任

我主要论述三个方面内容：一是对“十三五”的经济运行做简要回顾；二是对“十四五”中国经济增长趋势做出一个基本判断和分析；三是谈谈若达到“十四五”理想的增长速度，应该采取哪些措施。

## 一、“十三五”中国经济增长简要回顾

“十三五”时期，中国经济步入新常态。在习近平新时代中国特色社会主义经济思想的引领下，按照“创新、协调、绿色、开放、共享”的新发展理念，中国经济稳步发展，增长速度虽有所放缓（逐年缓慢下行），但五年平均增长速度仍达6%左右，略逊于6.5%的规划目标，相当于世界平均增长速度的2倍以上（世界经济增长速度按汇率法计算）。而且，经济结构调整加快，经济发展质量提高。

以下两图反映了中国经济年度和历次五年计划期间的增长速度。从“十一五”计划时期，经济增长速度在逐渐放缓。

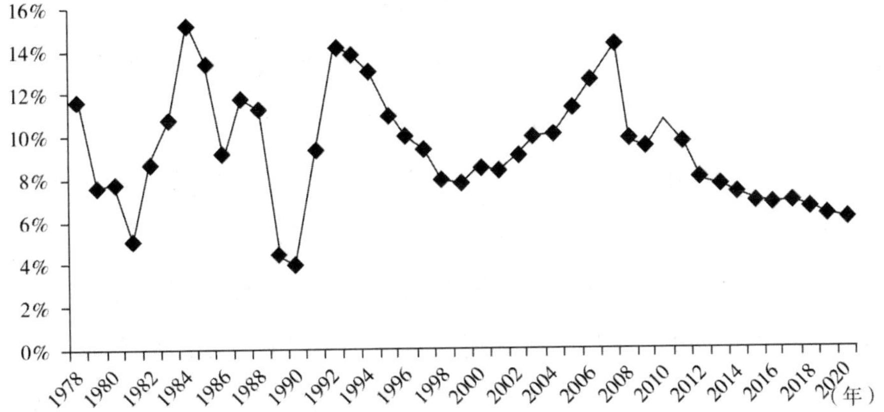


**图1　中国 GDP 年增长速度**

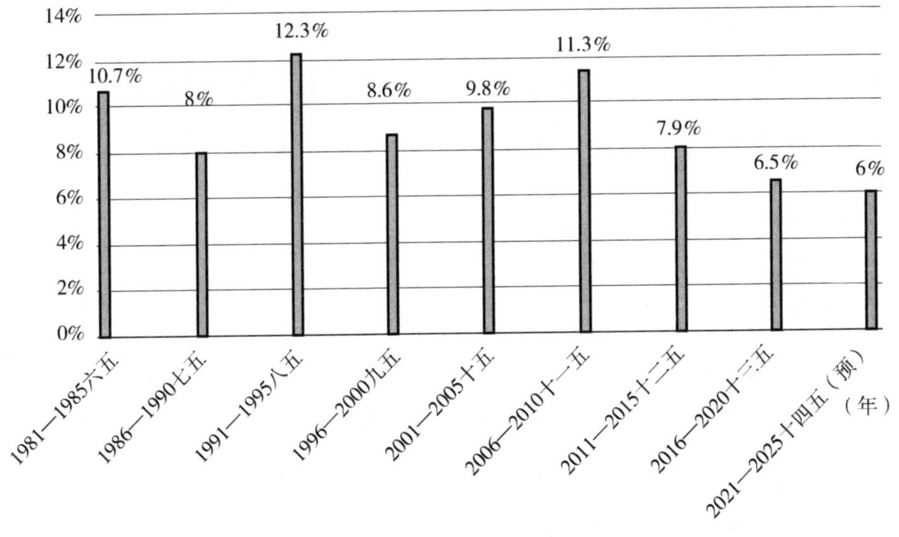


**图2　中国 GDP 历次五年计划平均增长速度**

## 二、“十四五”中国经济增长前景及利弊分析

总体来看，“十四五”期间，中国经济将会在前五年的基础上继续

保持较快增长。年均增长速度可望保持在6%左右，较前五年略有下降。我们之所以给出这样的判断，主要是基于对中国经济在“十四五”期间可能面临的国际环境和自身拥有条件的利弊分析。

1. 国际环境带来的挑战。对于国际环境中国主要面临三个方面的挑战：

一是逆全球化倾向导致的国际政治外交关系紧张，贸易环境恶化，技术创新环境变差。今后一段时期，国际社会的撕裂倾向会更加明显，全球政治经济的不确定性增加。除了中美的贸易争端外，美欧、美日、日韩等许多双边或多边关系都在跟风恶化。例如日韩之间，作为邻居，也是美日韩联盟的成员，过去至少在贸易上比较友好，没有什么摩擦，但现在也打起了贸易战。许多国家都在跟风，强调本国第一。另外，技术创新的环境也会因此而受到影响，因为原有的产业链被打破，尤其是出现了高技术封锁等问题。在这样的大背景下，中国利用国际市场的空间弱化了。

二是全球经济增长正处在运行周期的底部，经济增长速度最多维持在前五年平均水平。从美、欧、日，特别是美国的宏观经济趋势看，均不乐观，增长速度将大概率有所下行。

三是中国日益走向世界舞台的中央，成为主要国家的竞争对手，不用说受到优惠，就是公平竞争也难以保证。主要是少数国家人为设限，将产品的竞争与安全问题等联系起来。比如美国对华为5G技术的遏制，尤其是美国提出并实施的美国优先、单边主义、以“退”谋“进”获取自身利益的政策取向及大的基调难以有大的调整，特别是对中国的抑制政策不会有大的变化，中美贸易冲突很难实现一劳永逸的解决方案，摩擦—谈判—再摩擦—再谈判可能会成为常态。

2. 国际环境的有利之处。“十四五”期间国际环境也存在对中国有利的地方：

一是全球科技进步将会进一步发挥作用，特别是信息化、人工智能、5G、新材料、新能源等，都会推动劳动生产率进一步提高，有助于缓解人口和劳动力紧张问题，推动世界经济进一步发展。

二是有众多全球性的问题需要依靠世界各国共同努力才能解决，逆全球化很难走远。例如，气候问题、能源问题、反恐问题、网络安全问题、人口老龄化问题、打击恐怖犯罪问题等都需要全球共同面对。中国可以发挥更大的作用。

三是2008年金融危机之后，全球经济一直处于艰难复苏之中，并在2017年和2018年出现了增长势头，只要全球共同努力，经济不会出现大的衰退。

四是中国作为经济和贸易大国，影响力和吸引力增强，各路资本、各经济体都不会放弃中国市场，这也有助于中国利用好国际市场。

3. 国内条件的不利之处。一是资源环境的制约趋紧；二是人口老龄化问题加剧；三是发展和收入差距较大问题需要逐步解决；四是各类经济主体，特别是民营经济主体的积极性需进一步调动；五是地方政府债务问题不确定性加大；六是我国国内供需总量和结构面临调整与挑战。

4. 国内条件的有利之处。一是政通人和，社会稳定，这是经济社会发展的根本保证，也是吸引投资和贸易的重要保障；二是对改革开放重要性的认识和决心，以及正确的前进方向；三是良好的基础设施和经济发展基础；四是信息化和人工智能的领先，以及重视教育、注重人才等积累的优质劳动力数量和质量，均可在一定程度上弥补人口红利的弱化；五是巨大的国内市场（大国对防御国际经济冲击更为有利）；六是各具特色的区域发展布局已经初步确定。

总之，综合国内国际的环境与条件，经过分析测算，“十四五”期间中国经济年均增长速度可以保持在6%左右。

## 三、“十四五”期间中国经济实现6%左右增长并不轻松

“十四五”期间中国经济要实现年均增长6%左右的速度并不轻松，需要认真应对才行。概而言之，我们需扬长避短、兴利除弊、开拓创新；干好自己的事，抱团借力发展。

1. 就国际方面而言：世界面临百年未有之大变局，变局中危与机同生并存，我们既要有不怕竞争的自信，也要有开展竞争的招数，抓住机遇，迎接挑战，推动中国经济高质量稳步发展，为中华民族伟大复兴继续努力。一是要充分认识全球化乃大势所趋，保持好战略定力；二是要团结调动一切可能的力量（包括国际组织、不同国家、相关团体、广大民众），构建新的国际秩序，争取进入新的更高水平的全球化轨道；三是既要充分利用和改善现有全球机制，也要积极参与并充分利用区域和多边合作机制（包括RECP和CPTPP）；四是要充分认识和发挥大国优势。

2. 就国内方面而言：一是要继续改革开放，攻坚克难，不断完善具有中国特色、以法治为基础的开放型市场经济体制，不断提高国家治理体系和治理能力的现代化；二是要注重科技创新，进一步加强知识产权保护，不断培养和聚集人才，充分调动和发挥人才的潜能；三是要努力创造条件使各种所有制企业能够公平竞争，依法经营；四是要实施适当鼓励生育、提高劳动参与率、提高退休年龄等人口政策；五是要高度关注并逐步解决区域发展不平衡，居民收入差距较大等问题。

# 将中国改革开放进行到底

徐洪才　中国政策科学研究会经济政策委员会副主任

## 一、世界经济政治格局发生深刻复杂的变化

当前世界经济政治格局正在发生深刻的变化，但大家对于变化本身的理解仍然存在很大分歧。

目前世界经济增长动力放缓，2019 年全球 GDP 的增长速度大概只有 3%，2018 年是 3.6%，2017 年是 3.7%。其中，美国 2018 年是 3.1%，2019 年可能只有 2.1%。国际货币基金组织（IMF）预测 2020 年我国 GDP 的增长速度是 6.1%，而我的预测是 6.2%。2020 年 IMF 预测世界经济增长 3.4%，好像有点反弹，实际上带有某种良好的愿望，希望各国采取积极政策拉动经济增长，所以未来充满不确定性。

在未来 5～10 年，由于经济全球化遭遇阻碍、贸易摩擦升级，导致全球经济、政治秩序发生混乱，产业链、供应链被打破。由无序到有序、从天下大乱到天下大治，没有十年的时间解决不了。全球规则体系也发生混乱，国际货币基金组织、国际贸易组织甚至联合国、G20 等在处理解决全球共同挑战方面力不从心，某些组织已接近瘫痪。当然其中主要原因是一些大国带头，以自身的利益为重，忽视了全人类的共同利益。

也就是习近平主席所指出的，“全球治理面临赤字”。大家都以自己国家的利益为重，共同利益没人管了。目前，这种天下大乱是由于没有形成广泛的共识。所以有关 WTO 的改革也停滞不前，分歧非常大。当然，究其背后深刻的原因，其中一个重要方面就是技术创新难以支撑目前经济高速增长。自二十世纪六七十年代以来，乃至二十世纪九十年代以来的经济全球化带动了全球产业的变革和分工体系的形成，推动了全球经济的较快发展，但是这种动力现在明显减弱，很多技术创新处于“黎明前的黑暗”，或者说只是看到了曙光，但还差临门一脚。所以现在主要经济体都把技术创新、技术领域的竞争放在突出位置。

## 二、中美关系出现了复杂化、长期化的态势

中美关系出现了复杂化、长期化的态势，而且现在这种状况短期内还很难看到明显好转，贸易摩擦已经蔓延到各个领域，从产业、技术到现在的金融领域。

随着经济增长速度的放缓，主要经济体的宏观经济政策已经做了重大的调整，美联储开始降息，欧洲央行和日本央行采取负利率，全球范围内有 15 万亿美元的国债是负利率，全球资本的流动、汇率的波动明显加剧。我们可以预测，未来几年一些新兴经济体、金融市场的动荡会加剧，风险会增加。

解决中美问题，短期内会休战，但并不能解决根本问题。在一些原则性问题、根本利益的分歧上，双方都不可能做出妥协。因此增加了未来世界经济发展的不确定性。

## 三、在新的国际背景下中国该如何选择

自2018年下半年以来，中国经济增长的下行压力明显加大。尤其是第三季度公布的宏观经济数据，GDP实际增长速度只有6.0%，跌到了自2008年国际金融危机以来的历史低点，尽管前三季度的经济平均增长速度达到了6.2%，但是如果按照这样的惯性往下走的话，到2020年，我们实现“两个翻一番”的奋斗目标就有很大的困难。

目前，政府的宏观政策在采取逆周期调节，积极的财政政策加力提效，货币政策也出现了适度灵活、宽松的迹象，但是大家更大的期待还是改革。短期里这种政策调整如果力度过大过猛，可以起到一个托底效果，但是未来“后遗症”很大。我们还是要尊重客观规律。2019年汇率7.0已经突破了，未来还有待观察。外汇储备稳在3万亿美元之上，前三季度的国际收支情况数据已经出来，总体上是经常账户和资本账户都保持平衡，但是银行结售汇有轻微的资金流出，前三季度累计流出资金大概400多亿美元。这不足以影响整个平衡，但存在一定的风险，而且在贸易谈判中美国已把汇率问题放在重要位置。

中国经济可持续发展不仅是2020年要解决三大攻坚战、两个翻一番的问题，更为迫在眉睫的问题是未来5～6年时间能不能突破中等收入陷阱。2018年人均收入接近1万美元，2019年肯定会突破1万美元，什么时候能够突破世界银行所设定的高收入国家标准——1.3万美元？从现在情况看，老龄化社会渐行渐近，各项矛盾叠加，难度很大。根据国际经验，一个由封闭走向开放的经济体在其经济增长持续30年之后，都有可能出现经济增速的大幅度回落。无论是日本还是韩国，在历史上都曾经历过，不太可能在6%这样的位置徘徊很长时间。新旧动能转换不给

力，是未来两三年里中国经济最突出的矛盾和挑战。

面对目前复杂的趋势，我们要保持战略定力。中国要找准自己在国际上的角色定位。未来几年，我们突破了中等收入陷阱、迈入高收入国家的行列，又是第二大经济体，可能就不能再被认为是发展中国家了。我们要面对这个现实。但是，未来几年我们能不能通过改革，让世界认可我们的市场经济地位，这件事更值得大家去思考。

## 四、关键是要把改革开放进行到底

“改革只有进行时，没有完成时”。现在难啃的骨头还比较多，但不是说改革可以拖拖拉拉，没有时间表；恰恰相反，应该有时间表、路线图，任务紧迫，时不我待。我重点讲四个重点领域的改革。

第一，土地制度改革。中国未来经济最有潜力的地方还是城乡接合部，通过土地制度的改革形成城乡之间生产要素双向流动、融合发展的机制。过去 40 多年城乡间基本上有一种“虹吸效应”，导致城乡之间的分离分隔现象，到现在这一现象依然很突出。中国还有 6 亿农民，2 亿农民种粮食，每年还需要进口 1400 亿美元的粮食，增加农民收入与就业，加快推进新型城镇化依然任重道远。以家庭为单位的自然经济、小农经济的发展模式肯定难以为继，不应成为未来的发展方向。这就需要通过农村土地制度改革来转变农业发展方式。

第二，国有企业和国资领域改革。这方面应该有所为有所不为，国有企业要找准自己的定位。国有资本、国有企业应该在公共服务、公共产品领域里面发挥更大作用；而在竞争性领域里面战略性撤回，让民营经济充分发展，其混合所有制改革可考虑让民营资本占主导地位。现在投资低速增长、投资建设回报率比较低，主要是因为垄断没有打破，竞争中性的原则没有很好地贯彻落实。

第三，金融领域改革。现在美国国债收益率扁平化，中国是陡峭的，要更多地采取改革的办法，打通货币政策传导机制。比如，利率要发挥作用，但实际上很难。国有企业、地方政府对利率的敏感性都比较差，导致民营企业、小微企业融资难、融资贵，同时国有企业很多钱又花不了，冰火两重天。

第四，行政体制改革。政府管理能力、治理能力还没有现代化，各级财政负担很重、效率很低。改革千头万绪，其核心就是要理顺政府与市场的关系，但是政府本身管理体制的改革是重要方面，要降低制度成本，加快推进国家治理体系和治理能力现代化。

# 发展离岸经济金融生态圈

肖　耿　北京大学汇丰商学院教授

## 一、“一带一路”离岸经济金融活动需要四个全球网络

由于“一带一路”建设主要是在海外，所有的建设项目对中国政府机构、企业及个人都属于离岸经济金融活动，而且必须与全球供应链网络、全球数据及科技网络、全球货币与金融网络，以及全球治理网络有深入互动过程。所以，我们的研究对象就是与这 4 个关键网络相关的中国离岸经济活动遇到的风险及对策。

## 二、美国对全球四个关键网络的控制

美国作为目前唯一的超级大国，不仅是以上 4 个关键全球网络最重要的缔造者和控制方，而且对中国不断融入以及影响这些网络越来越持不友好、反对甚至敌对态度。这就意味着中国的个人、企业及机构在未来将面临美国施压、打压甚至是刻意惩罚的风险。

## 三、中国正在面对的风险

包括中美在贸易、数据技术、金融、货币、外交及军事各方面的摩擦与竞争，也包括美国在中国台湾、中国香港及中国南海问题上对我们的施压与影响。而中国国力的不断强大不仅无法在短期内阻止风险上升，反而不可避免地要面对美国长臂管辖风险系统性上升的趋势，因为美国的鹰派希望在中国崛起之前能够有效阻止或减慢中国力量的上升。华为海外发展受阻、中国在美上市企业受压、美国与台湾关系法、美国有关香港民主与人权的法案、美国对“一带一路”倡议的曲解与抵制，特别是美国通过其美元霸权对中国个人、企业及机构在海外的资产、投资、贸易及人员流动的管控与潜在威胁（如在极端情况下找各种理由冻结及没收资产、禁止交易等）都是正在发生的地缘政治风险。

## 四、迫切需要研究的若干问题

### 1. 风险表现形式

美国不断推高我国维护国家安全的影子价格正在通过中美在以上四个关键全球网络逐步脱钩的形式呈现在我们面前，迫切需要我们对这些风险展开更深入、更富创新思维的研究，同时提出更系统的、更切实可行的、更可持续的对策。

### 2. 对策的终极目标

我们的对策不仅需要考虑最坏的可能性，也需要考虑如何在保护自己及与对手竞争过程中逐步、系统、坚定地建立未来与全球四个关键网络如何和平共处，也就是最终构建可以被全球各个主权国家接受的人类命运共同体的四个关键国际网络（供应链、数据技术、金融货币以及治理体系）的互联互通软硬件基础设施，特别是包括一个比美元独大更合理的超主权国际储备货币体系，如 IMF 的一揽子货币 SDR。

### 3. 中国香港离岸经济中心的贡献与风险

香港特别行政区是目前中国主权范围内与以上四个全球关键网络最融洽的中国离岸经济体，并对中国过去 40 多年的改革、开放与发展做出过巨大贡献，如香港的股票市场市值占到中国大陆市值的近 50%，最近几年香港股票市场 IPO 集资总额超过内地股票市场，通过香港进入中国大陆的外商直接投资占到总额的 50% 以上。中国个人、企业及机构通过香港这个离岸平台积累了巨额的海外资产，并在香港法律体制保护下拓展了各类国际贸易、研发、投资、金融及货币方面的交易活动（原则上比在美国的资产及交易活动要更安全，这就是为什么在美国上市的中国企业绝大多数都希望转到中国香港来上市）。可惜，由于近期美国对中国地缘政治态度的变化，中国香港的“一国两制”最近受到境外敌对势力及本地港独势力的挑战，一国两制中的“一国”没有能够严格按照香港基本法落实（如国家安全法）。而且敌对势力利用香港社会高房价及收入不平等等社会问题，以及香港的制度性弱势政府的现实，不断挑战特区政府及中国中央政府对香港的管治权，直接威胁香港过去作为中国最理想的离岸经济体来规避美国长臂管辖威胁的功能。

### 4. 评估中美脱钩与不脱钩

在未来我们要更好地防范美国有可能不断升级的长臂管辖，以便保护我国个人、企业、机构及政府的大量海外资产及交易活动，而又让中国可以继续融入全球的关键网络体系，也就是更安全地与世界不脱钩，并推动以“一带一路”倡议为标志的人类命运共同体建设。

### 5. 评估被动防范能力与主动防范体系

除了传统的被动应对机制，如加强“一带一路”项目及其他国际贸易、投资及海外资产积累（包括外汇储备）的国际层面合规及风险管理，收缩海外活动，加强国力军力等保护手段之外，我们将特别探索一些更有创新力的对策思路，特别是在借鉴“一国两制”成功经验及教训的基础上，利用金融科技新手段，探讨在深圳、上海、珠海、海南及其他自由贸易试验区建立新一代的超越香港的、具有中国特色的现代化国际水平离岸经济金融货币生态体系，以便更有力、更彻底、更可持续地规避美国的长臂管辖风险，并最终构筑可以与美国及其他主权国家和谐共处的国际离岸贸易投资、数据技术、货币金融及治理监管网络体系。

### 6. 评估外汇储备及海外资产风险

根据IMF估计，2014年，中国GDP按购买力评价计算已经超过美国，中国的外汇储备居世界第一，已达3万亿美元，但中国的人民币在全球外汇市场交易占比只有2%，外资在中国的金融业占比不到6%。中国拥有日益增长的人民币资产，但严重缺乏离岸非美元外汇资产，中国外汇资产占GDP的比率在60%左右，与日本及欧洲的近200%差距巨大。这些结构性的不平衡都迫使中国的个人、企业、机构与国家部门暴露在中美关系的风险之中，因为我们不得不积累大量的美元外汇储备及在美国境内的离岸资产。

7. 创建安全可控的中国特色离岸经济金融货币体系

探索能否在中国的现有开放地区，选择符合条件的试验区。如深圳前海、珠海横琴、上海临港、海南等先行先试一个现代化的离岸经济金融货币体系，全面复制中国香港、新加坡、伦敦、迪拜等离岸市场中行之有效的功能，包括建立能够被全球企业、投资者及顶尖人才接受的治理体系，以便在脱钩的现实压力下建立一个不脱钩的世界级中国特色离岸经济特区。

8. 金融科技的关键角色

建立电子围栏，实现无物理边界离岸供应链、数据网络、金融市场及国际化监管体系。

9. IMF 超主权一揽子国际储备货币 SDR 的角色

探索创立与 SDR 挂钩的央行 e－SDR 数字货币，并在中国的离岸试验区推行 e－SDR 超主权国际储备货币，特别是用 e－SDR 来计量离岸经济体及相关经济活动的资产与负债，包括与“一带一路”相关的融资与建设活动，彻底摆脱对美元的依赖以及美国长臂管辖的风险。

10. 离岸中心如何推动人民币国际化并降低海外资产风险

如果离岸中心与在岸经济体通过电子围栏有可靠的切割，并采用 e－SDR数字货币，离岸中心的经济体制可以迅速、彻底、高质量地与全球最先进的供应链、数字、金融及治理网络紧密相连，同时维持“一国”和中国特色的社会主义政治社会制度，将大大加强中国的竞争力及抵御风险的能力。因为中国的个人、企业、机构及国家部门可以在中国自己掌控的离岸特区来管理海外资产与国际贸易、投资与资产保值。目前，由于 e－SDR 当中已经有大约 10% 是人民币（44% 为美元，30% 为欧元，8% 为日元，8% 为英镑），e－SDR 的推广可以让人民币国际化具有事半功倍的效果。

# 中国金融开放与人民币国际化发展新路径

鄂志寰　中银香港首席经济学家

进入 2019 年以来，中国金融业对外开放政策措施相继出台，鼓励外资深度参与中国的银行、保险、证券等业务，并针对一些领域提前了开放时间表，在理财公司、养老金管理公司以及债券承销等方面设定了新的开放目标。上述金融开放措施是 2018 年 4 月习近平主席在博鳌亚洲论坛宣布的四项改革开放重大举措的具体落实，事实上缩短了开放的过渡期，标志着在百年未有之大变局下，中国金融开放正在加速推进，中国金融服务业将呈现全新的发展路径。

## 一、全球经济金融深度调整

2008 年爆发全球金融危机后，各国普遍出台史无前例的危机应对措施，在一定程度上减轻了世界经济面临的衰退威胁，但各国央行普遍释放大量的流动性，导致全球经济金融呈现深度调整，突出表现为以下 6 个方面的趋势性变化：

### 1. 环球经济长期缺乏增长动力，主要经济体同步减速

2008 年金融危机以后的 10 年间，全球主要经济体 GDP 增速始终没

有恢复到危机前的水平，呈现长期同步低速增长的态势。

2019 年，国际货币基金组织连续数次下调环球经济增长预测，最新预测下调到3.2%，远低于2018 年的3.6%和2017 年高峰期的接近4%，创下金融海啸以来的最低增速。这表明全球经济仍然面临下行风险，中美贸易争端正在成为全球经济系统性风险因素。

### 2. 2008 年国际金融危机后全球范围的非常规货币政策刺激实体经济回升的效果不彰

从 2007 年到 2016 年，美国 GDP 年均增长 1.33%，而在大萧条后的 1930 年到 1939 年的 10 年间，美国的 GDP 年均增长也是 1.33%。从这个意义上说，2008 年发轫于美国的全球金融危机与 1929—1933 年大萧条具有同样的破坏力，其对全球经济的影响具有长期性和持续性，值得我们深入研究。

观察年度数据我们发现，在 20 世纪 30 年代的 10 年中，有四年美国 GDP 增长超过 8%，复苏力度强劲，而在 2007 年到 2016 年的 10 年间，美国量化宽松货币政策对实体经济的刺激并不明显，美国 GDP 增长最高仅为 2.6%，始终处于复苏乏力状态。

### 3. 世界经济增长结构剧烈调整，全球经济重心向发展中经济体转移

发展中经济体在全球经济中的占比从 2008 年的 44.7%，上升到 2018 年的 59.2%，新兴市场成为全球经济最大的增长动力来源。从经济实力上看，中国经济已发展成为全球第二大经济体，并逐步收窄与美国经济的差距。

### 4. 全球经济增长严重依赖宏观政策刺激，债务比率持续攀升

近年来，全球主要经济体因货币政策持续宽松而面对债务水平持续上升的隐忧，成为经济增长的长远制约因素。

国际货币基金组织数据显示，金融机构不计入，29 个具有系统重要性地区的债务水平 2017 年升至 167 万亿美元，占本地生产总值的 250%，高于 2009 年的峰值。债务上升威胁金融稳定。自 2019 年下半年以来，主要央行货币政策再次转趋宽松，可能积累新的风险。

财政政策因不同经济体政府债务规模及比例限制而体现出一定的差异。美国减税效应逐渐减弱，减税政策导致收入减少和支出增加，推动美国财政赤字持续攀升。根据美国国会预算局的预测，从 2022 年开始，财政赤字将超过一万亿美元，并且将一直保持这种状态直到 2029 年。目前美元国债高达 22 万亿，其中支付利息是预算中增长最快的部分，净利息支付总额为 2683 亿美元，同比增长 15.6%。美国公共债务持续攀升为美国经济带来风险。欧元区财政政策亦后续乏力，难以为经济注入动力。

### 5. 全球央行对经济下行的容忍度甚低，央行资产负债表规模难再返回金融海啸前水平，造成金融市场定价机制扭曲，低利率、负利率成为新常态

未来一个时期，全球主要经济体的宏观政策将继续加大逆周期刺激经济增长的力度。从政策组合看，应对经济下行的政策选择更多地依赖货币政策，主要经济体货币政策将保持宽松，政策利率普遍呈现下行趋势。美联储可能重启非常规宽松政策，欧洲央行和日本央行也在持续推

进宽松货币政策，新一轮全球宽松潮导致过度宽松货币金融环境长期存在，加剧全球产能过剩，进一步压低通货膨胀。

### 6. 全球贸易保护主义威胁世界经济增长及全球金融稳定

2008 年金融危机后，全球经济长期持续低增长为民粹主义和反全球化提供了土壤。经济长期低速增长导致社会收入差距加大，普通民众整体福利无法改善。由此形成了反建制力量抬头和反全球化趋势性回潮，客观上成为劳工保障、民粹主义和贸易保护的温床。

从历史上看，20 世纪 30 年代曾经爆发过全球范围的贸易战，美国一度对 2000 多种商品征收关税，随后出现了经济发展史上著名的大萧条，美国出现严重的通货紧缩和产能过剩，全球贸易体系遭受重创。

中美之间的贸易摩擦也开始改变国际贸易环境，冲击全球贸易增长，进而影响全球经济整体表现。

## 二、中国新一轮金融市场开放面临错综复杂的内外部环境

全球经济金融的结构变化表明中国进一步扩大金融开放面临复杂多变的国际环境。尤其是以“美国优先”为原则的贸易保护主义引发的贸易战将在一个相当长的时间段内持续发酵，可能演变成全球性的经济风险因素。贸易战具有深刻的经济和社会根源，全球贸易保护主义以改善贸易赤字之名，行抑制中国科技崛起之实，牵涉高科技产业发展、对外开放，以及长远中美战略关系等复杂问题，使得中美贸易摩擦表现出难以想象的多重性和严峻性。

从国内环境看，中国经济实力、对外贸易和对外投资数量与结构的变化是中国金融对外开放的主要驱动因素。从经济实力上看，中国经济

已发展为全球第二大经济体，并逐步缩短与美国经济的差距。随着现代化经济体系建设的持续推进，中国经济未来几年仍将是全球经济最大的增长动力来源。同时，中国积极参与全球治理，主动承担国际责任，制定“中国标准”，发出“中国声音”。中资银行中的全球系统性重要银行主动担当，积极发挥专业优势，积极参与制定国际金融市场规则，增加在各种国际金融组织中的话语权，维护中资银行和企业的权益，提升了中国金融业在全球金融市场的影响力。

随着中国金融市场与国际市场进一步互联互通，国际市场环境复杂多变对中国金融市场带来更加直接的冲击。在外部风险上升的同时，中国经济发展中的金融风险表现更加显著，总债务占 GDP 比重连续保持着 277% 到 284% 的高位，降低宏观杠杆率的任务非常艰巨，影子银行、房地产金融、互联网金融等风险不断，迫切需要我们防范和化解金融风险，有效控制宏观杠杆率，提高金融结构适应性，增强金融服务实体经济能力，全面加强硬性约束制度建设，有效防控系统性风险。

## 三、中国金融开放的新路径

改革开放以来，中国金融市场实现了从小到大的快速发展，银行业规模、股票市场和债券市场规模均跨入全球前列。在实现了规模增长的同时，我们迫切需要进一步提升金融市场的质量，提升金融市场的深度和广度，实现由大到强的跨越。而金融体系发展与金融市场开放可以互相促进，金融市场开放将进一步改善内地的营商环境，提高金融服务消费者的水平，提升资源分配效率，让金融业更好地为实体经济服务。

新一轮金融开放目标是推动形成全方位、多层次、宽领域的高水平对外开放新格局。加快金融业对外开放，中国金融市场发展将从数量型扩张转向质量优先的稳健增长，更多地发挥市场配置资源的作用，提升经济增长的质量和效率，大力发展实体经济，筑牢现代化经济体系的坚实基础。

新一轮金融开放呈现以下发展路径。

### 1. 以准入前的国民待遇和负面清单统领整体金融开放进程

金融开放举措具有全面覆盖的特征。2019 年，中国银保监会发布《外资银行管理条例实施细则》（修订征求意见稿），我国金融业对外开放将继续按照国民待遇原则，逐步放开股比限制和业务牌照限制，缩短金融领域负面清单，在涉及金融牌照的全领域放宽外资金融机构持股比例限制，激发外资金融机构参与中国金融开放的积极性。

中国金融服务业对外开放的方向是国民待遇加负面清单，逐步实现内外资公平竞争。国家外汇管理部门研究准入前国民待遇加负面清单管理制度下的外商投资企业外汇管理框架。健全跨境资本流动“宏观审慎 + 微观监管”两位一体的管理框架。以准入前的国民待遇推动金融开放，对内资和外资金融机构一视同仁，除为金融消费者提高服务水平外，从宏观角度看，更重要的是提升资源分配的效率，让金融业更好地为实体经济服务。同时，进一步改善内地的营商环境。

### 2. 资本市场开放由通道式走向全面市场互联互通

近年来，中国金融市场对外开放采取了建立多种信道的模式，相继推出沪港通、深港通，为境内外股票市场提供连接纽带。2017 年 6 月，MSCI 把中国 A 股正式纳入 MSCI 新兴市场指数以及全球指数，纳入之初的权重为 0.73%，是中国股票市场发展的里程碑，为境外主体配置人民币股票资产提供了便利。2017 年 7 月，债券通“北向通”上线运行，为境外投资者进入中国内地债券市场增添了新管道。债券通业务开通以来，大概有1/3的新增投资境内债券通过债券通管道。股票和债券市场的互联互通，可以更好地满足国际投资者配置人民币资产的需求。

资本市场互联互通有利于打造规范、透明、开放、有活力、有韧性的多层次资本市场体系，引导更多中长期资金特别是外资进入市场，改善市场结构，发挥资本市场在股权融资、价格发现和风险管理方面的作用和功能，推进国内金融供给侧结构性改革。

### 3. 中国金融开放明确本币优先原则

中国金融开放应该突出推动本币优先原则。金融市场开放的重要环节是稳妥有序实现人民币资本项目开放，推动少数不可兑换项目的持续开放，按照“成熟一项、推出一项”的思路逐步扩大开放。最近，彭博宣布把以人民币计价的中国债券纳入彭博巴克莱全球综合债券指数，分20个月逐步完成。目前大约有超过5万亿美元的资产在追踪国际三大主流债券指数。一些境外机构投资者偏好采用参照市场指数构建资产组合的被动性投资策略，人民币债券纳入全球主流指数后，投资者跟随指数变化相应增加投资组合中人民币债券的占比，境外投资者在中国债市中占比或进一步升至5%～10%水平，可能带来高达3万亿～6万亿人民币的资金流入。预计将有近390支中国债券符合纳入要求，未来中国债券可在54万亿美元的彭博巴克莱全球综合指数中占近5.5%的比重，使人民币债券成为该指数中位列美元、欧元、日元后的第四大货币债券。

### 4. 自贸区在金融开放中发挥引领作用

在中国金融市场对外开放进程中，支持上海自贸区、海南自贸区将在金融对外开放方面先行先试，高度重视和支持上海国际金融中心建设。

特别需要强调的是，《建设粤港澳大湾区规划纲要》推出金融开放和创新措施，提出建设国际金融枢纽，大力发展航运金融、科技金融、飞机船舶租赁等特色金融，支持广东金融机构与港澳金融机构合作，共同发展离岸金融业务，逐步扩大大湾区人民币跨境使用的规模和范围等。粤港澳大湾区要素跨境流动的制度创新和政策突破与内地金融市场加快推动新一轮对外开放相互一致，在国家建设现代化开放型经济体系、金融市场加快推动新一轮对外开放的总体框架下，粤港澳大湾区将在构建开放型经济新体制、打造高水平开放平台、培育国际合作和竞争新优势方面做出前瞻性探索，加快推进区内金融市场互联互通，推动资本跨境流动的政策突破，打造大湾区共同市场。

## 四、中国金融开放为中资银行业国际化打开新的发展空间

中国银行业国际化是中国金融开放的重要组成部分。新一轮金融开放将推动中国银行业更好地利用国际、国内两个市场，提升全球竞争力。

长期以来，中国银行业的国际化经营基本延续母行在国内市场的业务模式，海外业务仍以传统对公业务为主，把贷款业务、银团贷款业务、国际贸易融资业务、国际结算和清算业务等作为核心业务，同时一些主要银行的内部绩效考核仍以规模指标为主，各行的海外业务增长大多体现在信贷资产规模连年迅速增长上，贷款业务占总资产比例和利息收入占总收入比例均远高于西方同业水平。

目前，外资金融机构的市场份额较小，从资产占比看，外资银行在内地银行业的市场份额为 1.64%，远低于净资产收益率（ROE）国家 10% 的平均水平；合资券商的市场份额为 1.1%，外资保险机构的市场份额则为 6.36%。外资金融机构的盈利能力弱于本地金融机构，截至

2018 年底，外资银行在中国整体银行业的净利润中仅占 1%，外资银行资产回报率为 0.75%，合资券商平均 ROE 为 -2% ~8%，低于行业平均水平的 5% ~16%。外资银行在内地金融市场发展缓慢的主要原因是 2008 年全球金融危机后，跨国金融机构普遍调整经营策略，重点回归本土市场，并根据跨境经营成本和监管成本的变化，调整在新兴市场的布局。市场准入、业务范围等方面的严格要求在一定程度上限制了外资金融机构在国内的发展。提升中国金融市场的开放程度，放宽境外金融机构的市场准入限制将为外资银行发展提供更大的空间。

中资银行国际化应以企业走出去和对外投资聚焦的区域、国际金融中心等为重心，加大资源投入，形成重点区域的核心竞争优势。《中资银行国际化报告》所计算的银行国际化指数（BII）显示，中国银行业的国际化水平已达到发展中国家的领先水平，但与发达国家相比，中资银行业仍然存在海外机构设置数量少、覆盖地域化拓展程度有限、客户基础薄弱、业务产品种类少等突出问题。在资产和利润方面则表现为境外资产占比和境外利润占比平均水平远低于西方主流国际性银行。显然，中国银行业国际化仍然需要稳步推进。随着中国贸易和投资自由化、便利化水平的不断提高，迫切需要中资银行在全球市场提供各种类型的综合性金融服务，加快实现业务创新和转型，提升金融产品的多元化程度。在国际结算、外汇买卖、国际信贷、债务发行、国际清算等传统国际业务的基础上，根据新的市场需求，及时设计并提供多元化、多币种的产品体系，推进银行业国际化发展。

## 五、中国金融开放提升债券市场深度和高度

自 2018 年以来推出的金融开放措施中，债券市场开放引起较大关注。

首先，推动评级领域的对外开放，构筑金融开放的基础。目前，境内外评级存在较大差异，例如，26 家在中国境内取得 AAA 评级且同时拥有国际评级的中资发行人中，只有 9 家（约 35%）取得 A + 到 A - 之间的国际评级，其余的国际评级则处于 BBB + 到 B - 之间。引入国际评级机构可以促进中国评级行业改善评级水平，对中国金融市场的健康发展具有积极意义。

其次，向外资机构开放 A 类主承销牌照，有助于外资扩大中国债券市场的业务范围，积极参与银行间债券市场活动，进一步提升银行间债市的开放度。目前，汇丰、渣打、法国巴黎银行已获得 B 类主承销商资格，摩根大通、花旗、德意志银行获得承销商资格。B 类资格的业务范围有较多限制，外资机构获得 A 类牌照后，可以作为主承销商参与中国公司债市场，把业务扩展至所有债务融资工具产品，吸引更多境外发行人到中国市场以发债形式集资，并推动更多海外投资者参与中国债市。截至 2018 年 7 月 30 日，外资机构承销的发债金额不足 400 亿元，占整体中国企业发债规模比例约 0. 75%，外资机构在新政策下将有望迎来广阔的增长空间。

最后，进一步便利境外机构投资者投资银行间债券市场，央行与外汇管理局就《关于进一步便利境外机构投资者投资银行间债券市场有关问题的通知》进行咨询，为境外机构投资者从不同管道（QFII/RQFII、直接入市、债券通等）投资债市时出现的债券过户、资金划转和重复备案等问题提出解决办法，以提升投资效率，并整合不同管道的政策要求，打通债券和资金账户。

截至 2019 年 7 月，境外机构持有中国债券规模达 16986 亿元，同期境外机构在上海清算所持有中国债券 3177 亿元，外资持有中国债券规模超过 2 万亿元，在中国整体债券市场的占比不足 3%，低于美国的 12%

及日本的 8%。

债券市场开放是优化市场融资结构、培育资本市场的国际竞争力的关键，有助于拓宽企业和实体经济的直接融资管道，改变过度集中于银行体系的社会融资结构，从一定程度上解决债务快速积累和金融体系相对脆弱等问题，提升货币政策传导实体经济的效率。

## 六、人民币国际化十年发展奠定中国金融开放坚实基础

人民币的国际使用与中国金融市场开放相互促进，彼此成就。2008 年全球金融危机爆发后，国际金融市场普遍认识到现行美元主导的国际货币体系制度性缺陷，迫切需要新的公共产品和解决方案。人民币开启了政策驱动与市场牵引的国际化进程，在离岸市场逐步放松对人民币业务的政策约束，离岸人民币市场产生内生性的业务需求，市场牵引的力量越来越重要，人民币履行国际储备货币职能的范畴日渐扩大，国际化程度稳步提升。

### 1. 国际支付占比几经起落，结算货币职能是人民币国际化的现实基础

货物贸易项下的人民币跨境使用是人民币国际化早期的重要推手，2014 年 11 月，人民币在国际支付货币中的排名一度达 2.45%，2016 年，全球人民币支付价值总额下降 29.5%，占比从 2015 年 12 月的 2.31% 降至 2016 年 12 月底的 1.67%，同期全球所有货币支付额增加了 0.67%。

目前，贸易领域的人民币跨境使用政策完全放开，政策牵引力让位于市场自身的发展，市场则根据人民币汇率变化以及资本流动的情况进

行调整。跨境贸易仍然是持续推动人民币国际化发展的实质性基础。

### 2. 人民币初步确立国际储备货币地位

随着离岸人民币市场的发展，中国香港、新加坡、俄罗斯等地区和国家率先配置人民币储备资产，2016 年人民币加入国际货币基金特别提款权（SDR），境外央行持有人民币外汇储备的意愿逐渐增强，2017 年，欧洲央行宣布增加等值 5 亿欧元的人民币外汇储备，2018 年初，德国央行计划将人民币纳入其外汇储备，法国央行亦透露“外汇储备在向人民币等为数有限的国际货币多元化”，其他中央银行和相关机构迫切希望读懂中国经济，读懂人民币汇率，为配置人民币资产进行知识储备。目前，全球有超过 60 家中央银行和货币管理当局把人民币纳入外汇储备，推动了人民币国际储备货币地位的提升。

2017 年 3 月，国际货币基金组织（IMF）发布了官方外汇储备货币构成（COFER）报告，首次单独列出人民币外汇储备的持有情况。截至 2018 年第四季度，在各经济体央行持有外汇储备中，人民币资产为 2027.9 亿美元，占全球官方外汇储备资产的 1.89%，高于第三季度的 1.80%，创下 IMF 自 2016 年 10 月报告人民币储备资产以来的最高水平。人民币在全球央行外汇储备资产中的占比提升，反映对持有人民币资产的兴趣持续增加，有利于促进各国外汇储备资产多元化。

2017 年 7 月，债券通顺利通车，把境内债券市场与香港市场打通，为境外机构增持人民币债券提供更加便捷的通道，鼓励境外投资者连续增持人民币债券。截至 2019 年 3 月，境外机构在中国银行间债券市场托管余额达 1.76 万亿元，同比增加 35.2%。债券通已汇集了 845 家国际投资者，服务范围则扩展到全球 27 个国家和地区。

### 3. 国际计价货币职能开始萌芽

提升人民币国际货币计价职能是人民币国际化长远发展的重要内涵。近年来，人民币介入大宗商品交易，抓住时机提出扩大对国际石油等大宗商品交易定价的影响力，以“石油人民币”助推人民币国际化实现跨越式发展，探讨将能源等相关产业和金融行业有机融合，应对国际大宗商品市场价格大幅度波动的挑战，提高自然资源的可获得性和安全性，扩大人民币在石油定价及交易中的使用。2018 年 3 月，上海国际能源交易中心（INE）正式挂牌交易原油期货，以人民币计价，实行净价交易、保税交割。目前，上海原油期货交易量占全球原油交易量的 6% 左右，仅次于美国纽约 WTI 和 Brent 原油期货，跻身世界前三。

随着国际多边原油贸易中越来越多的国家选择使用人民币结算，人民币的需求和使用规模将大幅增加，同时会大幅推动央行间货币互换使用量的提升，促进人民币在海外政府间和民间机构多层次的使用。

## 七、新一轮金融开放将为人民币国际化发展带来新的增长动力

新一轮金融市场开放将进一步提升人民币作为储备货币的地位，为此，需要在建设现代化经济体系的重大理论命题和实践课题中进行理论创新和实践探索，建立一个基于全面开放宏观经济学、金融学视角的人民币国际化理论框架，构建新的人民币国际化生态系统。

第一，人民币国际化是一个长期战略，人民币国际化的基本路径是坚持汇率市场化改革，保持人民币在全球货币体系中的稳定地位，为解决现行美元主导的国际货币体系制度性缺陷提供来自新兴市场的多样性

选择和新的公共产品，为推动建立更加完善、稳健和公平的国际货币体系提供中国方案。提升人民币汇率弹性，改善全球市场对于人民币资产的信心，创造条件，逐步确立人民币作为避险货币的新功能。

第二，在保证经济安全的前提下，建立人民币国际化框架下国内货币金融与实体经济的良性互动，稳步推进资本市场开放，不断完善金融市场运行机制，提升人民币金融市场的深度和广度，满足全球各类投资者增持人民币资产的长远需求。逐步推动形成人民币汇率与国内资本市场主要价格指数的互动新形态，避免出现股汇双杀的不利局面。

第三，在中国金融市场加快开放的大背景下，实现政策驱动与市场导向的有机结合，打造人民币国际化发展的新型生态系统。从技术上看，提升人民币在全球储备和外汇交易中的占比不是一件“一蹴而就”“指日可待”的事情，需要从跨境贸易投资到鼓励第三方的使用等不同视角进行探索，实现贸易、投资与金融交易三驾马车相互配合和协调发展，形成人民币国际使用的有效氛围。

第四，随着国内相关主体进行全球性资产配置的需求日渐上升，并将保持相当长的一段时间，中国私人领域持有对外金融资产相当于GDP的比率仅为27%，大大低于美国的129%和日本的147%，资本流出入的规模和结构将经历持续的调整和优化过程。因此，人民币国际化的影响因素更加多元，需要底线思维，从控制金融风险的角度出发，对于重大的举措，进行沙盘推演，详细论证相关政策措施及其可能带来的市场影响。

第五，人民币国际化意味着中国需要在维护和保持全球金融稳定方面承担更多的国际责任，在全球金融治理中发挥更为积极的作用。因此，在人民币国际化的政策推进过程中，应注重国内外政策协调，兼顾国内外相关主体的切身利益，稳步推进，持续发展。

总之，中国内外部金融风险的控制能力关系到中国金融市场开放是否具有稳固的发展空间。如果全球金融市场出现系统性震荡，将对中国金融开放带来不利的冲击。面对复杂多变的内外部经济金融环境，中国将在有效防范系统性金融风险的前提下，合理安排开放顺序，不断改善中国金融服务业的经营管理能力和水平，提升金融市场的深度和广度，增强金融市场的公平和效率，积极、稳妥、有序地推进金融业开放，推升人民币国际贸易和投资中的使用，更好地服务实体经济，加快建设现代经济体系。

# 资本市场改革开放的新形势与新任务

胡汝银　上海证券交易所前首席经济学家

## 一、全球大变局的三大驱动因素

全球大变局有三大驱动因素：一是基于 AI、大数据、高速移动互联网、IoT 等新一代信息技术和生物工程技术引发的深刻的社会生产方式、生活方式、组织方式变革；二是全球化，尽管现在我们也讲逆全球化、反全球化，但是这只是一种短期现象，长期来看，全球化的深度、广度和效度，全球化产生的效力、结果、影响，持续在发展，这是一个不可人为逆转的长期趋势；三是短期内反全球化的民粹主义和反映这种民粹主义的大国政策的变动，尤其是最近美国发起的、以美国优先、滥用国家安全概念和自己优势地位的贸易战、技术战以及针对中国的金融战，包括威胁取消中概股在美国的证券交易所的上市地位。

## 二、大变局下中国经济与资本市场的发展机遇

1. 进一步推进中国的高水平开放。在逐步改变对美国的过度依赖，提升与其他地区和国家的合作的基础上，进一步推进中国的高水平开放，

加快开放型世界经济建设，推动全球命运共同体的建设。特朗普发动中美贸易战会深刻改变中国未来的发展环境，在这样的大变局之下，中国经济和资本市场的发展机遇在哪里？长期以来，中国实际经济增长率远低于潜在增长率，未来我们有巨大的发展空间。从历史上看，1977 年，大家都讲亚洲四小龙。当时新加坡已经成为全球位于前列的发达经济体，属于高收入国家。所以，未来我们有巨大的提升空间，中国经济的增长仍然会有很好的前景。美国、欧洲、日本都在指责中国对外资不公平，但实际上外资在中国很多方面享受着超国民待遇，包括税收和土地政策。未来我们必须改变对美国的过度依赖，提升和其他地区的合作，推进中国的高水平开放。

2. 基于中国国内巨大的市场规模和用户需求，加大中国关键技术的内源创新。中国是农业大国，无论是发达国家还是发展中国家都没有食品安全问题，过去我们缺乏真正的、高质量的宏观总体协调和顶层设计，导致产能过剩、资源错配等问题。

3. 加快资本市场革弊兴利、革故鼎新的步伐。加快科创板、注册制和整个资本市场的改革，通过有力地支持和推动创新型上市企业与创新型经济的发展，建造一个全新的上市公司组合和资本市场大厦，提高中国资本市场的全球吸引力和竞争力。在条件成熟时，还可以向全球的优秀创新型企业开放融资上市（包括第一上市和第二上市）通道，将中国的证券交易所打造成为全球卓越的创新企业上市与投资的领先平台。

## 三、以改革创新推进中国资本市场发展

这些年中国的资本市场发展很快，但大而不强的问题仍然突出。最近科创板给我们打开了新的窗户，带来的是资本市场全方位的深刻变革。

我国要发展一个强大的、全球领先的资本市场，未来就必须配套解决如下问题：

1. 深度改革科研和教育体制。包括加大政府资源的投入力度。中国教育是一个非常大的产业，我们每年出国的学生数量巨大。未来需要大幅度地提高基础研究能力。

2. 通过更深远的改革和结构调整，夯实作为股票市场基础资产和晴雨表的实体经济基础。包括提升全社会的资源配置与利用效率，提高全社会投资回报率和国际竞争力。统计数据显示，过去200多年，美国股票市场投资的平均回报率是6.5%～7%。次贷危机后，美国股票指数不断创新高，美国公司的现金流非常大。相较而言，我国资本市场的企业，剔除金融企业之后，其盈利能力远远低于美国。这意味着我们的资源利用效率不高，资源错配严重，如果未来我们能够改变实体经济的资源配置和利用的低效率局面，中国经济将取得进一步的发展。

3. 推动资本市场配套改革和健康发展。

目前，我们的资本市场有五大短板：一是定价短板；二是市场化能力短板，行政化手段比较强；三是专业化能力、专业素养短板，很多投资者盲目炒股票；四是上市公司治理和价值创造能力短板；五是法治短板。我们需要尽快推进一系列配套、协同、高效、专业的改革，补齐这些短板。

需要充分借鉴英美金融强国建设资本市场的三步走战略：第一步，建设适宜的文化、制度、政策与市场环境，在全社会范围内有效配置和利用资源，构建卓越的公司部门和产业组织，构筑高效、稳固的实体经济基础；第二步，建立高效而富有深度、广度的本土金融市场，尤其是货币、债券、股票现货及衍生品市场，同时做大做强国内证券业和其他金融行业；第三步，接下来推动美元和英镑在全球广泛使用，吸引国外机构来其国内发行证券产品和进行金融投资，同时借助其全球领先的金融行业机构和市场影响力，在全球金融市场上强势出击，控制和支配全球市场。

我们要抓住机遇，应对上述挑战，就必须不尚空谈，在经济、科技创新和资本市场的基础性制度安排、运作机制、生态环境等方面，推进卓越、专业、深度、富有一致性和前瞻性的“创新、创新、再创新”方法。

中国金融和资本市场需要在大家的协同努力下“行道、得法、优术、取势”，不断提高全社会的组织智慧，不断进步完善，推进核心能力建设，强基固本、攻坚克难、迈向未来。

# 从文化的开放优势到效能强势

范　鹏　甘肃省人大教育科学文化卫生委员会副主任委员

坚持改革开放是坚持和发展中国特色社会主义、推进国家治理体系和治理能力现代化的重要途径，也是解决发展不平衡、不充分的主要矛盾的必由之路。改革的深度，开放的力度，始终是由社会发展的矛盾决定的。深化改革、扩大开放是新时代中国特色社会主义的鲜明特征，改革开放在下一步即“十四五”时期的重点之一应该放到文化开放上来。

## 一、指导思想上已经有了方向性的指引

近年来，习近平主席在文化开放方面提出了一系列重要观点，受到世界各国的广泛认同。如 2018 年 4 月，习近平在博鳌亚洲论坛 2018 年年会开幕式上演讲指出，把自己囚于自我封闭的孤岛没有前途，中国开放的大门不会关闭，只会越开越大。2018 年 11 月，习近平在首届中国国际进口博览会开幕式上演讲指出，人类社会要持续进步，各国就应该坚持要开放不要封闭，要合作不要对抗，要共赢不要独占。中国推动更高水平开放的脚步不会停滞，中国推动建设开放型世界经济的脚步不会停滞，中国推动构建人类命运共同体的脚步不会停滞。2019 年 5 月，习近平在亚洲文明对话大会上演讲指出，亲仁善邻、协和万邦是中华文明

一贯的处世之道，惠民利民、安民富民是中华文明鲜明的价值导向，革故鼎新、与时俱进是中华文明永恒的精神气质，道法自然、天人合一是中华文明内在的生存理念。人类应对共同挑战、迈向美好未来，既需要经济科技力量，也需要文化文明力量。未来之中国，必将以更加开放的姿态拥抱世界、以更有活力的文明成就贡献世界。2019 年 11 月，习近平在第二届进博会开幕式上呼吁国际社会坚持“拉手”而不是“松手”，坚持“拆墙”而不是“筑墙”，强调共同加强知识产权保护，努力促进知识、技术、人才等创新要素的流动。根据人类开放历史的规律，往往先是物质产品的开放交流，接着是技术、标准方面的交流合作，最终必然走向思想文化领域的互学互鉴。这要求“我们要积极架设不同文明互学互鉴的桥梁，深入开展教育、科学、文化、体育、旅游、卫生、考古各领域人文合作”。“中国将采取一系列重大改革开放举措，加强制度性结构性安排，促进更高水平对外开放”。

习近平主席的这些讲话包含着丰富的观点，形成了中国文化开放方面比较系统的指导思想。其要点有六个方面：一是文化开放对人类的共同价值，就是文明因交流而多彩，文明因互鉴而丰富；二是文化开放对中国的时代价值，就是中国因开放而获得进步，中国因进步而扩大开放；三是文化开放是开放的题中应有之义，开放不仅是经济科技的开放，也包括思想文化的开放；四是文化开放对主体的基本要求，就是必须增强文化的自信心，坚持文化开放的主体性，坚持“以我为主，为我所用”；五是文化开放对客体的正确态度，就是坚持构建人类命运共同体，尊重人类文明的多样性；六是文化开放对当代中国的政策选择，就是“我们要铸就中华文化新辉煌，就要以更加博大的胸怀，更加广泛地开展同各国的文化交流，更加积极主动地学习借鉴世界一切优秀文明成果”。为此，需要“不断开大中国市场的大门，欢迎来自世界各地的高质量产品”。这些“高质量产品”必然包括世界各国创造的优秀的电影、书籍、动漫、游戏、创意设计等文化产品。

## 二、社会生活中广大人民群众有现实的需要

文化开放是人类文明交流互鉴、共同发展的客观需要。中国刚刚颁布了《外商投资法》，“将继续大幅度放宽市场准入，优化营商环境，加强知识产权保护，打造高水平对外开放新格局”。共建“一带一路”，关键是互联互通。中国开放市场是为“满足人民日益增长的物质文化需要，增加消费者选择和福利”。文化民生是现代社会不可或缺的重要内容，对外开放如果不向文化领域延伸拓展，就不能说是“全方位的”；如果只有“形式多样”而没有“内容丰富”，同样不能说是“全方位的”。所以，“要广泛开展内容丰富、形式多样的人文交流，实施更多民生合作项目。总之，我们要打造全方位的互联互通，推动形成基建引领、产业集聚、经济发展、民生改善的综合效应”。为此，“要以更加宽广的视野、更高的目标要求、更有力的举措推动全面开放，加快发展更高层次的开放型经济”。

开放型经济必然需要开放型文化引领，没有文化的深度开放，就不能算是“全面开放”，也不能算是“更高层次的开放”，现代开放型经济恐怕也无从谈起。从更高层次讲，开放是中国特色社会主义制度的重要特征和基本属性，以开放促改革、促创新、促发展是我国改革开放最宝贵的经验。目前，文化领域是开放的滞后区和改革的深水区，只有敢涉此险滩，才能更有力地彰显文化自信和制度自信，这也是党的十九届四中全会的精神之一。在广大人民群众对美好生活的新期盼中，文化教育占有相当大的比重，文化开放也是人们的期盼。老百姓期望有更多的好

电影、优秀书刊和更加丰富多彩的文化娱乐项目。在“富起来”之后，如何“乐起来”成为广大人民群众对美好生活的新向往。在从“富起来”走向“强起来”的过程中，“富”之后的好奇和“强”之后的精神需求，都需要更丰富的想象力、幽默感和艺术性，审美成为工作、生活和学习不可缺少的必备元素。没有全球性的文化市场和文化精品共享，中国人就无法走近世界舞台的中央。

## 三、国际上有众多国家期望自己的文化深度走进中国

在“一带一路”建设中文化交流日益广泛，但“走出去不多、走进来更少”是不可回避的现实。我们公布的文化产业相关的负面清单，已经基本上把“形式生产”的领域，如电影院投资、出版物印刷控股等全面放开了。但涉及“内容生产”的领域始终在严格控制之中，这样一些国家期望在中国直接生产自己的文化产品的目的就很难实现。当我们在世界各地建立了几百所孔子学院的时候，我们应该“将心比心”，人家也期望在中国能有几所“柏拉图学院”“卢梭研究中心”和“伏尔泰诗苑”之类的文化机构。文明的交流历来是双向的和多边的，如果没有开放的心态，中国就不会有敦煌。所谓“厚德载物”就是开放包容、美美与共。你不允许人家进来，我们到哪里去“美美与共”呢？你不允许人家传播，人家凭什么让你“走进去”？因而，我们一定要明白，就目前这种浅尝辄止式的文化开放，是不会有真正意义上的文化交流互鉴的，更不要说什么交融创新了。

## 四、"文化内容"开放是进一步扩大全方位开放的关键

"十四五"时期为什么要把"文化内容"生产的开放作为文化全方位制度性开放的关键点？一方面，这是新时代高水平对外开放的重要标志，可以进一步彰显我们的文化自信；另一方面，也可以把我们新时代的新文明观从一些说法变成具体的行动，使文明的文化治理制度优势转化升级为文化开放效能。行动的结果不仅是促进中华文化走出去，也不仅是让更多的外国文化走进来，更重要的是铸就中华文化新辉煌，促进人类文明新发展。从操作性来讲，就是逐步放开电影、演出市场甚至新闻出版领域的投资与控股限制，真正实现文明交流互鉴。这样可以倒逼我们提升国际文化话语权，其实更加有利于文化安全与意识形态安全。这样，新时代的中华民族就可以进一步站在人类文明的道义制高点上。这既需要勇气，更需要实力。我们已经到了有实力与国际社会开展真正的文化竞争的时代。也只有这样我们才有可能参与国际文化交流和文化产业规则的制定，为中华文化走出去创造更好的国际环境与制度基础。

其实，早在改革开放初期，我们就大胆地探索过文化开放的道路。《米老鼠和唐老鸭》早已深入我们这一代人的文化记忆中，"一休哥"也与中国的"葫芦娃"一样伴随着我们成长。文化的开放并不是什么洪水猛兽，以平和的心态和平等的规则去看待文化，不仅电影、书籍、动漫可以大胆地开放、引进，就是新闻出版有原则地放开一些，有限制地引入，也是可以尝试的。主动出击总比消极防守好，越是文化开放，则越能体现出我们的"制度优势"，才越能倒逼我们的文艺院团、出版机构和新闻媒体真正强脑力、健脚力、提眼力、炼笔力、聚实力。我们在坚持和完善中国特色社会主义的进程中，成功解决了"挨打""挨饿"的

问题，但还没有很好解决“挨骂”的问题。前面两个问题的解决都有“走出去”“请进来”的成功经验，为什么解决第三个问题反而缩手缩脚了呢？我们比历史上任何一个时期更有制度自信和文化自信的实力和条件，那就更应该有文化自信的行动与制度。只有“请进来”，让他们干、让他们看，才能用事实和实力击退西方的傲慢与偏见。

## 五、敦煌可以作为“文化内容”对外开放的试验田

“敦煌文化是中华文明同各种文明长期交流融汇的结果”。敦煌不仅在古丝绸之路上是各种文明交流创新的典范，而且在当代中国也已经是“一带一路”文化交流的重镇，四届丝绸之路（敦煌）国际文化博览会的成功举办和习近平主席在敦煌视察时发表的重要讲话，为敦煌作为文化内容开放试点试验创造了有利条件。敦煌已经与“一带一路”相关50多个国家的70多个重点景区建立了旅游联盟，如果建成“文化旅游自由贸易区”甚至“文化旅游开放特区”，可以为我国“文化内容”开放探索一些经验。我还提出过在敦煌建立上海合作组织文化办事处，以“办事”吸引更多文化“大事”在敦煌协商、在敦煌办理，从而实质性地促进敦煌在“一带一路”文化交流中国际地位再提升的建议。在现代信息网络条件下，世界没有边缘，只要人们愿意构筑，任何地方都可能成为世界的中心。何况敦煌在千年的历史时期（4世纪至14世纪），就已经扮演过世界“文明交流的中心”的重要角色。

具体而言，在敦煌建设“文化旅游自由贸易区”，至少有三个得天独厚的条件：一是历史的依据。在古丝绸之路上，敦煌就是文明交流互鉴的成功典范，是至今留存诸多丝绸之路可感文化成果的重要宝地。提到丝绸之路，人们首先想到的是敦煌。敦煌的文化形象和历史记忆足以

担当文化自贸区的政策探路者角色与重任。二是文化的张力。敦煌已经形成了“一带一路”文化重镇的初步形象，如果再加力、再塑造，建成“一带一路”国际文化交流互鉴试验示范区就是顺理成章的事情了。现在很多国家文化界、企业家已经盯上了敦煌，加上政要们的参访引领，从“礼品”到“产品”仅一步之遥，迈出这一步，打造“品牌”虽非指日可待，也终将水到渠成。三是世人的注目。关注敦煌已经成为关注中国文化的一个代名词。特别是敦煌研究院荣获“中国质量奖”、樊锦诗名誉院长荣获共和国勋章之后，敦煌已经再度引起世界注目，特别是成为文化界、文物界、学术界高度关注的一个全球性文化符号。在保护中传承，在传承中弘扬，在弘扬中研究，在研究中保护，已经形成了一个“文化遗产保护利用闭合良性循环”的敦煌模式。

2019 年 8 月 19 日，习近平总书记就敦煌文化的保护、传承、研究、开发、利用、弘扬、传播发表了精辟论述，一个新的“敦煌热”正在全球掀起。习总书记指出，要继承挖掘敦煌文化和历史遗存中的哲学思想、人文精神、价值观念、道德规范，更要挖掘其中的中华民族的文化精神、文化胸怀，不断坚定文化自信。这就为敦煌文化研究、保护、传承、开发、弘扬升级换代指引了方向，明确了重点，提升了层级。因此，“十四五”时期，至少在敦煌让文化更开放，更放开，真正把开放亮点变成发展成果，把开放优势转化为效能强势。

第六编

# 大变局下中国的高质量发展

中国正处在经济转型和经济增长的关键时期。从短期来看，中国经济确实面临较大的下行压力；从中长期来看，中国经济转型升级蕴藏着巨大的增长潜力，也面临某些突出矛盾。实现“2035 年基本实现社会主义现代化”这一战略目标，要求“十四五”经济增速要保持在一定水平，要求“十四五”经济增长质量有一个明显好转。中国产业结构、消费结构、城乡结构仍处于升级蕴藏着巨大内需潜力，成为未来 5 年实现 6% 左右的经济增长的最大条件。关键是推动扩大开放与经济转型升级直接融合；推进扩大开放与创新发展的直接融合，加快实现创新突破。

# 对中国跨越“第二大经济体陷阱”的若干认识

严书翰　中央党校（国家行政学院）教授

这几年理论界流行着各种“陷阱”理论，如塔西佗陷阱、中等收入陷阱和修昔底德陷阱等。需要对这些“陷阱”理论进行概念梳理、内涵阐述，并对中国学者提出的“第二大经济体陷阱”理论进行解读。

## 一、几种“陷阱”理论的概念辨析和内涵阐述

“塔西佗陷阱”是古罗马历史学家塔西佗提出的理论，塔西佗认为当公共权力失去公信力时，无论发表什么言论，无论做什么事，社会都会给予负面评价，这就是塔西佗陷阱。2006 年，世界银行关于东亚经济发展报告中首次提出了“中等收入陷阱”的概念，它的基本含义是：在现代化发展过程中只有极少中等收入的国家才能成功地跻身成为高收入国家，而多数发展中国家往往陷入经济增长停滞、贫富差距拉大和社会问题尖锐等矛盾中，人均国民收入长期难以达到高收入发达国家的水平。古希腊历史学家修昔底德认为，伯罗奔尼撒战争才最终促成了雅典国家的崛起。后来，美国哈佛大学教授格雷厄姆·艾利森发挥了修昔底德观点，提出了“国强必霸”的理论观点。

对于上述 3 种陷阱理论，我们要采取具体剖析和分别对待的态度。

对于塔西佗陷阱理论，我们是赞同的，因为这是社会发展过程中存在的规律性现象。对于中等收入陷阱理论，我们部分赞成，即认为中等收入陷阱是发展中国家走向现代化过程中存在的普遍现象。但我们也有不赞成的部分，即西方学者把中等收入陷阱说成是不可逾越的现代化发展规律。对修昔底德陷阱理论我们则是持否定态度的，因为我们不赞成这个陷阱理论中包含的“国强必霸”的逻辑。

上述的“陷阱”理论都是国外学者或智库提出来的。但是，“第二大经济体陷阱”则是我们研究团队提出来的理论观点，并且已经围绕这个重要命题形成了一批理论成果。中国跨越“第二大经济体陷阱”是个非常重大的命题。

## 二、我国发展已经遇到了“第二大经济体陷阱”

回顾世界近现代史，我们可以看到存在这样一种国际现象：后来崛起的国家总会遭遇到守成国家的打压，有的甚至因此爆发了国与国之间的战争。比如，16 世纪“海上霸主”西班牙打压英国，后来成为“日不落国”的英国打压法国。第二次世界大战后，美国迅速成为超级大国，先后打压过英、法、德、日，还有苏联。这些被守成大国打压的国家往往当时是第二大经济体，这是需要深入研究的国际现象。

自从 2010 年我国国内生产总值总量超过日本，今天我国的发展已经遇到了“第二大经济体陷阱”，这是不争的事实。2018 年 3 月，美国炮制并抛出针对中国的《301 调查报告》，当年 7 月宣布对中国 340 亿美元的输美产品加征 25% 关税，8 月又宣布对另外 160 亿美元的输美产品加征关税。美国这种严重的单边主义、霸凌主义的做法造成了中美经贸摩擦。我们要透过中美经贸斗争的表象看清其背后的本质问题。其实，这

500 亿美元的加征关税是根本撼动不了中国经济总量的。

一段时间以来，美国动用国家机器的力量抹黑和打击包括华为公司在内的中国企业，企图扼杀中国企业合法经营，把科技交往政治化，其目的是阻挡中国在某些高科技领域的领先步伐。“项庄舞剑、意在沛公”，我们要看到在中美经贸摩擦和高科技博弈的背后，是社会制度和意识形态的竞争。

当然，中美经贸斗争和高科技博弈已给世界经济带来了负面影响，确实也给我国发展带来了压力，这个压力就是“第二大经济体陷阱”给我国带来的压力，也是我们遇到的风险挑战，对此，我们要理性认识、充分准备、长期斗争，并深刻领会习近平总书记这段话的含义：“我们面临的各种斗争不是短期的而是长期的，至少要伴随我们实现第二个百年奋斗目标全过程。”在党的十九届四中全会上，习近平总书记再次强调了要准备应对来自各方面的风险挑战。

## 三、我国跨越“第二大经济体陷阱”的信心和战略

我国遇到了“第二大经济体陷阱”，这是不以人们主观意志为转移的。中国共产党人和中国人民从来不会在困难或压力面前低头，我们有信心跨越“第二大经济体陷阱”。正如习近平指出的：“我们这么大一个国家，就应该有雄心壮志。”

我们的信心主要是建立在我国目前具有很强的综合国力基础。这个综合国力是新中国奠定和 40 多年改革开放取得的。现在我国是世界第二大经济体、制造业第一大国、货物贸易第一大国、商品消费第二大国、外资流入第二大国。此外，我国外汇储备连续多年位居世界第一，有 200 多种工业产品居世界第一，等等。中国人民在富起来、强起来的征

程上迈出了决定性的步伐。取得这些伟大成就的根本原因是1978年以来，我们心无旁骛地搞建设。

跨越“第二大经济体陷阱”，除了要有信心外，还要有正确的战略。回顾新中国70年发展历史，我们可以看到国家能取得如此巨大的成就，与我们在党的领导下贯彻执行正确的战略有着密切关系。

我们制定并实行了“两步走”发展战略。第一步从1965年开始，用15年时间建立起独立的比较完整的工业体系和国民经济体系；第二步到20世纪末实现四个现代化。改革开放新时期，我们贯彻实行了“三步走”发展战略，第一、第二步都提前完成了。党的十五大制定并实行了“新三步走”发展战略：2010年和2020年分别要实现的目标。党的十六大提出并制定了新世纪头20年的发展战略，并提出新世纪头20年是一个必须紧紧抓住而且是可以大有作为的重要战略机遇期，这是实现现代化建设第三步战略目标必经的承上启下的发展阶段。党的十九大制定了“新两步走”发展战略：第一步从2020年到2035年、第二步从2035年到2050年。这是在以往发展战略取得成就的基础上根据实现中华民族伟大复兴的目标制定的重大战略。

党的十九大制定了“新两走”发展战略的第一步，而且明确指出了到2035年我国在经济、政治、文化、社会、民生和生态文明等方面要达到的目标，其中每个方面都包含丰富的内涵，这些目标是吸收全党集体智慧，经过反复论证后形成的，是完全有科学依据的。我们完全可以这么说：实现了党的十九大制定的“新两步走”发展战略第一步目标之日，就是中国跨越了“第二大经济体陷阱”之时，我们对此充满信心。

# 中国实现高质量发展的动力变革

迟福林　中国（海南）改革发展研究院院长

当前，中国正处在经济转型和经济增长的关键时期。从短期来看，中国经济确实面临较大的下行压力；从中长期来看，中国经济转型升级蕴藏着巨大的增长潜力，也面临某些突出矛盾。比如，经济增速有所下降，2019 年 1 月至 2 月工业增速和投资增速处于放缓趋势。这有周期性因素，更多的是体制性、结构性矛盾的客观反映。此外，中美贸易摩擦对经济增长预期造成某种负面影响。

李克强总理在博鳌亚洲论坛 2019 年年会开幕式上的主旨演讲中提出："观察中国经济、判断宏观政策取向，要把时间轴拉长了看，重在看全年、看整体、看趋势。"从整体上看，从趋势上看，我对中国中长期发展的看法相对乐观。

## 一、未来 5 ~ 10 年中国经济转型发展的大趋势

未来 5 ~ 10 年，中国经济转型有几个重要趋势。

1. 产业结构由工业主导向服务业主导转型的趋势。中国已经进入工业化后期，按工业化后期的一般标准看，服务业占 GDP 比重应该在 60% 以上。2018 年中国服务业占比只有 52. 2%。预计 2023—2025 年，中国

的服务业占比将从现在的52.2%提高到60%以上。

2. 消费结构由以物质型消费为主向以服务型消费为主转型的趋势。中国经济增长的重要动力是近14亿人消费结构的变化。前几年，社会消费品零售总额增速都是两位数以上，近两年增速有所下降，从2017年的10.2%下降到2018年的9.0%，2019年1月至2月份进一步下降至8.2%。既然这两年中国的消费增速是放缓的，为什么却说消费拉动了经济增长呢？其重要原因在于，中国消费结构不断优化升级，正由以物质型消费为主向以服务型消费为主转型，由此将带来巨大的市场空间，推动产业变革进程。

首先，2018年消费对GDP增长的贡献率达到76.2%，消费成为拉动中国经济增长的主要动力。其次，中国食品支出比重已经降到28%，按照经济学的标准，中国已经进入相对富裕的阶段。最后，中国城乡居民服务型消费全面快速增长。根据中改院的估算，目前中国城镇居民服务型消费占比为45%左右，农村居民比城镇居民低10个百分点左右。预计到2025年，中国城乡居民服务型消费占比将达到50%左右。如果近14亿中国人平均一半的消费支出用于服务型消费，对全球来讲是巨大的市场潜力，尤其是对以服务型经济为主的欧、美、韩等国家是巨大利好。

3. 新型城镇化与乡村振兴融合的趋势。中国城乡关系正在快速变革，城乡关系既是中国经济增长的重要问题，也是其发展空间所在。2018年，中国常住人口城镇化率接近60%，但是户籍人口城镇化率只有43%左右。预计未来5～10年，常住人口城镇化率会提升到65%～70%，户籍人口城镇化率将提升到60%左右。几年前，我作为全国政协委员，在全国政协大会发言中建议，以居住证制度全面取代城乡二元户籍制度。未来几年，如果中国实现城乡建设用地统一，农村土地资本化进程会明显加快，将释放百万亿级的投资空间。

未来5~10年，中国在走向高质量发展的进程中仍面临很多结构性矛盾和问题。比如，人口老龄化问题已经成为未来5~10年的突出矛盾。2018年，中国60岁及以上人口已达2.5亿人，其中65岁及以上人口达到1.67亿人，占总人口的11.9%。预计到2027年，中国65岁及以上人口占比将超过14%。也就是说未来5~8年，中国将由中期老龄化社会向深度老龄化社会过渡。增长与养老，将对中国中长期经济增长带来严峻挑战，也将带来一系列结构性矛盾。

## 二、未来5~10年中国经济增长的动力何在

在世界经济复杂变化的背景下，在中国经济短期问题与中长期问题交织融合的背景下，我认为中国经济增长的动力来源于三个方面。

1. 全面开放的进程会越来越快。

（1）开放结构由以货物贸易为主向以服务贸易为重点转型。2018年4月10日和11月5日，习近平主席在两次演讲中提出了中国扩大开放的总体战略部署。即从以货物贸易开放、制造业开放为主转向以金融、电讯、教育、文化、医疗等服务业开放为重点。目前，中国已取消银行和金融资产管理公司外资持股比例限制，证券、保险公司也在加快放松股比限制的进程。以服务贸易为重点的开放转型适应中国经济转型的大趋势，尤其是消费结构转型升级的趋势。2017年，中国服务贸易占对外贸易的比重仅为14.7%，低于世界平均水平，但是服务贸易增长速度特别快。2018年，中国服务贸易增长11.5%，明显高于货物贸易。因此，以服务贸易为重点的开放转型将对中国的高质量发展和经济转型带来重大影响。此外，在经济全球化新阶段，服务贸易成为全球多边、双边投资

贸易谈判的焦点、重点与难点。中国的开放和转型为维护全球多边贸易体制、促进经济全球化进程带来重大利好。

（2）“一带一路”由以产能合作为主逐步向以产能合作、服务贸易为重点的转型。“一带一路”沿线国家很多是发展中国家，所以产能合作是首要需求。未来随着欧洲发达国家的参与，服务贸易将成为“一带一路”的重点合作领域。以基础设施为依托，以产能合作、服务贸易为重点，以建立多种形式的自由贸易网络为目标，“一带一路”将逐步在经济全球化进程中扮演重要角色。

（3）打造以服务贸易为重点的开放新高地。中国政府支持18个自贸区、支持粤港澳大湾区在以服务贸易为重点的开放方面走在全国前列。尤其是明确提出海南加快探索建设中国特色自由贸易港进程，要求到2025年，初步形成自由贸易港的政策和制度体系。海南自由贸易港建设，不以转口贸易和加工制造为重点，而是要以服务贸易为主导。服务业的全面开放、高度开放是海南自贸港建设的突出特点。这既是适应经济全球化的新趋势，也是中国走向高质量发展的内在需求。2019年4月9日，中欧发表联合声明，双方从维护多边贸易体系出发达成谅解。我认为，在中国与欧盟谈判的过程中，中国服务业市场开放、服务贸易开放对欧盟有很大吸引力。

2. 全面深化以竞争中性为原则的市场化改革。以竞争中性为原则：第一，要打破各种垄断，尤其要打破在服务业领域的市场垄断与行政垄断，实现公开市场、公开竞争。第二，以民营经济发展为重点推行混合所有制改革，从做大、做强、做优国有企业向做大、做强、做优国有资本转变，要放大国有资本效应，并将更多的国有资本投入到养老等服务领域。第三，降低企业成本，降低企业税收成本、社会费用成本以及制度性交易成本，为各类企业创造宽松的市场环境。

3. 以保护知识产权为重点优化营商环境。中国在优化营商环境方面取得明显进展，世界银行公布的营商环境排名中，中国由 78 位跃升至 46 位，提高了 32 位，目前又进一步提升 315 位。中国营商环境的大幅改善，主要得益于：

（1）加大知识产权保护力度。2019 年 4 月 9 日，中改院和最高人民法院、海南省高级人民法院联合举办了司法体制研讨会，最高人民法院副院长罗东川一再强调，鼓励各地设立知识产权法院，从法律上严惩各种侵权案件。李克强总理在博鳌亚洲论坛上强调，要让严重侵权假冒者承担付不起的代价。

（2）全面实施准入前国民待遇 + 负面清单管理制度，真正实现公平竞争。2019 年 6 月底之前，中国将再次修订发布外商投资准入负面清单，进一步缩减负面清单条目，扩大增值电信、医疗机构、教育服务等现代服务业以及交通运输、基础设施、能源资源等领域的对外开放，只做减法、不做加法，而且“非禁即入”将得到全面落实。中国自贸试验区负面清单数量由 2015 年的 122 项缩减至 2018 年的 45 项。

（3）推进制度化、法治化建设进程。第十三届全国人大二次会议通过了《外商投资法》，中国政府已启动配套法规制定工作，以细化《外商投资法》确定的主要法律制度，形成可操作的具体规则，确保 2020 年 1 月 1 日与《外商投资法》同时实施。中国营商环境建设进入以知识产权保护为重点的制度化、法治化新阶段。

## 三、关键是推进“二次改革”

在中国改革开放四十年后，各方面高度关注中国下一步的改革方向。在我看来，初步认为有三个大问题：

1. 开放是当前中国最大的改革。中国开放的大门会越开越大，在全球贸易保护主义抬头、中美贸易摩擦背景下，中国坚定地扩大开放，坚定地以服务贸易开放为重点来扩大开放领域，以此提升中国经济发展潜力，促进经济转型，并倒逼中国市场化改革。

2. 使市场在资源配置中真正起决定性作用。以竞争中性为原则的目的就是要使市场真正在资源配置中起决定性作用。

3. 以思想大解放实现改革大突破。在各种利益关系掣肘改革的背景下，没有新的思想大解放，就不会有新的动力变革，也不会有全面深化改革新的突破。

# 中国企业强化合规经营新趋势

王志乐　北京新世纪跨国研究所所长

近10年来，全球型企业强化合规管理成为一个重要趋势。中国企业也出现了全面推进合规管理强化合规经营的新趋势。

2018年以来，“合规”这个人们过去不熟悉的概念得到极大普及，强化合规管理成为一个新的时尚。合规概念普及和合规管理强化的一个重要原因在于，2018年合规大案频发。这些大案引发人们对合规的关注。

## 一、中央政府积极倡导和推进企业合规

2018年，中央领导前所未有地积极倡导和推进企业合规管理。其实，中央领导一直关注走向世界的中国企业加强规范化管理的问题。

2017年5月23日，习近平总书记主持召开中央全面深化改革领导小组第三十五次会议。此次会议讨论了走向世界的中国企业面临的合规问题。会议指出：“规范企业海外经营行为，要围绕体制机制建设，突出问题导向，落实企业责任，严格依法执纪，补足制度短板，加强企业海外经营行为合规制度建设，逐步形成权责明确、放管结合、规范有序、风险控制有力的监管体制机制，更好服务对外开放大局。”中央最高领

导明确要求企业强化合规管理，建立合规制度。

2018 年 4 月中兴通讯再次被处罚之后，习近平总书记多次强调企业要合规经营。2018 年 8 月 27 日，习近平总书记在北京人民大会堂出席推进“一带一路”建设工作 5 周年座谈会并发表重要讲话，提出：“要规范企业投资经营行为，合法合规经营，注意保护环境，履行社会责任，成为共建‘一带一路’的形象大使。要高度重视境外风险防范，完善安全风险防范体系，全面提高境外安全保障和应对风险能力。”

习近平总书记在民营企业家座谈会上强调：“民营企业家要讲正气、走正道，做到聚精会神办企业、遵纪守法搞经营，在合法合规中提高企业竞争能力。”中兴通讯再次被处罚，进一步引起人们对于合规经营的关注。全国企业合规委专家委员会的几位专家就如何帮助中兴走出困境以及如何抓住这个案例推进中国企业强化合规进行研究，并向有关领导提出建议。国务院领导对专家建议十分重视，对企业合规地走向世界做出指示。国务院领导要求企业强化合规经营意识，在经营中遵规守法，切实防范合规风险。

根据国务院领导指示，发改委牵头制定了《企业海外经营合规管理指引（征求意见稿)》。2018 年 7 月 5 日，这一征求意见稿上网征求公众特别是企业的意见。12 月 26 日，发改委会同外交部、商务部、国资委、中国人民银行、国家外汇管理局及全国工商联等七部委联合发布《企业境外经营合规管理指引》。该指引指出，企业应以倡导合规经营价值观为导向，明确合规管理工作内容，健全合规管理架构，制定合规管理制度，完善合规运行机制，加强合规风险识别、评估与处置，开展合规评审与改进，培育合规文化，形成重视合规经营的企业氛围。

国资委则制定和修订了中央企业合规管理指引。早在 2016 年，国资委就以中石油、中国中铁、中国移动、招商局集团和东方电气作为试点推进央企合规制度建设。2018 年 11 月 2 日，国资委制定的《中央企业合规管理指引（试行）》正式下发。国资委要求中央企业根据这一指引，“结合实际制定合规管理实施细则。地方国有资产监督管理机构可以参照本指引，积极推进所出资企业合规管理工作”。国资委这个文件要求中国国有企业建立合规管理体系，并且对合规管理重点、合规管理组织架构、合规体系运行机制等几个关键问题作了具体的可操作的方法。目前，越来越多的央企包括地方国企正在积极落实这个指引，全面建设合规管理体系。

2018 年，从中央政府领导到部门政府领导，从国有企业到民营企业，从国内企业到海外经营企业，大家对于建立合规管理体系防范企业合规风险的重视程度大大加强。强化合规管理成为中国企业发展新趋势。我们甚至可以说，2018 年是中国企业强化合规管理的元年。

## 二、强化合规管理已经成为全球企业发展的潮流

当中国企业推进合规管理时，我们应该看到，强化企业合规管理在全球范围已经成为现代企业发展的一个潮流。

强化合规管理与经济全球化密切相关。1991 年底，随着苏联解体冷战结束，全球市场出现。传统跨国公司走向全球公司，开始了全球化经营。随着市场营销全球化、制造组装全球化、研发设计全球化以及资本运作全球化的发展，全球型公司打造了全球价值链，吸纳整合全球最优资源，从而极大地增强了全球竞争力。经济全球化带来了全球财富的迅速增加，与此同时也带来了贫富差距扩大和环境污染等种种问题。经济全球化带来的问题引起全球有识之士的关注。

1999 年 1 月，在达沃斯世界经济论坛年会上，联合国秘书长科菲·

安南向全世界企业领导呼吁，遵守有共同价值的标准，实施一整套必要的社会规则，即“全球契约”。“全球契约”的目的是动员全世界的跨国公司直接参与减少全球化负面影响的行动，推进全球化朝积极的方向发展。

2000 年 7 月，在联合国总部正式启动“全球契约”，几十家世界著名跨国公司共同发布了在人权、劳工标准、环境方面的九项基本原则。全球契约使得各企业与联合国各机构、国际劳工组织、非政府组织以及其他有关各方结成合作伙伴关系，建立一个更加广泛和公平的世界市场。2004 年 6 月，全球契约增加了第十项原则，即企业应反对各种形式的腐败，包括敲诈勒索和行贿受贿。

目前，全球契约已经有近一万个企业成员。全球契约事实上成为全球范围推进企业合规经营的滥觞。在联合国等国际组织推动企业合规之时，发达国家政府也加强了对企业的监管，从监管角度积极推进企业合规。值得注意的是，国际组织及发达国家政府的合规监管从早期的反腐败、强化社会责任和环境责任逐步扩展到对贸易规则、竞争规则、金融规则、知识产权规则及数据保护规则的监管。近年来，对反洗钱，反垄断，贸易管制等执法力度不断加大。2018 年 5 月 25 日，欧盟开始实施《一般数据保护条例》。这一法例实施标志着大数据时代个人数据保护成为合规监管的重要方面。

2014 年，国际标准化组织出台了《ISO19600 合规管理体系指南》。这一指南目前虽然仅仅是推荐性标准而不是强制性认证标准，但是在全球强化合规管理的潮流中颇具影响力。不少企业参照这个标准建立了自己的合规管理体系，不少国家也引进此标准来促进本国企业强化合规管理。中国国家标准化委员会就在 2017 年底正式发布了与该标准等同应用的国家标准《GB/T35770 合规管理体系指南》，于 2018 年 7 月 1 日开始实施。鉴于合规管理的重要性，各国专家正在致力于修订这个标准，争取把合规管理体系指南上升为强制性认证标准。

综上所述，2000 年全球契约发布以来，全球范围内众多的全球型公司开始强化合规管理。2008 年西门子案发生以来，国际组织与各国政府加强合规监管，越来越多的全球型企业进一步强化合规管理，强化合规管理形成全球企业发展的新潮流。

## 三、从“要我合规”提升到“我要合规”

为防范和化解合规风险，中国企业必须从别人“要我合规”，转变到“我要合规”，即从被动合规转变到主动合规。强化合规不仅为了防范和化解合规风险，而且有助于企业管理体系的完善以及企业文化的提升，最终，有助于企业软实力，即合规竞争力的增强。只有清楚强化合规对于企业持续发展的重要意义，才会使企业从应对外部监管压力而被动地接受合规，上升到自觉主动地推进合规。

### 1. 强化合规，有助于企业管理体系再造

合规首先要有规，即制定规则，其次要按照规则行事，即“合规”。广义的合规涉及企业业务的方方面面和业务流程的各个环节。合规管理包括产品质量、生产安全、环境标准、社会责任标准等各个方面。企业需要从合规角度梳理业务各个方面和业务流程所有环节，考察相关规定是否健全和完善，特别是人们的行为是否符合这些规定，即这些规定是否得到执行。合规的核心或侧重点在于“规”是否“合”。通过这样的梳理和整合，事实上完成对企业管理体系的再造与提升。

### 2. 强化合规，有助于企业文化的重构

我们所说的企业文化并不是一般的企业文化活动，而是指企业经过长年培育和积淀形成的一种看不见摸不着的行为规范。就合规制度而言，任何合规制度都不可能十全十美，即使当时制度完善了，然而随着时间的迁移，企业经营环境的变化也会使原先的制度体系出现新的问题。拥有良好合规文化的企业，其员工不仅不钻企业制度的漏洞，而且还帮助企业堵漏洞，从而抵御严峻的合规风险。因此，持续不断地强化企业合规体系建设，必将使企业的文化得到重构，形成良好的合规文化。这种合规文化恰恰是企业的软实力，是企业的合规竞争力。

### 3. 强化合规，有助于我国企业成功地走出去

随着我国企业“走出去”，遭遇合规风险的案例也越来越多。有的银行在国外涉及洗钱而被查处，有的企业涉及行贿而被调查，有的企业因为违反出口管制规定而被罚款，有的企业因为违反采购指南而被世界银行处罚。推进“一带一路”倡议，需要有大批中国企业参与。但是“一带一路”数十个国家中不少法治环境不佳，中国企业面临大量合规风险。在这种情况下，中国企业只能通过强化合规管理体系来防范合规风险，从而成功地走向世界。

如果我们的企业认识到面临的严峻的合规风险，理解到强化合规不仅有助于防范合规风险，也有助于提升企业管理的转型升级，还有助于实现企业文化重构，有助于增强企业的合规竞争力，那么就会从过去在别人的压力下被动合规转变到自觉、主动地强化合规。

### 4. “我要合规”的探索与经验

一些著名中外跨国公司正在从不合规到合规经营的转型以及包括诚信与合规等道德水准的提升，并投入资源进行合规制度建设，以此作为企业竞争软实力建设的重要组成部分。中外跨国公司强化合规经营的经验值得开展海外投资的中国企业借鉴。

2008 年西门子公司经历反商业腐败的危机，开启了重建合规管理体系的历程，通过异乎寻常的努力树立合规标杆，成为“公认的领导者”。美国司法部高度评价西门子“建立了最先进的‘超一流的’合规体系”。西门子在重建合规管理体系时，遵循了“立即行动”“执行阶段”“成为领导者”三个阶段。在行动阶段，包括任命独立的调查机构和外部顾问；指派全球特派调查员采取行动调查舞弊情况；高层表明反腐态度，并通过员工大会和 CEO 致信等方式向全球员工传达；监控和审查案例；限制商业顾问；对付款和银行账户采取集中化管理。在执行阶段，西门子编制并创建了以防范、监察、应对为核心的综合合规体系；建立了有效的全球合规管理组织和流程，在董事会内新设立一个负责法律与合规事务部门；任命集团首席合规官和区域合规官，并在全球配备了 600 名全职合规专员；对领导层和敏感职位进行合规培训。在成为领导者阶段，西门子逐步消除重要控制弱点；简化合规工具和流程；完善合规激励系统；与非政府组织协作并联合公众开展廉洁行动；与美国司法部和证交会达成和解以及任命督查官；扩大合规范围树立正直诚信的企业文化。

通用电气公司（GE）可以存续百年，不仅仅是因为公司拥有先进的技术或管理，更是因为公司优秀的企业文化，其中最重要的是以诚信与合规作为公司的文化。GE 将合规作为企业发展的基石。第一，GE 将诚信合规定义成为企业的文化。GE 的核心价值观就是诚信。GE 要求公司的领导层不仅要为他们的行为负责，还要为企业培育合规诚信的文化负责。第二，GE 将诚信作为合规的主要含义。GE 不仅仅满足于遵守法律法规，而是要以诚信为原则开展业务。除遵守法律法规外，GE 还要求员工不能欺骗商业伙伴或违反商业道德，即使这些商业道德并不属于法律管辖的范围。第三，GE 永远要走在法律法规管制的前面。GE 不是简单地应对法律法规，不是被动地守法，而是更加主动地超越法律的要求来要求自己，而不是触犯了法律被惩罚以后才去做合规。另外，作为一家在全球开展业务的公司，GE 面临着来自全球不同国家和地区的法律法规的监管，必须以最高的标准来要求自己，不能因为某个国家或者某个地区的标准低就降低公司在该国家或者地区的合规标准。第四，GE 把主动合规作为合规工作的主要目标。GE 强调合规经营，不仅仅是为了避免相应的处罚措施，更是要在全球竞争下打造企业的核心竞争力，不要做只会赚钱的公司。GE 把主动的守法当作合规管理的主要目标，因此，对合规经营认识就比一般的公司更为深刻。

我们也发现，已经有一批中国企业越来越重视强化合规管理。这些中国企业的经验对于中国企业而言更具有可借鉴性。

中国石油天然气集团公司在中央深入反腐败过程中发现存在严峻的合规风险。公司新领导集体痛定思痛。2014 年秋天，为有效防控合规风险，保障公司依法经营、健康发展，中石油制订“中国石油天然气集团公司合规管理办法”。按照这个办法，集团公司和所属企业开展经营管理活动，必须严格遵守所适用的法律法规、规章制度以及职业道德规范，将落实合规管理要求作为业务开展的前提条件，融入生产建设和经营管理全过程，纳入考核、严格兑现，确保依法经营管理。集团公司和所属企业主要领导是合规管理第一责任人，对合规管理负总责。人事部负责将合规培训纳入培训计划，将合规评价结果作为干部任免、考核奖惩的依据之一。中石油合规管理体系建设的经验成为央企推进合规管理的一个标杆。

著名的民营企业吉利公司通过一系列跨国并购迅速成长为源于中国的全球公司。吉利公司总裁李书福意识到，走向世界的吉利需要构建一种跨越国界、跨越宗教信仰 、跨越语言、跨越肤色界限的完全自由的追求商业成功的全球型企业文化。2014 年吉利公司开始建立合规管理体系和培育合规文化。公司从识别和评估企业存在的合规风险入手，建立了合规管理制度体系，合规管理组织架构以及完善了合规运行机制。强化合规文化为实现企业构建全球型企业文化的目标奠定了基础，也为吉利软实力提升创造了条件。2017 年以来，吉利公司成功收购美国飞行汽车公司和德国戴姆勒公司近 10% 的股份都得益于其建立的有效的合规管理体系。

国外跨国公司以及我国企业的经验表明，各个公司第一把手重视企业全面责任和合规体系建设对于企业强化合规是必要条件。中石油和吉利的案例也告诉我们，中国企业在全球企业强化合规管理的潮流中，完全可以依据自身条件实现合规管理和构建合规文化，从而促进企业合规经营水平的提升，增强企业全球竞争的软实力。

## 四、建立和健全公司合规管理体系的“六步法”

随着中央领导的积极推进和政府部门合规监管的加强，对于企业而言，合规已经不仅仅是一种愿望和要求，而是成为一个系统的管理提升活动和全面的文化建设过程。其目的是建立有效的合规管理体系。我们研究了中国国家标准委的《合规管理体系指南》（等同于国际标准化组织的合规管理体系指南）和国资委《中央企业合规管理指引（试行）》

等合规管理文件。也总结了我们与国内外企业合作推进企业合规体系建设的经验。在此基础上，我们与一批企业的合规管理专家一起总结出“六步法建立合规体系”的系统经验。

1. 调查研究，识别合规风险

合规风险识别分析评估是有效的合规管理体系中不可或缺的组成部分。根据业务开展所在国家的法律和监管环境规范自身生产经营行为至关重要。识别评估合规风险，是企业建立合规管理体系的核心工作内容和工作基础，合规风险识别评估工作质量决定合规管理体系的整体水平。对企业经营的重点业务地区，特别是地缘政治冲突地区和腐败高发区作为调查研究的重点地区。对企业经营的重点业务领域，特别是与政府审批监管密切的业务领域作为调查研究的重点领域。对企业经营的重点业务部门，例如财务、销售、采购等部门作为调查研究的重点部门。对企业经营中的重点业务环节，例如礼品、招待、慈善捐助等作为调查研究的重点环节。

值得一提的是，企业在调查研究识别合规风险时，应该特别关注自身的“存量合规风险”。由于缺乏合规管理意识以及合规管理经验，企业可能在过去已经有了违规经营行为。以中兴通讯为例，2017 年美国执法机构查处的是 2011 年前后的违规。如果企业自己不能主动发现、识别以及化解这些存量合规风险，一旦被监管机构发现进行查处，这些风险就像地雷一样被引爆。

总之，我们需要把企业经营中合规风险大的地区、领域、部门和环节作为调研的重点。在调研基础上进行识别与评估，发现企业存在的合规问题以及蕴含的合规风险。

### 2. 风险导向，健全合规制度

合规管理制度为组织及其成员提供行为上的指引和规范，是落实合规管理措施的基础和依据。针对合规反腐重点业务地区、重点业务领域、重点业务部门发现的风险制定专门制度，例如销售和采购等部门、高冲突国家等腐败风险高发区的合规规定。针对合规反腐重点业务环节制定具体制度纳入公司员工行为守则，比如好处费，加速费，礼品，招待费，促销费，慈善捐助等方面的规定。针对利益输送的风险制定避免利益冲突的制度。对企业原有制度进行完善，对还没有的制度进行补充。

### 3. 管理协调，强化合规职责

在建立合规管理制度的基础上，协调管理职能和资源配置、强化合规职责及其组织领导是组织建立合规管理体系的必然要求。合规职责涵盖合规治理、合规管理机构、合规管理协调、领导者的作用等方面内容。强化合规职责首先要依据合规治理原则，明确决策层和最高管理层在合规管理方面的职能，解决合规管理工作中的权力配置问题。合规职责的落实需要以合规部门与组织内、外部机构的有效沟通协调为保障。当然，领导者作为“关键少数”，其示范带头作用是加强合规职责的关键，对于树立合规管理理念、推动合规管理体系的建立和运行起到关键作用，领导者在履行各项合规要求中应做出表率。

### 4. 保障运行，完善合规机制

不少企业已经建立了各项合规制度，然而没有真正实施，其原因在于缺乏合规运行机制。对于推进合规体系而言，有四个方面的运行机制不可或缺，即全面的培训沟通机制、严格的责任考核机制、通畅的举报查处机制、有效的改进优化机制。

培训、考核、举报和改进这四种机制能够顺利运行在很大程度上还取决于企业最高负责人是否以身作则积极推进合规。因此保证合规机制运行的核心问题是，企业领导者能否以身作则推进合规。换言之，保证合规机制运行的核心问题是，企业领导者能否以身作则推进合规。

### 5. 效果评审，推进持续合规

企业的合规体系需要不断完善，不仅是适应变化中的合规环境以及企业自身业务发展的变化，还要通过操作层面的效果评审评价，发现和纠正贯彻执行中可能的问题，不断地改进和优化。在开展效果评价时，管理层亦应考虑组织面临的合规义务的变化情况，不断调整组织的合规管理目标，督促组织根据合规管理目标对组织的合规风险管理措施进行更新，以保障组织能够满足内、外部合规管理要求。通过不断地重复风险评估、风险控制、效果评价过程，查找组织合规风险管理的漏洞，纠正不合规行为，促进合规管理体系螺旋上升。

### 6. 持之以恒，形成合规文化

从十八大中央强力反腐以来各个案例来看，中国企业形成合规文化的一大挑战在于如何战胜潜规则文化。中国的传统文化讲究人情和关系。人们的处事习惯讲究变通。从积极方面看，讲人情和关系，注重变通往往使企业灵活应变。但是从消极方面看，这些习惯极易使人们超越底线而违规。考虑到我国在不少地方存在事实上的人治，政府权力运行中存在人治因素，使人们崇拜权力而不遵守法规。传统文化和行事习惯中消极因素与权力运行中的人治因素结合必定导致潜规则，而潜规则是合规的天敌。我国企业在海外投资经营时也容易把这种潜规则带到海外，这种潜规则的存在给中国企业强化合规经营带来挑战。只有持之以恒坚持若干年，一个企业才有可能构建合规文化。

一些企业实践证明，六步法建立合规管理体系是一整套建立合规管理体系的工具，也是合规管理体系不断改进和提升的一个系统发展过程。

## 结语：独行快，众行远

2018 年初，在中国贸促会和中国企业联合会领导支持下，全国企业合规委员会成立。中国石油、中国中铁、中国海油、招商局集团、北京汽车等国有企业，吉利、联想、腾讯、美的等民营企业以及 IBM、微软、西门子、戴姆勒、宝马、松下等外资企业都在第一时间加入全国企业合规委。在 2018 年 5 月 4 日合规委成立大会上，这些企业联合发布倡议书。该项倡议向全国企业提出，“随着经济全球化的不断深入，跨国公司走向全球公司，诚信合规经营成为全球公司的首要责任。中国企业走向世界，需要按照全球公司的标准和要求来运营，才有可能生存和发展。因此，中国企业在全球化的过程中必须遵守本国以及经营所在国的法律法规”。

我们希望越来越多的中国企业了解什么是合规，什么是合规风险，从而了解企业管理当代发展的新趋势；我们也希望越来越多的中国企业关注企业面临的严峻的合规风险，从而明白为什么要强化合规管理体系建设，从别人“要我合规”转变为“我要合规”；我们也希望越来越多的中国企业了解先进企业如何识别合规风险，如何建立合规管理制度，如何健全合规管理岗位，如何完善合规管理机制，尽快建立企业的合规管理体系，从而融入强化合规管理的新潮流；我们还希望越来越多的中国企业在强化合规管理的过程中相互学习，相互促进，开展合规的联合行动。

“独行快，众行远”，经过这一轮全球企业合规挑战的洗礼，中国企业一定能够在软实力方面得到提升，以新的姿态参与全球竞争。

# 新型城镇化与共建“一带一路”

史育龙　国家发改委城市和小城镇改革发展中心主任

从过去40多年改革发展历程来看，今天研判大变局下的中国发展机遇和挑战，应当把如何保持增长活力放在一个突出重要的位置，最大限度延伸发展进步的战略机遇期。为此，从全局带动效应的角度分析，建议对内以城镇化为突破口，加快促进形成强大的国内市场，为经济持续稳定增长奠定基础；对外则以共建“一带一路”为平台，推进更高水平开放，与世界各国互利共赢、共同发展。紧紧抓住这两点，就抓住了中国发展的最大机遇。

## 一、以城镇化为突破口促进形成强大的国内市场

伴随着中国农村的改革，20世纪80年代同步启动了自下而上的城镇化变革，“村村点火、户户冒烟”的乡镇企业大发展初步释放了农业富余劳动力的潜力，而沿海地区“三资企业”和民营经济的大发展则对农村富余劳动力形成了持久强劲的“拉力”。从允许农民自理口粮进入小城镇务工经商开始，经过20年的艰难探索。2000年，“十五”计划第一次提出实施城镇化战略，城镇化第一次上升为国家战略。又过了13年，2013年中央第一次召开了城镇化工作会议，不久后印发了《国家新

型城镇化规划2014—2020年》（简称《规划》）。会议和《规划》均明确提出一个重要判断，即城镇化是现代化的必由之路。我们用了40多年的探索得出这样一个重要结论，形成了这样的共识，来之不易。

近年来，随着国内基础条件和外部环境的深刻变化，特别是中国经济从高速增长转向中高速增长，城镇化也开始减速。与此同时，在城镇化进程中积累的农业转移人口市民化滞后、城乡要素流动渠道不畅、城乡基础设施和公共服务设施差距较大、多元化可持续的城镇化投融资机制未能有效形成，特别是乡村发展活力不足等问题日益凸显。

在此背景下，新型城镇化规划发布以后，全国范围内在2个省和246个市（县）分三批进行了试点，对上述问题从多个方面做出了大量的探索。从试点的评估结果看，虽然很多方面有一定的进展，但其全局性和突破性方面还没有达到令人满意的程度。

2017年，党的十九大提出了乡村振兴战略。2019年，中央发布了《关于坚持农业农村优先发展做好“三农”工作的若干意见》。如何把握城镇化和乡村振兴两者之间的关系，成为摆在大家面前的一个重要问题。习近平总书记在政治局集体学习乡村振兴战略时提出，要把乡村振兴战略这篇大文章做好，必须走城乡融合发展之路。2019年5月，总书记在江西考察期间，强调城镇化和乡村振兴互促互生。

面向未来，城乡融合应当成为城镇化和乡村振兴的共同目标。2019年，党中央国务院印发的《关于建立健全城乡融合发展体制机制和政策体系的意见》中出现了很多新的突破。比如，城市人才入乡的机制，允许农村集体经济组织探索人才加入机制问题。对于工商资本如何下乡有了新的安排。如果包括工商资本下乡、城乡之间的要素资源的有序流动和合理配置等在内的事项能够取得实质性进展，将会进一步激发我们的增长活力，潜在增长率也将会有新的提高。

## 二、以共建“一带一路”为平台实现共同发展

根据一系列国际组织和智库的研究报告显示，“一带一路”倡议能够带来的经济增长效益十分显著。据统计，“一带一路”沿线经济体之间的贸易成本下降了3.5%。由于基础设施的溢出效应，这些经济体与世界其他地区的贸易成本也下降了2.8%。“一带一路”倡议的全面实施可帮助3200万人摆脱中度贫困（日均生活费低于3.2美元），使全球和“一带一路”经济体的贸易额增幅分别为6.2%和9.7%，使全球收入增加2.9%；对于沿线低收入国家来说，外国直接投资增幅达到7.6%。

在第二届“一带一路”国际合作高峰论坛圆桌峰会上，其联合公报重申了加强多边主义对应对全球挑战的重要性，并提出构建开放、包容、联动、可持续和以人民为中心的世界经济，有利于促进共同繁荣。这反映了与会各国领导人和国际组织负责人对于共建“一带一路”的充分肯定和热烈响应。

过去几年，在与有关国家合作共建“一带一路”过程中，中国企业对于国外环境、国际市场有了进一步了解，熟悉了开展国际经济合作的做法，在为项目落地国家的工业化现代化进程做出贡献的同时，也让中国企业开阔了视野、练就了本领、拓展了发展空间。也正是在这种合作进程中，发现了我们自身需要进一步扩大开放、深化改革的领域和方向。

通过共建“一带一路”，切实起到统筹国内国外两个大局，用好国内国外两个市场、两种资源的重要，为中国经济增长提供更加广阔的市场环境。要让我们企业更多地参与国际竞争、开展经济合作的规则、标

准和管理程序，与目前通行的国际规则更加协调衔接，最大限度地降低规制性成本。同时，推动国内产业在更宽领域、更深层次的开放，为中国企业更好地融入全球分工体系，使中国经济与世界经济建立良性互动关系探索有效途径。

# 依据“利益引力”推进区域协调机制改革

盛　毅　四川省社会科学院原副院长

## 一、推进城市群和都市圈建设，深化区域协调机制改革成为关键手段

中国的城镇化进入中后期以来，都市圈和城市群的建设，正在成为区域经济发展的主体形态，成为支撑中国经济增长、促进区域协调发展的重要载体。城市群和都市圈建设，既有利于优化人口和经济的空间结构，又有利于激活有效投资和挖掘发展潜力，还能全面提高全要素生产率。

目前，中国80%的经济总量和高端要素都集中在城市群，而都市圈占到60%左右。“十四五”期间，城市群和都市圈聚集人口和产业的规模还要提高。为适应这一趋势，中国连续发布《关于建立更加有效的区域协调发展新机制的意见》《关于培育发展现代化都市圈的指导意见》《2019年新型城镇化建设重点任务》。以上意见的核心是以中心城市引领城市群发展，增强中心城市辐射带动力。其中，加快京津冀协同发展、长江三角洲区域一体化发展、粤港澳大湾区建设，有序推动成渝、哈长、长江中游、北部湾、中原、关中平原、兰州—西宁、呼包鄂榆等城市群

发展规划实施，培育发展以中心城市为核心的现代化都市圈，成为促进区域发展的主要任务。

围绕加快推进城市间的交通基础设施一体化、产业分工协作、市场统一开放、公共服务共建共享等，需要建立与之相适应的区域协调机制，尤其是探索建立中心城市牵头的都市圈发展协调推进机制。世界上大的城市群大多是都市圈，都市圈外围形成了较大的城市化地区。过去，我国推动城市群发展，由于各城市内在联系差异大，效果并不理想，当前，我们已经认识到这一问题。在新推出的城市群发展规划及实施方案中，开始重视推进工作的针对性，使城市群建设更符合现阶段城市群发展实际。

## 二、探索新的区域协调机制，应率先从“利益引力”大于“行政阻力”的区域和环节着手

目前，推进城市群和都市圈建设，一般试图在整个区域构建同样的跨行政区协调机制，其实践的结果并不理想。很多跨区域的合作协议，最终因行政封锁而搁置。但在部分区域和领域着力，却打破了行政阻力，建立起跨区域协作关系。根本原因在于中心城市没有进入以扩散为主的阶段之前，中心城市与周边城市之间的“利益引力”会弱于“行政阻力”。简单用一体化的思路来设计协调机制，难以取得预期效果。而在合作意愿强烈、诸多领域合作条件成熟的中心城市及其周边，由于“利益引力”强于“行政阻力”，开始出现由一般要素流动向城市功能互换转变，构建大都市圈并形成同质化的城市复合体的条件开始成熟。因此，应以都市圈协调机制构建为先导，在此基础上推动城市群发展，以城市群发展带动区域一体化。

## 三、深化区域协调机制改革，可以根据“利益引力”强弱在多个层面进行

纽约的“城市群落协调模式”，即局部整合行政区划、将中心城市与周围的郊县划为一个行政区；成立高层次的“一体政府”，如，双城大都市区议会、大都市政府等，这种政府协调方式保留了各城市政府的独立自主性，主要职责包括进行区域规划，对城市政府进行监督，提供公共产品及公共服务；组建区域规划协会，主要针对涉及大都市圈的长远发展的战略性问题，制定跨越行政界限的综合规划，后来也扩展到其他公共事务领域；引入市场协调机制，即各个城市政府通过签订合约，来明确各自权责。

东京都市圈协调模式，通过立法保障都市圈的区域发展，包括《首都圈整备法》及其他一系列配套法律法规，并成立了首都圈整备委员会；制定区域规划，中央政府作为都市圈经济、政治整合的推手，直接参与关于经济发展、污染治理、交通建设、信息平台共建等方面的区域政策的制定。

“长三角”地区曾探索的“3 层次 +1”机制。“3 层次”是从省到市再到各市的政府部门三个层次，建立联席会议制度；“1”指“专项合作制度”，即针对区域内的基础设施建设、环境治理等，通过“专项合作制度”进行研究。

“珠三角”地区曾探索的同城化协调模式。城市之间自主合作，在区域政策制定、基础设施建设、环境保护、区域旅游发展、高新技术产业合作、教育、医疗保障、人员流动等各方面实现对接；包括制定明确详细的发展规划；搭建研讨会、参观考察、论坛等形式的合作协调平台；

形成多层次的工作机制，如，第一层面为最高权力机构的“四人领导小组”，第二层面建立“市长联席会议制度”，第三层面成立对口部门负责小组，负责对实施过程中的具体事务进行沟通协调。

以上协调机制遵循了“利益引力”的原理，即根据区际联系的市场化程度，分别建立紧密的、相对紧密的、比较松散的协调机制。

## 四、结合市场机制的完善，创新区域协调机制

第一，对于发育程度较高的都市圈，可以考虑在更大的半径来建立同城化的机制，通过全面规划来分配都市功能，建立以中心城市为主导的协调机制，上级政府考核要同时考核中心城市在推进同城化方面的任务，同时要考虑进行行政区域调整。对于发育程度不高的都市圈，同城化的范围可小一些，同样可以考虑合并部分行政区域。

第二，对于城市群，则按建立部分领域一体化或协同发展机制来设立，如，着重建立能够满足交通、环保等的一体化发展协同机制，或者只是就某些方面建立协调关系，协调机制的约束力和适应范围，根据需要协同的任务，以及“利益引力”的强弱来制定，待时机成熟后再进一步深化。

第三，行政区划调整应该作为下一步改革的重点。过去搞市管县的行政体制改革极大地解放了生产力，但现在资源要素十分分散，实现乡村振兴，要全面完成两步现代化任务，继续搞这么多的乡镇和规模小的县城，全要素生产率是无法提高的，也没法带动这么多的人口和地区进入现代化的行列。所以，行政区划需要调整，要以更大力度促进要素进一步向中心城市集中。

# 我国地方行政审批机构改革的现状、问题与对策

张述存　山东省社会科学院院长

讨论“中国十四五时期的改革开放”，无论哪个领域，在深层次都有一个发挥好市场和政府的作用问题。发挥好市场与政府的作用，很重要的一个体现，就是看行政审批制度的改革、行政审批机构的改革。

## 一、行政审批的内涵和重要性

要分析这个问题，首先要搞清什么是行政审批，行政审批是怎么发展过来的，意义在哪里，是不是很重要。

### 1. 行政审批的内涵

行政审批有广义和狭义之分。行政审批包括行政审核和行政批准。实施的主体是行政机关、法律法规授权的组织，规章委托的组织，这是广义的行政审批机构。而我们研究的是狭义的行政审批机构，是指专门从事行政审批的机构。目前，最有代表性的主流范式是行政审批服务局，也就是基本上把所有的行政审批都放到其中的管理机构。

### 2. 我国行政审批机构的变化、改革与调整

我国行政审批机构的变化、改革与调整，伴随了新中国的发展历程以及改革开放的发展历程，并且现在和将来还会长期持续。我们可以用三个方面来概括：

第一，目前的行政审批服务局是从新中国成立后长期的计划经济、指令经济下一步步调整发展而来的；

第二，目前的行政审批服务局是改革开放以来，为克服计划体制弊端，适应招商引资和市场经济发展需要，从“一站式审批服务”、行政服务中心、“两集中、两到位”到行政审批服务局，一步步改革发展而来的；

第三，目前的行政审批服务局是进入新时代后，党中央和国务院强力推进放管服改革，以及通过本轮机构改革一步步深化发展而来的。

### 3. 行政审批机构改革的重要性

从根本上来说，这是由行政审批制度改革的重要性决定的。行政审批机构的重要性，也可以从三个方面表述：

第一，从历史看，它是改革开放 40 多年的重要体现形式。如果说计划经济是全面审批经济，那么 40 多年来去计划经济、促市场经济，逐步做到让市场在资源配置中起决定性作用，更好发挥政府作用的过程，就是 40 多年来不断深化行政审批制度改革与行政审批机构改革的过程。

第二，从目前看，党十八大以来着力推进放管服改革，其核心就是行政审批制度和行政审批机构的改革。

第三，从未来看，党的十九届四中全会的主题是坚持和完善中国特

色社会主义制度，推进国家治理体系和治理能力现代化，具体要通过机构改革与制度创新来实现，行政审批机构改革无疑是重要内容。同时，政治局会议提出了3个目标，其中第一个目标是到建党100年，也就是2021年，要在各方面制度更加成熟、更加定型上取得明显成效。这个目标的实现是正值“十四五”开局之年，所以，对于行政审批机构改革的探讨意义重大。

## 二、行政审批机构改革的现状、问题、建议

### 1. 行政审批机构改革的现状

各地都在进行积极探索，本轮机构改革基本结束，突出问题是缺乏顶层设计：

第一，规格不一。有正厅级别，也有副厅级别，还有处级。

第二，隶属关系不一。有的是省政府直属，有的是部门管理，还有的设为发改委、办公厅、编办等内设处。

第三，归口不一。有党委管理的，也有政府管理的。

第四，职能不一。有的是放管服放在一起的单位，有的则是分开的，“放”的职能在编办；“服”的职能在政务办。

第五，管理不一。有单设的，有挂两个牌子的。同时，两个牌子也不一样。如，天津市政务办挂市营商环境办的牌子，山西行政审批服务局挂省政务信息管理局的牌子，浙江深改办挂“最多跑一次办”，即跑改办的牌子。在山东，市以下都设立了行政审批服务局。

### 2. 行政审批机构改革存在的突出问题

第一，从纵向来看，中央没有相应的对口部门。中央都在各部委，有的省成立了行政审批服务局，但是多数省没有成立。市以下有些也设立了相关机构，例如，山东、河北、天津以下都成立了行政审批服务局。实际上，上下不对口也影响了审批的效率和服务的水平。我们在调研中发现，有个别行政审批服务局出的文件，在上报国家部委时对方不认的情况。

第二，从横向来看，也造成了职能交叉重复。例如，江苏下面一个市的行政审批局和市场监管局两家就面临着类似的协调问题。

第三，在信息共享上，不能有效地整合就意味着不同系统、不同区域、不同层级、不同时期的数据信息不能有效地整合到一起。

## 三、进一步深化行政审批机构改革的几点建议

### 1. 加强顶层设计，从上到下推动

地方行政审批机构改革实践模式繁多，各地有很多的创新点。目前，最为缺乏的是顶层设计，简政放权、放管服改革到了应当全力做好顶层设计的阶段。我们要从顶层设计的高度对各级行政审批机构的规则、隶属关系、归口管理、职能配置、运行机制等各方面进行统一、规范、科学的配置。

### 2. 强化法治思维、克服法治缺陷

行政审批机构改革必须充分应用法治思维和法治方式。目前，法律

法规对行政审批机构的科学设置和运行存在一些障碍。从国家层面到地方层面应该结合实践和制度创新的要求加强立法，制定完善的法律法规。

### 3. 加强理论研究发挥智库的作用

深入推进行政审批制度改革既要加强实践探索，又要加强理论研究。既要大胆试点，又要善于总结。不管是加强顶层设计，还是完善科学立法，都需要国家智库的大力支持。

# 附　录

# 以高水平开放形成改革发展新布局

## ——“十四五”时期改革总体思路与重大任务

中国（海南）改革发展研究院课题组

当今世界正处于百年未有之大变局，作为新型开放大国和经济转型大国，中国如何看世界、如何与世界融合发展；处于调整、变化中的世界，如何看中国、如何共建开放型经济体系，这是国内外普遍关注的重大问题。

面对百年未有之大变局，我国以高水平开放推动形成改革发展新布局，不仅对自身中长期发展有着重大影响，而且将给世界经济增长与经济全球化进程带来重大利好。推进高水平开放已经成为牵动影响我国“十四五”改革发展的关键因素。

## 一、“十四五”：推进高水平开放

“十四五”：是世界经济格局深度调整的五年，是“两个一百年”奋斗目标的历史交汇期，是实现我国中长期改革发展战略目标的关键五年；是奠定高质量发展的重要基础、实现由全球化重要推动者向主导者转变的关键五年。正是在这个大背景下，高水平开放成为事关我国改革发展全局的关键因素。

## 1. 处于大变局中的“十四五”

（1）经济全球化正处于发展、调整、变化的关键时期。

——贸易保护主义威胁全球自由贸易进程。受贸易保护主义的影响，全球货物贸易增速明显放缓。2018 年全球货物贸易量同比仅增长 3.0%，增幅较 2017 年回落 1.6 个百分点；预计 2019 年增幅将进一步降至 2.6%。1995—2008 年，全球外商直接投资净流入年均增长 17%，远高于同期 GDP 名义增速 5.7% 的水平；2008—2017 年，全球外商直接投资净流入同比下降 21%，占 GDP 的比重由 2007 年的 5.3% 下降至 2017 年的 2.3%。未来几年，全球货物贸易增速低于 GDP 增速的格局仍将大概率持续。为此，谋划“十四五”时期的改革开放，需要考虑到贸易保护主义导致全球有效需求长期不足的现实与趋势。

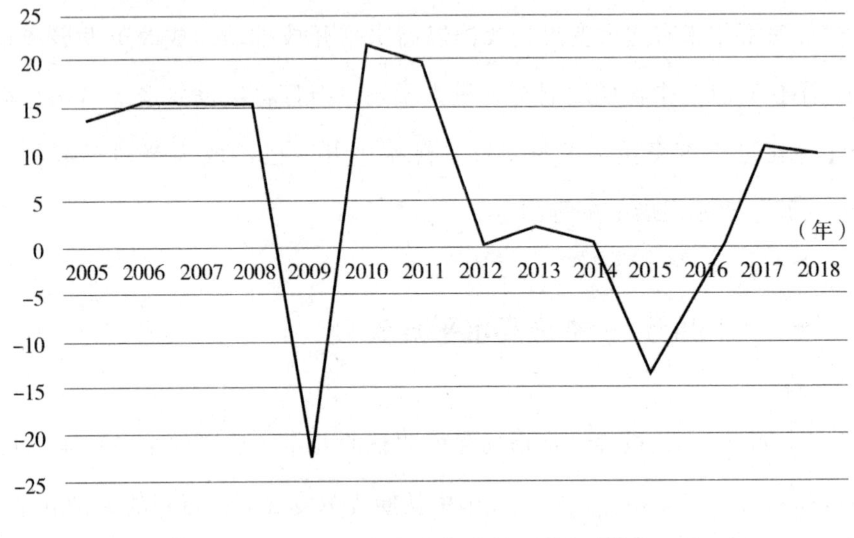


**图 1　2005—2018 年全球商品出口增速（单位:%）**

数据来源：联合国贸易和发展会议数据库。

——全球经贸规则重构，参与全球经济治理机遇与挑战并存。例如，美国通过双边谈判的方式，重新签订美韩、美墨加等协定，美日贸易协定初步完成；欧盟同日本、厄瓜多尔签署经济伙伴关系协定，并与新加坡签署了贸易和投资保护协定；日本主导的全面与进步跨太平洋伙伴关系协定（CPTPP）谈判协定结束。这些谈判意在主导全球经贸规则重构。此外，要高度关注美国不确定性的经济全球化政策及我国外部环境的重大冲击。谋划“十四五”时期的改革开放，需要把握大变局下经济全球化的新趋势。

——世界经济低速增长将成为一个中长期趋势。过去10年，全球经济总体上呈现弱增长态势；未来10年，全球经济仍将呈现弱增长态势。有预测显示，2020—2035年全球经济增长平均速度预计为2.6%；发达经济体的增长速度将可能进一步放缓到1.7%左右，低于过去50多年的平均增速；发展中国家增长速度有所下降，预计为4.9%左右①。

**表1 国际金融危机前后10年的全球经济增速（单位:%）**

| 年份 | 世界经济增速 | 年份 | 世界经济增速 |
|---|---|---|---|
| 1997 | 3.7 | 2008 | 1.85 |
| 1998 | 2.56 | 2009 | -1.69 |
| 1999 | 3.27 | 2010 | 4.28 |
| 2000 | 4.39 | 2011 | 3.13 |
| 2001 | 1.94 | 2012 | 2.51 |
| 2002 | 2.19 | 2013 | 2.65 |
| 2003 | 2.91 | 2014 | 2.84 |
| 2004 | 4.38 | 2015 | 2.86 |
| 2005 | 3.87 | 2016 | 2.57 |

① 国务院发展研究中心课题组．未来15年国际经济格局变化和中国战略选择[J]．管理世界，2018（12）．

续表

| 年份 | 世界经济增速 | 年份 | 世界经济增速 |
|---|---|---|---|
| 2006 | 4.33 | 2017 | 3.16 |
| 2007 | 4.22 | 2018 | 3.03 |

数据来源：世界银行数据库。

（2）重塑中美大国经贸关系的关键时期。2018年以来美国挑起的对华经贸摩擦，直接冲击了中美双边贸易，明显加大全球经济的不确定性。中美经贸摩擦，不仅反映了经济实力相对变化下新型大国关系形成进程中的曲折，更反映了经济全球化和现行全球经济治理结构的矛盾与挑战。从短期看，中美经贸关系有可能在一定条件下得到缓解，但从中长期看，不确定性有进一步加大的可能。对中美经贸摩擦的长期性、间接性和多边影响性需要有充分的准备。以现价美元衡量，1978年，中国GDP和人均GDP分别为1495.41亿美元和156.40美元，分别为美国的6.36%和1.48%；到2018年，中国GDP和人均GDP分别为13.6万亿美元和9770美元，分别为美国的66.40%和15.60%。未来10年，中美两国经济实力的相对变化是一个客观趋势，但并不一定会带来某些冲突与矛盾，关键是双方能否主动并有效地适应不断变化的对方。

**表2　1978—2018年中美GDP及人均GDP**

| 年份 | GDP（现价，亿美元） | | 人均GDP（现价，美元） | |
|---|---|---|---|---|
| | 中国 | 美国 | 中国 | 美国 |
| 1978 | 1495.41 | 23515.99 | 156.40 | 10564.95 |
| 1980 | 1911.49 | 28573.07 | 194.80 | 12574.79 |
| 1985 | 3094.88 | 43389.79 | 294.46 | 18236.83 |
| 1990 | 3608.58 | 59631.44 | 317.88 | 23888.60 |
| 1995 | 7345.48 | 76397.49 | 609.66 | 28690.88 |
| 2000 | 12113.47 | 102523.45 | 959.37 | 36334.91 |
| 2001 | 13393.96 | 105818.21 | 1053.11 | 37133.24 |

续表

| 年份 | GDP（现价，亿美元） | | 人均 GDP（现价，美元） | |
|---|---|---|---|---|
| | 中国 | 美国 | 中国 | 美国 |
| 2002 | 14705.50 | 109364.19 | 1148.51 | 38023.16 |
| 2003 | 16602.88 | 114582.44 | 1288.64 | 39496.49 |
| 2004 | 19553.47 | 122137.29 | 1508.67 | 41712.80 |
| 2005 | 22859.66 | 130366.40 | 1753.42 | 44114.75 |
| 2006 | 27521.32 | 138146.11 | 2099.23 | 46298.73 |
| 2007 | 35503.42 | 144518.59 | 2693.97 | 47975.97 |
| 2008 | 45943.07 | 147128.44 | 3468.30 | 48382.56 |
| 2009 | 51017.02 | 144489.33 | 3832.24 | 47099.98 |
| 2010 | 60871.65 | 149920.53 | 4550.45 | 48466.82 |
| 2011 | 75515.00 | 155425.81 | 5618.13 | 49883.11 |
| 2012 | 85322.31 | 161970.07 | 6316.92 | 51603.50 |
| 2013 | 95704.06 | 167848.49 | 7050.65 | 53106.91 |
| 2014 | 104385.29 | 175217.47 | 7651.37 | 55032.96 |
| 2015 | 110155.42 | 182192.98 | 8033.39 | 56803.47 |
| 2016 | 111379.46 | 187071.88 | 8078.79 | 57904.20 |
| 2017 | 121434.91 | 194853.94 | 8759.04 | 59927.93 |
| 2018 | 136081.52 | 204941.00 | 9770.85 | 62641.01 |

数据来源：世界银行数据库。

从趋势上看，未来5~10年将是中美关系的关键时期。随着中美双方相对实力的变化，在全球经济增长乏力和全球经济治理面临挑战的影响下，如何相互适应一个不断变化的对方，多变环境下如何定位自身在全球事务中的角色，成为妥善处理中美关系的重大课题。

（3）新一轮科技革命引领产业变革的关键时期。

——全球正加快进入新数字时代。第四次工业革命将重塑全球产业分工格局，全球产业分工将从产业链式分工逐步转向网络式分工。未来几年，一系列新兴信息技术将进入到产业化普及阶段。预计2020—2025年，我国5G发展将直接带动经济总产出10.6万亿元人民币，直接创造经济增加值3.3万亿元人民币①。

——新科技革命与经济全球化的融合成为时代潮流。新科技革命超越了国别、地域，推动了全球新经济的发展。即使发达国家的高科技产品如苹果手机的创新，也需要在全球供应链中进行新的组合并实现价值增值。

——以数字经济引领我国产业变革的关键时期。预计2020—2025年，我国5G商用将直接带动经济总产出10.6万亿元，直接创造经济增加值3.3万亿元；间接带动经济总产出约24.8万亿元，间接带动的经济增加值达8.4万亿元。

## 2. “十四五”：以高水平开放赢得国际合作竞争主动

（1）以高水平开放维护经济全球化大局。2018年，我国货物贸易额占全球的11.8%，居世界第一位；目前，我国已成为120多个国家和地区的最大贸易伙伴。2018年，我国对外直接投资1430.4亿美元，占全球的14.1%，居世界第三位。作为新型开放大国，我国的高水平开放对维护经济全球化大局、维护多边贸易体制、推进世界经济增长都将产生重大影响。

（2）以高水平开放促进和引领全球自由贸易进程。近几年来，我国与亚洲、大洋洲、拉美、欧洲等国家和地区先后建设自贸区，目前已与25个国家和地区达成了17个自贸协定。共建“一带一路”倡议提出6年来，已得到160多个国家（地区）和国际组织的积极响应，成为推动全球自由贸易进程的重要动力。适应服务贸易快速发展的大趋势，依托我国巨大市场规模优势，加快推动以服务贸易为重点的开放转型，将发

① 中国5G商用已具备现实基础[N]. 北京日报，2019-01-21.

挥新型开放大国在促进和引领全球自由贸易中的重要作用。

（3）以“全球视野、长期视角、战略思维”重塑中美新型大国关系。作为最大的发展中国家和最大的发达国家，中美合作空间巨大，不仅包括经贸领域，也包括能源、安全、减贫、气候等领域。立足长期，需要争取取消加征关税并逐步走向零关税，合作推动全球关税降低、推动自由贸易，共同开发第三方市场等。

（4）以高水平开放进一步提升我国在世界经济治理中的地位与作用。近年来，世界经济对我国依赖性明显提升。麦肯锡全球研究院的报告显示，2000—2017 年，世界对中国经济的综合依存度指数从 0.4 增长到 1.2；中国贡献了全球制造业总产出的 35%、贡献了 31% 的全球家庭消费增长额。全球大多数行业都在一定程度上依赖于中国市场，这使得中国和世界其他经济体有大量机会推进彼此融合。预计到 2040 年，这一融合创造的经济价值将达到 2237 万亿美元，相当于全球 GDP 的 15% ~ 26%①。未来，我国在对接国际经贸规则中促进高水平开放进程，将明显提升我国在全球经贸规则重构中的话语权与影响力。

（5）以高水平开放赢得全球新一轮科技竞争与产业变革的主动。我国拥有全球规模最大的移动互联网用户群体，为大数据、人工智能、云计算、移动互联网、物联网、区块链等数字技术提供了巨大应用市场。例如，机器人、新能源汽车、移动支付以及一些高科技产业，尽管其核心技术不在中国，但最大的应用市场在中国。需要在高水平开放中充分释放我国市场规模优势，并加强国际创新合作进程。

① 麦肯锡全球研究院报告：世界对中国经济依存度上升[N]. 人民日报，2019-07-07.

### 3. “十四五”：加快推动高水平开放的主要趋势

（1）从以制造业领域为主的开放到以服务业领域为重点的开放。一方面，服务业领域已成为我国扩大开放的重点。2005—2018 年，我国服务业实际利用外资规模由 149.1 亿美元增长到 931.2 亿美元，年均增速达到 15%，高于我国实际使用外资平均增速 10 个百分点；在全国实际使用外资总量中的比重达到 69%，是制造业的 2.25 倍。另一方面，服务贸易仍是我国开放的突出短板。目前，我国服务贸易额占贸易总额的比重不仅低于全球 23.1% 的平均水平，也远低于欧盟（27 国）、英国、美国等发达经济体，与金砖国家也有 3.1 个百分点的差距。“十四五”，从以制造业领域为主的开放到以服务业领域为重点的开放转型将成为一个基本趋势。

表 3　2000—2017 年我国服务贸易规模（单位：亿美元）

| 年份 | 进出口 | 出口 | 进口 | 差额 | 货物贸易总额 | 对外贸易总额 | 服务贸易占比 |
|---|---|---|---|---|---|---|---|
| 2000 | 707 | 347 | 360 | -12 | 4743.0 | 5449.97 | 12.97% |
| 2001 | 778 | 387 | 390 | -3 | 5096.5 | 5874.51 | 13.24% |
| 2002 | 919 | 459 | 461 | -2 | 6207.7 | 7126.66 | 12.90% |
| 2003 | 1058 | 510 | 549 | -39 | 8509.9 | 9567.88 | 11.06% |
| 2004 | 1443 | 721 | 722 | -1 | 11545.5 | 12988.54 | 11.11% |
| 2005 | 1672 | 838 | 833 | 5 | 14219.1 | 15891.06 | 10.52% |
| 2006 | 2027 | 1024 | 1003 | 21 | 17604.4 | 19631.38 | 10.33% |
| 2007 | 2640 | 1348 | 1293 | 55 | 21761.8 | 24401.75 | 10.82% |
| 2008 | 3207 | 1626 | 1580 | 46 | 25632.6 | 28839.55 | 11.12% |
| 2009 | 3007 | 1426 | 1581 | -155 | 22075.4 | 25082.35 | 11.99% |
| 2010 | 3696 | 1774 | 1923 | -149 | 29740.0 | 33436.01 | 11.05% |
| 2011 | 4471 | 2003 | 2468 | -465 | 36418.6 | 40889.64 | 10.93% |
| 2012 | 4808 | 2006 | 2803 | -797 | 38671.2 | 43479.19 | 11.06% |

续表

| 年份 | 进出口 | 出口 | 进口 | 差额 | 货物贸易总额 | 对外贸易总额 | 服务贸易占比 |
|---|---|---|---|---|---|---|---|
| 2013 | 5352 | 2058 | 3294 | -1236 | 41589.9 | 46941.93 | 11.40% |
| 2014 | 6489 | 2181 | 4309 | -2128 | 43015.3 | 49504.27 | 13.11% |
| 2015 | 6505 | 2176 | 4330 | -2154 | 39530.3 | 46035.33 | 14.13% |
| 2016 | 6575 | 2083 | 4492 | -2409 | 36855.6 | 43430.57 | 15.14% |
| 2017 | 6960 | 2282 | 4678 | -2396 | 41162.8 | 48122.8 | 14.46% |

数据来源：2000—2016 年数据来源于《中国统计年鉴 2017》；2017 年数据来源于《中华人民共和国 2017 年国民经济和社会发展统计公报》。

（2）从商品和要素流动型开放到规则等制度型开放。改革开放以来，我国商品要素开放的进程不断加快。例如，全国平均关税水平由加入 WTO 时的 15.3% 降至目前的 7.5%；随着准入负面清单限制措施的不断减少，开办企业便利度不断提升。我国正加快由要素流动型开放向规则等制度型开放转变，按照公开市场、公平竞争的原则，推进国有企业改革、知识产权保护、产业政策、政府补贴、环保标准等与世界经贸规则的对接，并形成与之相适应的制度与政策体系。

（3）从经济全球化的积极参与者到经济全球化的重要推动者。面对经济全球化的新挑战，我国坚定推进全球自由贸易进程，坚定维护以 WTO 为核心、以规则为基础的多边贸易体制，以“一带一路”为载体坚定推进双边多边自贸进程，积极构建新型的经济伙伴关系。2018 年，我国占全球出口、进口的份额分别达 12.8%、10.8%。“十四五”，我国将从经济全球化的积极参与者进一步提升为经济全球化的重要推动者，将成为区域一体化的重要贡献者，并有望在某些经贸规则构建中扮演主导角色。

### 4. “十四五”：加快形成高水平开放新格局

（1）以形成全面开放新格局为目标。

——对外开放度明显提升。服务业对外开放度达到制造业水平；其中服务业 FDI 限制指数下降 40%，达到澳大利亚等水平；制造业 FDI 限制指数下降到 OECD 国家平均水平。建立内外资一致的市场准入负面清单，相关配套措施实现与国际接轨，提升负面清单的透明度与可操作性。“一带一路”双边、多边自贸网络进一步拓展。

——贸易自由化便利化水平明显提升。货物进口关税下降至 4% 左右，零关税商品占比由目前的 5% 左右提高至 10%，消费品进口占比由目前的 13% 左右提高到 20%；全面推广“单一窗口”，并实现与主要贸易伙伴的对接；服务业国内标准基本实现与国际标准的对接，边境内壁垒大幅下降。

——实现基本经贸规则的内外对接，并且在对接全球最新经贸规则方面实现重要探索。一方面，在市场准入、竞争中性、监管等领域实现内外规则的有效对接。另一方面，在海南自由贸易港等率先探索以“零关税、零补贴、零壁垒”为代表的国际经贸新规则。

（2）以服务贸易开放为重点。

——服务贸易比重明显提升。争取到 2025 年，服务贸易占外贸总额比重由目前的 14.7% 提高至 20% 以上。

——服务贸易结构进一步优化。争取到 2025 年，我国知识密集型服务贸易占服务贸易的比重由目前的 32.4% 提升至 40% 以上；保险、计算机和信息、知识产权等高端生产性服务贸易占比由目前的 23.8% 提高至 30% 以上。

——服务贸易国际竞争力明显提升。争取到 2025 年，我国服务贸易逆差占服务贸易的比重由目前的32.6%下降到20%左右；在保持制造服务、建筑服务、计算机与信息等优势基础上，大幅提升我国知识产权、金融等生产性服务贸易以及旅游等生活性服务贸易的国际竞争力。

（3）以强化制度性、结构性安排为保障。

——“十四五”服务业市场化程度达到制造业水平。土地、资金、技术等生产要素市场化改革基本完成，实现各类市场主体平等使用生产要素。

——竞争政策在经济政策中发挥基础性作用。各类市场主体按照竞争中性原则平等参与市场竞争、平等享受政策待遇；以混合所有制为重点的国企改革全面推开，基本形成以“管资本”为主的新格局；加快加入WTO《政府采购协定》；营商环境排名进入全球前10位，商事制度改革取得重大进展，基本实现企业“自由生、自由死、自主营”。

——建立与国际接轨的开放风险防范体制机制。加快建立并进一步完善贸易投资监管制度、贸易调整救援机制、“不可靠实体清单”制度等，建立与国际接轨的、与全面开放相适应的监管体制机制。

## 二、“十四五”：推动高水平开放的重大任务

《中共中央关于坚持和完善中国特色社会主义制度推进国家治理体系和治理能力现代化若干重大问题的决定》指出，要“建设更高水平开放型经济新体制”，实施更大范围、更宽领域、更深层次的全面开放。“十四五”，把握推进高水平开放的重要机遇期，推进规则等制度型开放进程，加强制度性、结构性安排：要以服务贸易为重点破题结构性开放，形成以服务贸易为重点的开放新格局；要在更大范围、更深程度对标国际经贸规则，降低边境内壁垒，更深程度融入世界经济；要以开放应对

保护、以改革回应关切，赢得与世界共同发展、融合发展的未来。

### 1. 加快形成以服务贸易为重点的开放新格局

（1）推动服务业市场的全面开放。

——推动服务业市场向社会资本全面开放。按照“非禁即准”的要求，凡是法律法规未明令禁止进入的服务业领域，全部向社会资本开放，不再对社会资本设置歧视性障碍，大幅减少前置审批和资质认定项目，实施“准入即准营”；鼓励引导社会资本参与发展服务业，并在打破服务业市场垄断方面实现实质性破题。

——加快推进服务业对外开放进程。在加快服务业市场化改革基础上，大幅缩减外资准入负面清单限制性条目。到 2020 年，率先实现教育、医疗、养老、旅游等服务业全面开放，取消对外资股比限制及经营范围限制；同时，按照《外商投资法》的相关规定，基本完善外商投资的服务体系。争取到 2025 年，在运输、保险、法律、研发设计等重点领域全面对接国际高标准开放水平。

——清理并大幅削减服务业领域边境内壁垒。在有条件的地区率先引入日、美、欧等国在医疗药品、旅游娱乐、体育养老等重点生活性服务业的管理标准，并实现资格互认；全面推广跨境服务贸易负面清单，允许负面清单外的境外企业在我国提供相关服务，逐步在人员流动、资格互认、市场监管等领域实现与国际接轨。

——推动与服务业市场开放相配套的行政管理体制改革。垄断行业不改革，社会资本就难以全面进入服务业市场；事业单位不改革，体制内外的政策差异鸿沟不填平，体制外的企业与事业单位就难以形成平等竞争的新格局；服务业用地价格机制不调整，中小服务企业的成本就难以降下来；政府购买公共服务的机制不改变，就难以形成体制内外服务业公平竞争的市场环境。

(2) 以制度性、结构性安排形成市场化、法治化、国际化的营商环境。

——完善“准入前国民待遇 + 负面清单”管理制度。一是进一步缩减市场准入负面清单；二是推动《全国版外商投资准入负面清单》和《市场准入负面清单》对接；三是进一步提升负面清单透明度与可操作性；四是进一步细化准入阶段的管理权力、要素供给、融资方式、税收政策、法律保护、司法救济等一系列待遇标准，给内外企业明确预期。

——统筹强化知识产权保护与产权保护。一是在现行《民法总则》的基础上，尽快出台《民法典》；二是建立产权平等保护的长效机制，依法保护企业家的财产权和创新收益，尽快出台《民营经济促进法》；三是出台《知识产权法》，实现知识产权保护与国际对接。

——推进政府采购公开化、市场化进程。一是将政府购买公共服务纳入《政府采购法》，进一步理顺《政府采购法》和《招标投标法》的关系；二是出台政府采购负面清单，除明令禁止社会资本参与的政府采购项目外，对各类所有制企业一视同仁，实行同等待遇；三是强化政府采购的公平竞争审查；四是加快加入世界贸易组织《政府采购协定》进程，并且按照《政府采购协定》中的相关规则，加快修订与完善相关制度。

(3) 抢占以数字服务贸易为重点的服务贸易新高地。

——把握我国在数字服务贸易领域的某些优势。全球服务贸易快速发展大趋势与新一轮科技革命形成历史性交汇，突出特点是数字服务贸易等新兴贸易快速兴起。它不仅深刻改变了贸易内容、贸易载体与贸易方式，也深刻改变了全球服务价值链，并且成为新一轮全球经贸规则制定的制高点。2011—2018 年，我国电子商务服务业规模由 410 亿元人民币增长至3.5万亿元人民币，年均增长88.9%，是我国服务业平均增速的10倍左右。

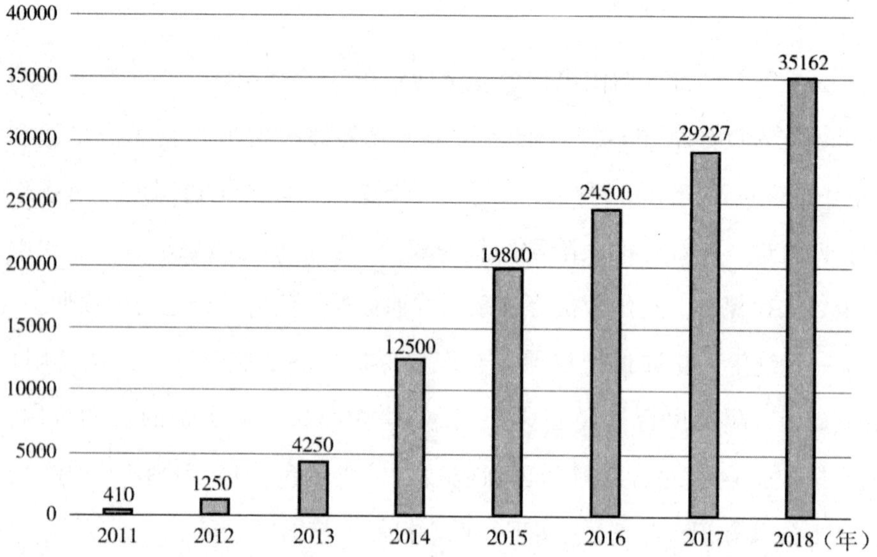


**图2　2011—2018年我国电子商务服务业规模（单位：亿元人民币）**

数据来源：《中国电子商务报告2018》。

——加快形成数字服务出口新优势。2018年，我国与数字经济相关的服务贸易逆差约为89亿美元。其中知识产权贸易逆差为300.29亿美元，电信、计算机、信息等服务贸易顺差为232.88亿美元，个人文化、娱乐服务贸易逆差为21.79亿美元①。争取到2025年，在进一步扩大电信、计算机、信息等服务贸易优势基础上，实现知识产权与个人文化娱乐服务顺差；进一步提升数字相关服务贸易出口比重，由目前的23.5%提升至30%左右，形成数字技术贸易国际竞争新优势。

——积极参与数字服务贸易规则制定。总体来看，我国在参与数字服务贸易规则制定中的话语权与发达国家仍有一定差距。这就需要在积

① 数据来源：根据世贸组织数据库相关数据测算。

极参与全球多边数字服务贸易规则制定的同时，更加重视双边、区域自贸协定中数字规则内容，提升我国全球数字服务贸易规则制定的话语权。

## 2. 加快推进“一带一路”高质量建设进程

（1）实现由以产能合作为主向产能合作与服务贸易并重转变。2018年，我国与“一带一路”沿线国家和地区服务进出口额超过1200亿美元，占同期我国服务贸易总额的15.4%，较上一年有明显提升，但与货物贸易占比27.4%的水平相比仍有明显差距。“十四五”需要加快推动“一带一路”产能合作与服务贸易融合发展。例如，针对国内不同区域，加快实施旅游、金融、教育、研发等服务业项下的自由贸易政策；加快构建以重点服务业与数字经济等为主题的跨境经济合作区等。

（2）加快构建“一带一路”灵活多样的自贸网络。加快推进中国—上合组织、中国—海合会、中国—欧亚经济联盟等多边自贸进程，争取与挪威、以色列、巴西、墨西哥、土耳其等重要贸易伙伴实现双边自由贸易安排的重要突破；与欧盟、日本等发达经济体积极开展第三方市场合作。

（3）以“一带一路”形成区域开放新布局。“一带一路”倡议横贯我国东中部、联通国际国内，为我国形成区域开放新格局提供了重大机遇。建议，一是加快推进“一带一路”与自贸试验区、京津冀、长三角、粤港澳等区域开放、发展战略的有效对接，率先形成“一带一路”国内段的开放发展新高地；二是以打造国际陆海贸易新通道实现“一带”与“一路”相衔接，尽快提升新通道软硬基础设施互联互通水平；三是加快推进“一带一路”经济走廊建设，实现内外开放发展相联动。

### 3. 加快构建双边多边自贸区网络

（1）采取灵活方式推进中日韩自贸区谈判。预计“十四五”时期，中日经贸合作将明显加快。建议中日韩自贸协定谈判采取“双轨”到“三方”、产业项下的自由贸易到全面高水平自贸协定等务实举措。例如，以服务贸易为重点打造中韩自贸区升级版，尽快启动中日贸易投资协定的可行性研究；率先开展中日韩在医疗健康、养老、旅游等非敏感领域项下的自由贸易；在条件成熟时考虑加入 CPTPP。

（2）以服务贸易为重点构建中欧一体化大市场。中欧最大的互补性在服务贸易。建议在 2020 年完成中欧投资协定谈判的同时宣布启动中欧自贸协定谈判，为 2030 年形成中欧一体化大市场奠定重要基础。这既需要中欧采取灵活方式逐步提升双边自由化便利化水平，也需要中欧共同实现结构性改革的重要突破。例如，率先与德国、法国等在特定服务业项下深化合作；加快实施早期收获项目，在基础设施、环保绿色、政府采购等领域形成一批示范性成果。

（3）以 RCEP 为基础推进亚太自贸区建设。亚太自贸区若建成，将对维护以世贸组织为核心的多边贸易体制、促进全球经济平衡增长、推动完善全球经贸规则都将产生重要影响。由于亚太地区开放水平差异较大，可考虑在尽快完成 RCEP 谈判基础上，通过灵活方式务实推进亚太自贸区建设。例如，形成多层次贸易自由化便利化安排，不同层次适用不同开放标准，使亚太地区不同发展水平的经济体可以选择适合自己的标准，并明确过渡期，以加快协商进程。

### 4. 加快打造高水平开放新高地

（1）以新的思路推动自贸试验区探索。虽然贸易保护主义、单边主义势头增强，但降低关税与非关税壁垒，创造条件走向零关税仍是大势所趋。例如，欧盟与越南签订的自贸协定、欧盟与日本签订的《欧日经济伙伴关系协定》，目标均为实现99%以上货物贸易零关税；CPTPP的目标是实现成员国95%以上的货物贸易零关税，而我国开放度最高的中韩自贸协定零关税比例为91%。随着发达国家与发展中国家签订一系列高标准自贸协定，我国加快构建高标准自贸区网络的外部压力凸显。适应这个大趋势，自贸试验区的作用不仅不能弱化，反而要明显加强；试验田的空间不仅不能缩小，反而要明显扩大。

当前，自贸试验区开放水平与全国落差不断缩小，面临着“高地不高”的挑战。2019年自贸试验区版负面清单数量仅比全国版少3项，且在服务业领域与全国版负面清单基本一致。为此，可以考虑三个思路：一是推动部分自贸试验区率先对标全球高标准自由贸易园区。比如，上海、广东等。二是赋予具备条件的自贸试验区更大的改革开放自主权。对不具备全面开放条件的自贸试验区，根据自身特点加快试行产业项下的自由贸易政策。三是按现有步骤继续推进，把重点放在相关制度创新上。建议以第一个思路为重点，兼顾二、三思路，由此开拓自由贸易试验区新局面。

**表4　2019年全国版与自贸试验区版负面清单差异**

| 项目 | 全国版条款 | 自贸区试验版条款 |
| --- | --- | --- |
| 农林牧渔 | 禁止投资中国管辖海域及内陆水域水产品捕捞 | 无 |
| 制造业 | 出版物印刷须由中方控股 | 无 |
| | 禁止投资放射性矿产冶炼、加工，核燃料生产 | 无 |
| 文化娱乐 | 禁止投资文艺表演团体 | 文艺表演团体须由中方控股 |

注：其余行业限制表述基本一致。

（2）以“早期安排”形成海南自由贸易港的“早期收获”。

——以扩大服务业市场开放的“早期安排”取得产业发展的“早期

收获”。建议从 2020 年开始，取消外商投资非义务教育、文化、体育、娱乐企业的股比限制。

——以实施“零关税”的“早期安排”取得制度创新的“早期收获”。建议从 2020 年开始，对医疗健康、文化娱乐、旅游、教育、科技研发、会展等服务业发展所需原材料、基础设施配套的用品设备的进口实施“零关税”，并免除进口环节增值税。同时，把日用消费品“零关税”作为“早期安排”的重中之重，支持海南与香港联手建立免税产业链，既有利于解决本岛居民收入不高但生活成本却居高不下的突出问题，又可以为加快建设具有世界影响力的国际旅游消费中心提供重要条件。

——以人才制度创新的“早期安排”取得广揽人才的“早期收获”。建议从 2020 年开始，在医疗、教育、高新技术等行业的人才来源于海南的综合所得，率先实行个人所得税率最高不超过 10% 的政策；对自由贸易港重要产业的企业从获利年度起 5 年内免征企业所得税。以高新技术产业开放的“早期安排”取得“智慧海南”建设的“早期收获”。需要稳步推动数据跨境流动自由化便利化。

（3）加快推进粤港澳大湾区建设。中共中央、国务院正式印发《粤港澳大湾区发展规划纲要》，提出“提升大湾区市场一体化水平，全面对接国际高标准市场规则体系，加快构建开放型经济新体制，形成全方位开放格局”。推进粤港澳服务贸易一体化进程，要在广东与港澳体制机制对接中推动与服务贸易一体化相适应的制度变革，由此走出一条高水平开放的新路子。

### 5. 在高水平开放中推动全球治理体系改革与完善

（1）抓住争端解决机制这一 WTO 改革关键。与支持多边贸易体制国家共同推动世界贸易组织争端解决机制危机的解决；同时做好相应预案，一旦世界贸易组织上诉机制陷入停摆，能尽快提出一个各方均可接受的替代方案。

（2）以提高公平性与代表性为导向推进国际货币基金组织、世界银行决策机制改革。适应国际经济格局变化趋势，以推动投票份额动态调整机制建设为重点，增加发展中国家的投票份额，提升发展中国家在国际机构决策过程中的话语权，防止部分国家滥用“一票否决”导致国际治理机构停摆、进而诱发全球系统性风险。

（3）以推动G20机制化为重点，推动正式国际机制与G20相结合，尽快形成新的治理框架。例如，加快推动G20与世界银行、国际货币基金组织、世界贸易组织、国际劳工组织、经济合作与发展组织、上海合作组织等国际机制有机结合，让更多的正式国际机制参与G20治理，充分发挥正式国际机制在执行力方面的优势，探索新的全球治理结构。

## 三、“十四五”：以高水平开放促进改革发展新突破

在全面深化改革的复杂程度、敏感程度、艰巨程度明显加大的背景下，“十四五”要以高水平开放形成全面深化改革的新动力；在对接国际基本经贸规则中推进制度创新，加快形成公开市场、公平竞争的市场环境；要在制度型开放中倒逼深化改革，充分发挥市场在资源配置中的决定性作用。

### 1．开放是最大的改革

（1）高标准市场经济体制有助于发展更高层次的开放型经济。当前，我国市场经济体制仍有一些不完善之处，经济生活中出现的一些矛

盾与挑战，经济增长面临的下行压力，与市场在资源配置中的决定性作用尚未有效落实直接相关。比如，由于行政垄断和市场垄断，社会资本进入教育、医疗、通信、金融等服务行业仍面临某些障碍，这使得服务业市场主题难以通过公平竞争来提高供给能力、供给质量和供给效率。2017 年，我国服务业民营固定资产投资占比仅为 39.4%，远低于农业 67.6%、工业 79.2% 的水平。其中在教育、卫生、文化、商务服务等现代服务业领域的投资占比不足 5%。为此，需要在高水平开放中强化产权保护、深化要素市场化改革，充分发挥市场在资源配置中的决定性作用。

（2）高水平开放对建设高质量市场经济发展具有重大影响。建设高标准市场经济体制，需要在规则对标中形成强大的改革动力。例如，为保证《外商投资法》的全面落实，相关方面已开始对有关法规、规章和规范性文件进行全面清理。未来，随着按照竞争中性的原则确立、营商环境的逐步优化，将对改革形成更大倒逼压力，有可能使得服务业领域行政垄断等多年来未得到有效解决的体制机制问题得到集中解决，实现各类所有制企业公平竞争的基本格局。

（3）形成开放与改革相互促进的新格局。一方面，面对经济社会发展中存在的体制性、结构性弊端，需要继续深化供给侧结构性改革，对计划经济遗留的、转型进程中产生的、发展趋势新要求的体制机制进行主动改革和完善；另一方面，面对经济全球化趋势及挑战，需要加快高水平开放，倒逼深化改革，并以改革更好地推进高水平开放。比如，服务业市场开放直接依赖于行政管理体制改革的突破。

### 2. 以高水平开放为主线倒逼全面深化改革

（1）强化竞争政策的基础性地位。强化竞争政策基础性地位，有利于充分发挥市场在资源配置中的决定性作用和更好发挥政府作用，是处理好政府市场关系的关键与重点。

——加强与国际经贸规则对接的要求。其关键是强化竞争政策的基础性地位，各类市场主体公平竞争的市场环境。竞争是现代市场经济的本质，竞争政策在经济政策中发挥基础作用是高水平市场经济的重要标志。

——适应新经济快速发展的要求。在以数字技术为重点的新科技革命兴起的背景下，产业政策和产业补贴的正面效应逐步减小。例如，华为、腾讯、阿里巴巴、百度等公司快速发展，是市场竞争与科技革命的结果，而不是政府产业政策和产业补贴的结果。

——加快产业转型升级的要求。产业转型升级的主体是企业而不是政府。从实践来看，靠政府扶持和政府补贴发展起来的产业难以形成较强的竞争力。强化竞争政策的基础性地位就是要保障各类市场主体之间的公平竞争，最大限度地激发企业家精神，在此基础上形成开放创新的新格局。

（2）以混合所有制为重点全面推进国企改革。

——加快从“管企业”走向“管资本”，形成以“管资本”为主的国有资本管理格局。一是明确国有资产监管机构的职能主要是优化国有资本布局和实现国有资本保值增值；二是加快建立“管资本”主体的权责清单，尽快形成全国统一的国有资本投资、运营公司权责清单；三是进一步理顺财政部、国资委、国有资本投资及运营公司之间的关系。

——以发展混合所有制为重点鼓励社会资本参与。率先在能源、运输、民航、电信等一般竞争性领域，支持鼓励社会资本控股，注重发挥民营企业家作用，实现国有资本保值增值。同时，同步推进公司治理结构、内部运行机制等配套改革，进一步增强社会资本进入信心。

——加快推进国有资本的战略性调整。尽快形成“关系国家安全和国民经济命脉的重要行业和关键领域”的目录与标准，加快形成与之配套的投资清单。新增国有资本投资重点向教育、医疗、养老、环保等民生领域和基础设施领域倾斜，一般不再以独资的方式进入完全竞争领域和市场竞争较充分的领域。加快推进国有资本划拨社保进程，为进一步降低企业缴纳税费比重拓宽空间。

（3）全面深化以土地为重点的要素市场化改革。

——加快推进土地要素市场化改革。打破城乡土地双轨制与城市一级土地市场政府垄断，建立两种所有制土地“同地同价同权利”的制度，形成公开、公正、公平的统一交易平台和交易规则。在2020年实现城乡统一建设用地市场的同时，进一步赋予农民宅基地使用、出租、转让、处置、抵押、收益等在内的完整的用益物权，探索农村宅基地直接入市，进一步增加农民财产性收入。

——基本完成利率市场化改革。加快推进市场利率与基准利率的“两轨并一轨”，尽快实现银行体系与实体信用环节的贷款利率由市场决定。同时，疏通货币市场和债券市场利率向信贷市场传导的渠道，通过加强公开市场操作打造利率走廊，实现利率市场化，为人民币国际化奠定重要基础。

——推进要素跨行政区、跨城乡的自由、便利流动。例如，打破要素及新能源等战略性新兴产业领域的地区保护主义，推动全国统一大市场建设。

（4）适应市场开放趋势，实现市场监管的重点由一般市场行为监管向公平竞争审查的转变。

——实现市场监管的主要对象要由以商品为主向以服务为主过渡。参照国际先进经验优化监管标准体系，适应服务型经济以及服务型消费快速增长的新趋势，加快创新数字经济监管体系，尽快在人民群众高度关注的食品、药品、金融等服务业领域实现监管标准化、行业标准化，并与国际接轨。

——强化市场监管机构对经济政策的公平竞争审查。建立对各类政策、各级政府进行公平竞争审查制度。建议由国家市场监管总局或国务院反垄断委员会牵头，系统清理现行的涉企政策中妨碍民营企业发展、违反平等竞争的规定。

——把反垄断尤其是反行政垄断作为市场监管变革的重大举措。目前，制造业领域约90%以上已经实现了市场化，但民营企业在部分服务业领域的投资占比还不足550%，交通运输等领域甚至不足30%。至今为止，服务业领域的行政垄断尚没有纳入反垄断的范围。建议尽快修订《反垄断法》，增加并细化反行政垄断的内容，并将竞争政策以及相应的公平竞争审查制度纳入《反垄断法》。与此同时，做实国务院反垄断委员会，将反垄断局与价格监督检查和反不正当竞争局作为其具体执法机构。

### 3. 以高水平开放推动高质量发展进程

（1）推动高水平开放与高质量发展相互融合。

——国际市场与国内市场加快融合。当前，我国国内市场与国际市场已经高度融合，释放巨大内需潜力离不开高水平开放的突破。

——科技革命与经济转型升级的相互融合。新科技革命与我国经济转型升级交织在一起，深刻改变我国经济结构，并形成强大的增长动力。

——高水平开放与新旧动能转变融合。“十四五”是我国新旧动能转变的关键时期，这个转变与高水平开放紧密结合在一起，离不开高水平开放的突破。

（2）以高水平开放释放巨大内需潜力。

——把有效释放扩大内需作为“办好自己的事”的重大任务。面对外部环境的不确定性，要以有效释放内需潜力，明显增强我国抵御外部挑战的能力。

——建立与主动扩大进口相适应的制度与政策体系。比如，在进一步降低关税总水平的同时，大幅降低或取消药品、常见病所使用的医疗器械进口增值税及重要日用消费品进口环节增值税；尽快实现以癌症治疗为主的医疗器械进口零关税；引进日欧美的药品质量安全标准，扩大医疗技术等服务进口，倒逼国内医药企业提高质量，以适应和满足全社会日益增长的服务型消费需求。

——推动新型城镇化和乡村振兴的双轮驱动。比如，在严格农村土地用途管制和规划限制的前提下，尽快在法律上明确农民土地使用权的物权属性；改变农村土地流转限于集体成员内流转的相关规定。

（3）以高水平开放形成创新发展新格局。

——以开放创新推动经济转型升级进程。对于科技企业来说，仅仅依靠内部资源进行高成本创新活动，已经难以适应快速发展的市场需求以及日益激烈的企业竞争。这就需要把开放创新作为新型开放大国的重要选择，使开放成为创新的重要源泉。科技是第一生产力，创新是经济转型升级最重要的驱动力。近14亿人的新型开放大国要实现经济高质量发展，离不开科技创新的重要突破。

——以开放实现技术创新的重大突破。“十四五”，加快实现基础研究与基础创新的突破，加快产业关键核心共性技术研发和转化，在颠覆性技术方面取得实质性进展，不断突破产业转型升级的技术瓶颈，推进我国产业迈向全球价值链中高端。当前，我国科技成果转化率仅为30%左右，与发达国家60%～70%的水平有较大差距。其重要根源在于创新人才的活力没有释放出来。“十四五”要加快打破科技领域人才、资金等要素流动的体制障碍，进一步扩大创新主体自主权；建立以人为中心的科技创新激励机制。

——继续主动开展高水平的国际科技合作。无论美国如何在科技上遏制我们，我们坚持开放合作的方向不动摇。积极推进政府、企业、社会等多层次、多领域的合作，既分享我国创新的成果，也分享其他国家创新的成果。

（4）以高水平开放实现未来6%左右的经济增长。“十四五”推进高水平开放进程和推进高质量市场经济体系建设，将有效释放我国内需潜力，实现6%左右的经济增长。按照2010—2018年中国GDP增速预测，估计“十四五”我国GDP增速将保持在5%～6%；2026—2032年保持在5.2%～5.6%之间。美国经济增速按照过去10年（2008—2018年）的平均增速1.75%估算。估计到2025年，按2010年不变价美元计算，中国GDP将由2018年的10.8万亿美元增长至16.2万亿美元，占美国GDP的比重由60%提升至80%。

**图书在版编目（CIP）数据**

大变局下的中国与世界 / 迟福林主编. —北京：中国工人出版社，2020.3
ISBN 978-7-5008-7358-7

Ⅰ. ①大… Ⅱ. ①迟… Ⅲ. ①中国经济—经济全球化—研究 Ⅳ. ①F125

中国版本图书馆CIP数据核字（2020）第032706号

大变局下的中国与世界

| | |
|---|---|
| **出 版 人** | 王娇萍 |
| **责任编辑** | 左 鹏 孟 阳 刘 药 |
| **责任印制** | 黄 丽 |
| **出版发行** | 中国工人出版社 |
| **地　　址** | 北京市东城区鼓楼外大街45号　邮编：100120 |
| **网　　址** | http://www.wp-china.com |
| **电　　话** | （010）62005043（总编室）（010）62005039（印制管理中心） |
| **发行热线** | （010）62005049　（010）62005042（传真） |
| **经　　销** | 各地书店 |
| **印　　刷** | 北京市密东印刷有限公司 |
| **开　　本** | 710毫米×1000毫米　1/16 |
| **印　　张** | 20 |
| **字　　数** | 320千字 |
| **版　　次** | 2020年6月第1版　2020年6月第1次印刷 |
| **定　　价** | 68.00元 |